The New Paradigm of Learning and Instruction Research with the Neuroscience-Based Motivation Theory

뇌과학과 동기이론에 기반한

교수학습방법 연구와 적용의 새로운 패러다임

김은주 저

학지사

본 저서는 저자가 École Polytechnique Fédérale de Lausanne(EPFL),
Geneva, Switzerland에서 연구년(2018. 9.~2019. 8.)을 보내면서 작성되었다.

머리말

이 책은 뇌과학과 동기이론에 기반하여 교수학습방법을 탐구하고, 새로운 패러다임의 교수학습방법을 교육의 현장에 적용하는 것을 목표로 집필되었습니다. 교육학을 연구하며 교수학습방법의 뇌과학적 접근, 긍정심리학적 접근에 관심이 있는 교육자들과 연구자들, 교육학을 배우고 연구하는 학부/대학원 학생들을 대상으로 쓰인 교수학습방법 책입니다. '가르치고 배우는 일'에 관심이 있는 모든 분을 대상으로 한 책이기도 합니다.

이 책은 총 3부로 구성됩니다. 제1부에서는 뇌과학과 긍정심리학 기반 교수학습방법의 이해와 적용을 다루었습니다. 제2부에서는 교수학습방법 탐구의 기본 패러다임과 주요 교수학습방법 유형들 및 학습이론을 다루었습니다. 제3부에서는 성공적인 교수자들의 사례를 동기이론에 기반하여 분석함으로써, 보다 성공적인 교수학습방법의 전개를 살펴보았습니다.

교육의 현장에서 최선의 교수학습방법이 무엇인지 찾기 위하여 많은 노력이 이루어져 왔습니다. 다양한 교수학습방법이 나타나고 사라지며, 이러한 과정 속에서 교수학습방법은 발전해 왔습니다. 교수학습방법의 3요소인 교수자, 학습자, 교육내용 중 어느 것에 중심 축을 두느냐에 따라서 특정 방법들이 관심을 모으다가 시들해지는 것이 주기적으로 반복되어 왔습니다. 교육철학의 흐름에 따라서도 교육의 주 목적이 행동의 변화, 혹은 인지적 사고, 사회적 관계 등으로 바뀌어 왔습니다. 교수학습방법은 역동적으로 변화해 왔고, 지금도 진행 중입니다. 이와 함께 교수학습방법에 대한 책도 다양하게 쏟아져 나오고 있습니다.

교수법에 관한 많은 책 중에서, 이 책의 특징은 최신 뇌기반 학습과학과 동기에 대한 연구결과들을 교수학습방법의 기존 이론과 연결함으로써 보다 과학적이고 체계적인 교수학습방법을 고찰하려고 시도한 점입니다. 2000년대에 비약적으로 발전한 뇌과학 연구에 의해 뇌기반 학습과학 분야가 태동하였고, 그 연구결과들은 실제 교육의 현장에 유용한 방향들을 제시하고 있습니다. 아직은 교육의 현장에 뇌과학 연구들을 적용하는 시도가 시작 단계이지만, 빠른 속도로 발전해 가고 있습니다. 동기에 대한 연구들도 그간의 개념과 이론 위주의 동기 연구를 넘어서서, 실제 수업에 도움을 줄 수 있는 보다 구체적인 연구결과들이 보고되고 있습니다. 또한 신경동기학(Neuro-Motivation) 연구들도 2000년대 이후 활발하게 이루어지고 있습니다. 이 책은 이와 같이 발전하고 있는 뇌기반 학습과 동기이론들을 통하여, 기존의 교수학습방법을 새로이 조망하는 데 초점을 두었습니다.

필자가 이 책을 쓰기까지, 훌륭하신 선생님들의 많은 가르침을 받았습니다. 특히 저의 은사님이시자, 교수학습방법을 가르쳐 주신 이성호 교수님께 깊은 감사를 드립니다. 1992년 가을 학기, 이성호 교수님의 '교수방법론' 수업을 수강한 것을 계기로 저는 교수법을 전공하게 되었습니다. '교수방법론'을 이성호 선생님의 명강의로 들을 수 있었던 것은 저와 동기들의 행운이었습니다.

공부를 하며 학위를 취득하고, 연구를 진행하는 내내 부모님과 남편의 전폭적 지원과 격려가 큰 힘이 되었습니다. 늘 감사하고 사랑합니다. 오랜 시간 저의 연구와 수업을 열심히 도와준 마음 깊고 유능한 강근영 조교에게 고마움을 전합니다. 책의 출간을 책임져 주신 학지사의 박나리 선생님과 김진환 사장님께 감사드립니다. 이 책은 작은 노력일 뿐이지만, 이러한 노력들이 하나하나 쌓여서, 스스로 배우고 깨우치려는 동기를 가진 학생들, 효능감을 갖고 가르치는 교사들이 만나서 역동적인 교실이 되기를 소망합니다.

2020. 9.

저자

차례

The New Paradigm of Learning
and Instruction Research
with the Neuroscience-Based
Motivation Theory

제 1 부

뇌과학과 긍정심리학 기반 교수학습방법의 이해와 적용

제1부에서는 1990년대 이후 활발하게 이루어지고 있는 뇌과학과 긍정심리학의 주요 연구들을 살펴보고, 이를 교수학습방법에 적용하는 것에 초점을 두었다. 1부에서는 교육의 새로운 패러다임, 뇌기반 학습과학의 연구들을 ① 학습, ② 동기, ③ 공감으로 나누어 주요 흐름을 살펴보았다. 또한 뇌기반 학습과학과 연결하여 긍정적 정서와 동기이론을 살펴보고, 교수학습방법의 적용에 대하여 생각해 보았다.

제1장

뇌기반 학습과학의 이해와 교수학습방법 적용

인간의 모든 유형의 학습은 뇌 활동의 산물이다. 1990년대 이후 뇌과학의 급속한 발달에 힘입어 학습의 과정에 대한 보다 과학적인 이해가 이루어지고 있다. 이전에는 뇌과학 연구와 교육학 분야가 유기적으로 연계를 맺지 못하고 따로 발전해 왔다. 교육학 분야는 소수의 교육자들이 뇌과학 연구결과들 중 극히 일부분을 가져다 활용하는 정도에 그쳤다. 그러나 1990년대 이후 뇌영상 기법의 발달로 인하여, 뇌과학 연구는 인지과학, 교육학, 경제학 등 인접 학문들과의 학제간 융합이 가능해졌다. 미국에서는 지난 90년대의 10년을 '뇌의 10년'이라고 부르며 획기적인 연구비 지원을 하기 시작하였다. 미국 국립과학재단(National Science Foundation)의 2002년 보고서에서도 미국이 추구해야 할 새로운 미래과학기술을 선도할 4개 핵심 역량 중 하나를 '인지과학기술(cognitive science technology)'로 규정하였다. 일본도 1997년 '뇌과학 프로젝트(Brain Science Project)'를 시작하여 2016년 프로젝트 종료까지, 매년 수백 억 엔 이상의 연구비를 지원해 왔다. 일본은 뇌의 10년이 아니라, '뇌의 100년'이라 부르며 뇌과학 발전에 집중하고 있다. 이와 같은 과정들을 거치면서 뇌과학 연구는 비약적으로 발전해 왔다.

뇌과학 연구를 기반으로 하는 새로운 접근의 학습과학이 생겨났다. 즉, 이전과는 전혀 다른 새로운 패러다임의 학습과학 분야들이 '신경교육학(Neuro-Education)', '뇌기반 학습과학(Brain-Based Learning Science)', '뇌기반 교수방법(Brain-based teaching)', '신경동기학(Neuro-Motivation)' 등의 이름으로 나타나기 시작하였다.

뇌기반 학습과학은 치밀한 과학적인 연구방법론에 대한 사회신경과학 연구들을 기반으로 실제 학습자의 뇌에서 발생하는 뇌 신경회로의 변화들에 초점을 맞추어서 다양한 교수학습방법을 최적화하는 것에 집중한다. 이 장에서는 학습과 관련하여 뇌기반 학습과학에 대해 교육의 현장에서 적용할 수 있는 방법과 전망에 대하여 예시를 통하여 살펴본다.

1. 새로운 패러다임의 학습과학: 뇌기반 학습과학의 등장

뇌기반 학습과학이 태동하기까지 빠른 속도로 다양한 노력이 이루어져 왔다. 뇌기반 학습과학의 시작에 결정적인 역할을 한 것으로, 경제협력개발기구/교육혁신센터(Organization for Economic Cooperation and Development/Centre for Educational Research and Innovation: OECD/CERI)가 1999~2002년에 걸쳐서 주도한 '뇌와 학습과학(Learning Sciences and Brain Research)' 프로젝트를 들 수 있다. 경제협력개발기구/교육혁신센터(OECD/CERI)는 전 세계의 뛰어난 뇌과학자들과 교육학자, 정책 입안자와 교육행정가 등을 대거 초청하여 '뇌과학과 학습과학의 연구결과들이 교육정책자들에게 어떠한 의미를 줄 수 있는지'에 대하여 다각적으로 연구를 수행하면서, 뇌기반 학습과학에 대한 심층 포럼(High Level Forum)을 세 차례 개최하였다. 첫째, 2000년 6월에는 뉴욕에서 '뇌기제와 초기학습(Brain Mechanisms and Early Learning)'을 주제로 첫 번째 심층 포럼을 개최하였다. 둘째, 2001년 2월에는 스페인 그라나다에서 '뇌기제와 유년기 학습(Brain Mechanisms and Youth Learning)'이라는 주제로 두 번째 심층 포럼을 개최하였다. 셋째, 2001년 4월에는 도쿄에서 '성인들의 뇌기제와 학습(Brain Mechanisms and Early Learning in Ageing)'이라는 주제로 포럼을 개최하였다.

이 프로젝트의 심층 포럼들은 이후 2002년에 『뇌의 이해: 새로운 학습과학으로 지평(Understanding the brain: Towards a new learning science)』이라는 제목으로 출판되었다(OECD, 2002). OECD의 '뇌의 이해: 새로운 학습과학으로 지평' 보고서는 향후 신경교육학이 발전하는 데에 중요한 토대가 되었다. 해당 보고서는 2002년의 주요 뇌과학 연구결과들을 제시하면서, 이들을 교육정책과 다양한 인력 개발 정책의 기반으로 삼을 것을 강하게 촉구하고 있다. 이 보고서의 주요 핵심 사항들은 다음과 같다. 첫째, 뇌가소성(neural plasticity): 뇌의 기능은 사전에 정해지는 것이 아니다. 뇌는 학습과 경험에 따라서 지속적으로 변화 가능하다. 둘째, 뇌 민감기(sensitive period): 뇌의 발달시기에 맞추어 적절하게 경험을 제공하고, 환경을 최적화하면 효과적으로 학습이 일어난다. 셋째, 유아의 추상적 사고능력: 유아 초기에도 추상적인 사고능력이 있다. 유아에게 일방적으로 과학을 가르치는 것이 아니라, 유아가 스스로 과학자가 되어 보는 경험을 할 수 있도록 기회를 제공하는 것이 중요하다. 넷째, 정서의 중요성: 정서적 능력이 인지과정에 결정적인 영향을 주므로, 학교에서 정서적 능력을 향상시키는 프로그램을 개발하는 것이 중요하다. 이후에도 OECD/CERI는 세계 여러 나라의 기관들과 협력하여 뇌기반 학습과학에 대한 융합연구들을 진행해 왔다. OECD는 뇌기반 학습과학 관련 콘퍼런스들을 개최하고, 이들을 보고서로 묶어서 『개인차 교육(Personalising Education)』(OECD, 2006), 『뇌의 이해: 학습과학의 태동(Understanding the Brain: The Birth of a Learning Science)』(OECD, 2007) 등의 연구보고서를 잇달아 출판하였다. 이러한 움직임 속에서 뇌기반 학습과학 연구는 급속도로 발전해 왔다.

하버드 대학교 역시 뇌기반 학습과학의 기반을 형성하는 데에 큰 기여를 해 왔다. 하버드 대학교는 일찍이 2002년경부터 '마음, 뇌, 교육(Mind, Brain, and Education: MBE)'의 융합 교육 프로그램을 실시해 왔다. MBE 프로그램은 인지, 뇌과학, 기억과 학습, 감정개발과 조절 등의 교육적 프로그램을 수행하고 있다. 2004년에는 하버드 대학교 교육대학원의 Kurt Fischer 교수의 주도하에 '마음, 뇌, 교육 국제학회(International Mind, Brain and Education Society: IMBES)'가 발족되었다. 이어서 2007년, IMBES는 『마음, 뇌, 교육(Mind, Brain and Education)』 저널을 창간하였다. 이 저널은 뇌과학과 심리학 및 교육학을 연계하는 저널이다.

2008년에는 회원 수 37,000명의 세계 최대 뇌과학 학회인 '신경학회(Society for Neuroscience: SFN)'가 뇌과학자, 교육학자, 교육현장 전문가와 정책 입안자들을 함께 모아서 '교육 정상회담에서의 뇌과학 연구(Neuroscience Research in Education Summit)'라는 주제로 토론을 개최하였다. 신경학회(SFN)는 전 세계 95여 개국의 35,000명에 이르는 선도적인 학회이다. '신경학회(SFN)'가 2008년 '뇌과학과 교육'을 주제로 다룬 것은, 우수한 뇌과학자들이 신경교육학에 더욱 관심을 두는 중요한 계기가 되었다. 2010년에는 Daniel Ansari, Bert De Smedt, Roland H. Grabner 등의 유럽 학자들이 주축이 되어서 '교수학습방법 유럽학회(European Association for Research on Learning and Instruction: EARLI)'를 조직하였다. 이 학회는 약 60여 개국의 학자들이 회원으로 있으며, '뇌과학과 교육'을 분과(Special Interest Group: SIG)로 두고 활발하게 활동 중이다.

우리나라에서도 뇌과학 연구가 발전함에 따라서, 뇌과학 연구와 교육을 연결시키려는 시도가 이루어지고 있다. 신경교육학에 대한 관심은 2003년 한국심리학회의 '마음을 움직이는 뇌, 뇌를 움직이는 마음' 심포지엄으로 이어졌다. 이 심포지엄은 인간의 마음과 행동의 보다 깊은 이해를 위하여 심리학과 뇌과학의 융합이 필요함을 국내에서 처음으로 공식 선언하는 자리였다. 이 심포지엄은 『마음을 움직이는 뇌, 뇌를 움직이는 마음』의 제목으로 출간되었다. 또한 2003년 한국교육학회, 한국인지과학회, 한국심리학회의 후원하에 '뇌기반 학습과학 심포지엄'이 개최되었다. 해당 심포지엄에서는 학습자의 뇌에 대한 과학적 접근에 초점을 두고 향후 교육의 방향을 제시하고자 시도하였다. 이후 2006년 『뇌교육연구』 학술지가 발간

되었다. 2011년 한국심리학회는 다시 '뇌와 통하다'는 주제로 통섭을 지향하는 심포지엄을 개최하고, 이는 『뇌로 통하다』는 책의 출간으로 이어졌다. 『뇌로 통하다』는 뇌과학과 인접 학문분야의 소통을 위하여, 관련한 최신 연구를 대중들에게도 소개하는 의미를 갖는다. 이후에도 지속적으로 다양한 뇌교육 관련 학회들이 열려 왔다. 2013년 '뇌교육의 성격과 전망' 학술대회 등이 개최되었고, 2019년에는 제10차 세계뇌신경과학총회(International Brain Research Organization: IBRO)가 대구에서 개최되어 노벨상 수상자를 포함한 88개국 3,500명의 과학자들이 심포지엄을 가졌다. 이 심포지엄에서는 특히 수학자 출신의 뇌과학자 Stanislas Dehaene 교수가 '우리는 어떻게 학습하는가?: 신경과학으로부터 얻는 교육 효율화에 대한 조언(How we learn: Building bridges between neuroscience and education)'이라는 제목으로 초청 강연을 하여 많은 주목을 받았다. 그는 읽기, 자폐증 등과 관련한 선행 뇌과학 연구결과들을 자세히 소개하고, 뇌과학 기반 교육프로그램의 개발 등을 통하여 뇌과학 연구들이 교육을 더욱 향상시킬 수 있음을 제시하였다. 해당 심포지엄에서 KIST 교수이자 한국기초과학연구원 단장인 신희섭 교수가 '생쥐 동물모델을 이용한 사회성과 공감 연구'라는 제목으로 흥미로운 기조강연을 하였다. 신희섭 교수는 뛰어난 뇌과학자로서 인지 및 사회성에 대한 뇌과학 연구와 학습 및 기억에 대한 뇌기전 연구를 활발하게 하고 있다. 이와 같이 신경교육학 분야에 대한 다양한 접근과 관심이 급증하여, 이와 관련한 심포지엄과 연구들이 늘어나고 해당 연구들을 실제 교수학습방법에 적용하려는 시도도 보다 활발해지고 있다. 이와 더불어 신경교육학 관련 교과목 개설 및 특강 등도 증가하고 있다.

2. 뇌기반 학습과학의 발달

뇌기반 학습과학의 기본 전제는 '학습은 학습자의 뇌에서 발생한다'는 것이다. 뇌기반 학습과학은 뇌과학 연구는 물론이고, 학습자의 관찰 가능한 행동 모두를 포함하는 포괄적인 개념이다. 신경교육학은 기존의 자기보고식 설문에 기반을 둔 연구방법론을 넘어서서, 학습자의 뇌에서 발생하는 뇌신경회로의 연결(neural connection)과 관련한 연구들에 초점을 맞추어, 학습과 연관된 뇌의 구조 및 인지기능에 대하여 보다 과학적으로 접근한다. 뇌기반 학습과학의 주요 목표는 뇌과학을 기반으로 학습자가 보다 효율적으로 학습할 수 있는 '최적화된 교수학습방법'을 좀 더 체계적으로 설계할 수 있도록 해 주는 것이다.

1990년대 후반 이후로『사이언스(Science)』,『뉴런(Neuron)』을 비롯한 다양한 저널에 뇌기반 학습과학 연구들이 줄이어 발표되고 있다. 초반의 연구들은 뇌과학과 학습의 연계 자체에 대해서 개관적인 접근을 한다. 예를 들면, '뇌기반 학습과학: 뇌과학이 교육에 대해 말해 주는 것은 무엇인가?', '신경교육학(Neuro-Education) 개관', '교육과 뇌과학의 이상적인 파트너십', '뇌과학이 학습을 어떻게 증강시킬 수 있는가?' 등의 연구들이다(김성일, 2006; Ansari & Coch, 2006; Ansari, De Smedt, & Grabner, 2012; Blakemore & Frith, 2005; Bruer, 1997; Byrnes, 2001; Carew & Magsamen, 2010; Goswami, 2006; Cohen & Goldsmith, 2000; De Smedt & Verschaffel, 2010; Posner & Rothbart, 2005). 또한 뇌과학 연구결과들을 교육 정책에 적용하는 것을 다루는 연구들도 있다(OECD, 2002; Shonkoff & Levitt, 2010). 이후에는 학습, 동기, 공감 등의 분야에서 다양한 신경교육학 연구들이 성과를 나타내고 있다. 뇌과학에 기반을 둔 중재 프로그램들(neuro-based intervention program)의 효과를 분석하는 연구들도 보고되고 있다. 이 장에서는 뇌기반 학습과학의 주요 연구들을 살펴보고, 교수학습방법의 측면에서의 적용에 대하여 생각해 본다.

1) 학습에 대한 뇌과학적 접근

모든 학습은 뇌 신경회로의 변화로 설명할 수 있다. 이 절에서는 학습과 관련한 뇌의 영역들에 대하여 살펴보도록 하겠다. 뇌의 신경학적 영역 중 어떠한 단일 영역이 기억 또는 학습을 담당하는 영역이라고 제시할 수는 없다. 사실상 신경계 전체가 경험에 따라서 변화할 수 있기 때문이다. 즉, 신경계 전체가 학습에 관여한다. 그러나 기본적으로 학습에 대한 뇌과학적 접근은 주로 대뇌피질을 중심으로 이루어진다. 대뇌피질 영역의 기본 구조를 이해하면, 앞으로 뇌과학 관련 연구결과들을 이해하는 데에 도움이 될 것이다.

인간의 대뇌피질은 크게 다섯 개의 영역, 즉 ① 머리 앞쪽의 전두엽, ② 머리 위쪽의 두정엽, ③ 머리 옆쪽의 측두엽, ④ 머리 뒤쪽의 후두엽, ⑤ 머리 안쪽의 뇌섬엽으로 구성된다. 이 중 전전두엽(prefrontal cortex)은 인간을 가장 인간답게 만드는 영역이다. 전두엽의 바깥 위쪽은 '인지의 중추'이다. 인지의 중추, 즉 배외측 전전두엽(DorsoLateral PreFrontal Cortex: DLPFC)은 인간의 이성적 사고와 문제해결 등을 담당하고 있으며 일상의 과제 수행에 거의 다 참여한다. DLPFC는 특히 주의집중의 기능을 담당한다. 이를테면 원숭이와 인간 뇌 사이의 가장 큰 차이는 DLPFC라고 할 수 있다. 인간의 DLPFC가 원숭이보다 훨씬 많이 발달되어 있다(김재진, 2010; Barbey, Koenigs, & Grafman, 2013; Cummings & Miller, 2007).

전두엽의 내측은 주의조절과 관련되어 있다. 우리의 뇌가 아무런 생각을 하지 않도록 지시받는 순간에도 활동하는 영역이 내측전전두엽이다. 사람들에게 아무런 생각을 하지 말라고 하여도 사람들은 무엇인가를 계속 생각하게 되어 있다. 이와 같은 디폴트 모드의 상태는 자유 상상의 시간이다. 이와 같은 디폴트 모드의 상태, 즉 뇌가 아무런 생각을 하지 않으려는 순간에도 사실은 주의조절 영역이 활동한다. 아무런 생각을 하지 않기 위해 주의조절 기능이 필요한 것이다. 이를 담당한 영역이 내측전전두엽이다. 내측전전두엽은 인간의 가장 기본적인 인지활동, 주의조절을 담당하는 영역이다(김재진, 2010). 이와 같은 내측전전두엽의 주의조절 기능은 낯선 자극, 갈등상황, 난제 처리 상황 등에서 작동한다. 전두엽의 아래쪽은 복내측전전두피질(Ventral Medial Prefrontal Cortex: VMPFC)이라 불리며 정서와 의지를 담당한다. VMPFC는 정서적 판단, 감성적 판단, 정서와 행동 조절, 충동, 의사결정 등과 관련 있다.

이와 같이 전두엽은 인지의 중추적인 중요한 역할을 하고 있다. 전두엽과 관련된 주요 연구들을 살펴보면 다음과 같다. 작업기억은 지능과 높은 상관을 나타내는데(Engle, Tuholski, Laughlin, & Conway, 1999; Tuholski, Engle, & Baylis, 2001), 뇌에서 작업기억을 담당하는 영역이 전두엽과 전전두피질이다. 작업기억을 담당하는 전전두피질의 용량이 클수록 과제에 더욱 잘 집중하고 과제 수행력도 더욱 높았다(Schoenemann, Budinger, Sarich, & Wang, 2000). UCLA의 Elizabeth R. Sowell과 그녀의 동료들은 5~11세 정상적인 아동 45명을 대상으로 2년 간격으로 두 번씩 MRI를 촬영하여 종단 연구를 수행하였다(Sowell et al., 2004). 종단 데이터를 분석한 결과, 아동들은 2년의 간격 동안에 뇌의 크기(volume)가 증가하였으며, 특히 전두부와 후두부 영역(frontal and occipital regions)이 두드러지게 발달하였다. 특히 뇌의 두께가 두꺼워진 부분은 스피치, 읽기 및 쓰기와 관련 있는 것으로 알려진 베르니케 영역의 브로카 영역(Broca's area)과 좌측 베르니케 영역(Wernicke's area on the left)의 양쪽 후측 페리실비안(bilateral posterior perisylvian)이었다. Sowell과 동료들의 연구를 통하여 5~11세 아동들은 2년 사이에 스피치 영역이 두드러지게 발달하는 것을 확인할 수 있었다.

인간의 기억에 대한 뇌과학 연구들을 기억의 방식으로 구분하여 살펴보면, ① 암묵적 기억과 ② 명시적 기억을 담당하는 신경회로들이 분리되어 있다. 암묵적 기억(implicit memory)은 무의식적 기억이다. 암묵적 기억은 몸으로 익히는 기억이다. 즉, 암묵적 지식은 반복적인 연습과 훈련을 통하여, 습관을 들여서 내 것이 되는 지식이다. 습관을 들이는 것은 새로운 신경망이 형성되는 것이다. 연습과 훈련을 통하여 새로운 신경망이 형성되기 위해서는 수 주에서 수 개월 이상의 반복이 필요하다. 반면에 명시적 기억(explicit memory)은 의식적 기억이다. 명시적 지식은 머리로 배우는 것이다. 명시적 지식은 논리적 추론을 이해하는 지식, 암기하는 지식이다. 암묵적 기억과 명시적 기억은 서로 다른 뇌의 영역에서 다루어지는 구별되는 기능이다. 암묵적 기억은 기저핵과 신피질에서 다루고, 명시적 기억은 전전두피질과 내측 측두엽이 주로 담당한다(Kolb & Whishaw, 2013).

우리가 기억을 떠올리기 위해서는 뇌의 여러 영역이 복잡한 과정을 거쳐야 한다. 그러므로 정확한 기억은 쉬운 작업이 아니고, 의도적으로 노력을 많이 기울여야 한다. 우리가 출처 정보와 맥락 정보를 기억할 때에 전전두엽(OFC, DLPFC, mPFC)의 여러 영역이 관여한다. 즉, 기억을 작동하기 위해서 우리는 맥락 정보를 파악하고, 실제로 떠오르는 몇 가지 정보들을 구체화하는 작업을 해야 한다. 이때에 떠오르는 정보들 중에서 자신이 경험한 환경과 가장 흡사한 정보가 무엇인지를 선택하고, 다시 자신이 선택한 정보가 정확하게 인출되는지를 확인하는 많은 과정도 거쳐야 한다(Dobbins, Simons, & Schacter, 2004; Dobbins, Foley, Schacter, & Wagner, 2002). 따라서 종종 우리의 기억은 출처가 혼동되거나, 잊히거나, 왜곡된다. 다른 사람들의 피드백, 다른 사람들이 암시하는 정보 등의 외적인 요인들에 영향을 받아서 잘못된 인출을 하기도 한다(Schacter, 2002). 그러므로 우리는 자신과 타인의 기억이 모두 정확하지 않을 수도 있다는 것을 아는 것이 필요하다. 이러한 이해는 교수학습방법에서 교수자와 학습자가 서로를 이해하는 데에 도움이 된다.

또한 뇌과학 연구의 발전은 학습이 정서와 깊은 연관을 가짐을 밝혀내고 있다. 전통적인 심리학 연구들은 정서와 인지를 독립적 개념으로 다루어 왔다. 그러나 1980년대 이후 뇌과학 연구들은 인지과정과 관련된 뇌 회로와 정서와 관련된 뇌 회로가 부분적으로 중복됨을 밝혀내었다. 예를 들어서 배외측 전전두엽(dorsolateral prefrontal cortex)은 정서적 정보와 인지적 정보를 모두 다룬다. 즉, 배외측 전전두엽은 작업기억 등의 인지적 정보를 다루지만, 행복과 공포 등의 정서적 정보도 수렴한다(김성일, 2006; Damasio, 1989; Davidson, 2000).

효율적인 학습은 정서를 매개로 이루어지므로, 긍정적인 정서를 매개로 하는지, 아니면 부정적인 정서를 매개로 하는지에 따라서 학습의 효과는 크게 달라진다. 이를테면 학습의 과정에서 스트레스를 느끼면 고차원적인 사고를 요하는 학습을 회피하게 된다. 스트레스를 받으면 정보를 시상과 편도체를 통하여 대뇌에 전달한다. 이와 같은 방식의 전달은 사실의 암송 등 단순 작업의 수행에는 문제가 없지만, 상위 차원의 사고는 어렵다. 그러므로 사고력을 요구하는 고차원의 학습을 위해서는 스트레스가 없는 상황이 바람직하다. 극단적으로 우울증 환자는 정상인에 비하여 해마의 활동이 위축되어 있고, 의사결정이나 계획 세우기 등의 고차원적인 사고가 쉽지 않다(LeDoux, 1996; Jensen, 2000; Sheline, Sanghavi, Mintun, & Gado, 1999). 반면, 긍정적인 정서는 학습을 촉진한다. 학습자가 자율성을 갖는 상황에서는 비록 스트레스가 높은 상황에서도 편도체를 통과하지 않고 고차원의 사고를 담당하는 다른 경로를 활용하므로, 고차원의 사고가 가능하다. 긍정적인 정서는 전두엽과 전대상회의 활성화를 촉진하고 도파민의 분비를 증가시켜서 고차원적 사고를 향상시킨다(Ashby, Isen, & Truken, 1999; Chiew & Braver, 2014; Leon & Shadlen, 1999).

이와 같이 정서와 인지는 따로 분리된 것이 아니라, 통합된 하나의 시스템이다. 그러므로 교수학습방법에서 인지적 기능만을 강조하는 것은 바람직하지 않다. 그러므로 뇌과학 연구들이 교수학습방법에 던져 주는 시사점 중의 하나는, 학습환경 속에서 학습자의 부정적 정서를 되도록 줄이고, 긍정적인 정서를 유발시킴으로써 학습자의 인지적인 기능을 향상시키는 것이다.

뇌기반 학습과학의 연구들이 활발해지면서, 뇌과학적 접근의 중재 프로그램들도 실제적으로 활용되고 있다. 예를 들어, '패스트 포워드 언어훈련(Fast ForWord-Language training)'은 뇌가소성 원리에 기반한 프로그램(neuroplasticity-based intervention strategies)으로서 언어 습득, 읽기(reading), 난독증 치료를 위한 것이다. 보다 구체적으로는 청각 연속과정(auditory sequential processing)의 속도, 주의집중, 기억, 음운론 과정(phonological processing) 등에 초점을 맞춘다. 이 프로그램은 일반 아동들에게도 적용하지만, 특히 난독증 아동들의 치료를 위하여 활용되고 있다. 지난 30여 년간 300개가 넘는 뇌과학 연구들을 통하여 '패스트 포워드(Fast ForWord) 훈련 프로그램'의 효과가 다양하게 입증되어 왔다. 예를 들어, 스탠퍼드 대학교의 여러 연구자도 '패스트 포워드 훈련 프로그램'을 활용하는 연구들을 진행해 왔다(Poldrack et al., 2001; Temple et al., 2003; Shaywitz et al., 2004; Tremblay & Kraus, 2002). 스탠퍼드 대학교의 Elise Temple과 동료들(Temple et al., 2003)은 20명의 난독증 어린이와 통제집단 12명을 대상으로 실험연구를 진행하였다. 연구 참가자들은 8주에 걸쳐서 '패스트 포워드 훈련 프로그램'을 사용하였다. 훈련 프로그램 전후의 언어와 읽기 테스트 성적을 비교한 결과, 난독증 어린이들의 성취도가 통계적으로 유의미하게 향상하였다. 특히 단어 해독(word-decoding) 과제에서는 8주 프로그램 사후에, 정상적인 아동과 같은 수준의 성취를 나타냈다. 특히 해당 연구의 fMRI 결과에서, 패스트 포워드 언어훈련' 프로그램을 거친 후, 난독증 아동의 좌반구 측두두정골의 언어 습득 부위(left-hemisphere temporoparietal language region)의 활동이 정상적으로 바뀌었다. 즉, 해당 훈련 이전에는 좌반구 측두두정골이 활동을 하지 않다가, 패스트 포워드 훈련을 거친 이후에는 음운 처리 과정(phonological processing)이 정상이 되었다.

이와 같은 '패스트 포워드 프로그램'을 포함하여, 뇌과학과 교육학 등의 융합을 통한 난독증 치료의 새로운 접근에 대한 연구들이 다양하게 보고되고 있다(Gabrieli, 2009; Hoeft et al., 2007; Eden et al., 2004; Shaywitz et al., 2002, 2004; Temple et al., 2003). 인지과학자이자 임상심리학자이면서 언어습득 발달장애, 학습장애 등을 연구하고, 미국 교육정책 수립에 적극적으로 참여하는 Paula Tallal도 패스트 포워드 언어훈련처럼 뇌과학 연구에 기반을 둔 언어능력 향상 프로그램들이 다양하게 제시되어야 한다고 제안한다(Tallal, 2004).

뇌과학 기반 중재 프로그램의 또 다른 예시로는 팀 기반의 BrainStars (Brain Injury: Strategies for Teams and Re-education for Students) 프로그램이 있다. BrainStars 프로그램은 사고로 인한 뇌손상(acquired brain injury: ABI) 아동들과 관련 있는 부모와 교사들에게 제공되는 교육/상담 프로그램이다. BrainStars 프로그램은 학교에서 ABI로 진단받은 학생들을 대상으로 하며, 이들과 학교에서 3회 만나는 것을 포함한다. 사전, 사후 단일 집단 디자인으로 부모와 선생 등의 성인 참가자와 ABI 아동들을 대상으로 BrainStars 프로그램의 효과를 측정하였다. BrainStars 프로그램 처치 후, 성인 참가자가 평정하는 ABI 아동들의 성취도가 유의미하게 향상되었다. 그러나 ABI 아동들의 성취도의 향상은 나타나지 않아서 향후 과제로 남는다.

'패스트 포워드 프로그램'의 개발과 적용의 성공, BrainStars 프로그램의 시도 등은 향후 교육 현장에 시사하는 바가 크다. 앞으로도 다양한 학습/처치 프로그램들을 구성할 때에 뇌과학 연구들을 적극적으로 활용하여 보다 치밀한 과학적 방법론에 근거한 프로그램들을 구성하는 것이 필요하다.

2) 동기에 대한 뇌과학적 접근

동기는 행동을 유발, 방향 제시, 유지시키는 내적 상태이다(김아영, 2002; Pintrich, Marx, & Boyle, 1993). 인간의 동기를 설명하기 위한 노력은 계속되어 왔다. 그러나 기존 동기이론은 개념의 모호함과 측정의 어려움이 큰 한계점으로 지적되어 왔다. 또한 주로 자기보고식 설문에 의존하는 동기의 측정은 의식적인 동기만을 제한적으로 측정하는 데에 그치는 제한점이 있다. 그러나 최근 들어 뇌과학 연구의 발달에 뇌활성화 패턴을 측정함으로써 의식적 동기를 넘어서서 암묵적인 동기까지의 측정이 시도되고 있다.

뇌는 사고하는 뇌일 뿐 아니라 동기와 정서의 중추이기도 하다. 뇌는 요구, 쾌락 등 넓은 범위의 정서를 발생시킨다. 뇌는 '무슨 과제'를 하고 있는가보다, '특정 과제를 하기를 원하는가'에 더욱 강하게 관심을 갖도록 되어 있다. 즉, 뇌는 인지적 영역보다 동기의 뇌를 사용하는 것에 훨씬 더 큰 관심을 갖는다(Gray, Braver, & Raichile, 2002). 동기를 뇌과학적으로 정의하면, 동기는 이전 경험에 기초한 가치체계를 통한 의사결정과정이자, 보상을 얻기 위한 학습과정이면서, 미래의 목표지향적 행동을 유지하기 위한 조절과정이다. 모든 유기체는 긍정적 혹은 부정적 결과를 가져오는 행동들을 기억해 두면 적응에 유리하므로 자극–반응–결과의 연합을 학습하게 된다. 이와 같은 연합이 반복되면 습관적인 행동으로 발전한다. 이때에 도파민을 분비하는 세포가 많이 분포하는 선조체가 학습과 동기과정에 관여한다.

동기와 관련한 가장 강력한 변인은 보상이다. 보상체계는 긍정적인 정서를 제공하여 목표행동의 빈도를 증가시킨다. 인간은 특정 자극과 보상의 연합을 학습하고, 지속적으로 보상을 얻기 위한 행동을 결정한다(Schultz, 2004). 보상은 매우 복합적인 과정으로서, 보상처리 기제는 다양한 뇌영역에 걸쳐서 분산되어 있다. 보상체계는 중뇌의 복측 피개부위(Ventral Tegmental Area: VTA)로부터 시작하여 뇌 중심의 측핵을 거쳐서 전두엽으로 이어지는 회로를 가리킨다. 도파민이라는 신경전달물질을 매개로 하여, 신경의 흥분이 전달되는 회로이다. 이 회로는 사람들이 무엇을 하고 싶은 마음이 들 때 혹은 기쁨을 느낄 때에 활성화되는 회로이다. 도파민은 신경전달물질로서 VTA에서 만들어져서 담창구(globus pallidus)를 거쳐서 측중격핵(Nucleus Accumbens: NAcc)으로 전달된다. 도파민은 보상이나 쾌락과 관련이 있지만, 운동이나 습관 등의 단순한 학습에서도 중요한 역할을 하는 신경전달물질이다. 행동주의 학습이론에서 나타나는 강화는 행동의 빈도를 증가시키는 핵심 역할을 한다. 특정행동의 강화에서 도파민의 분비가 촉진되어 목표행동의 빈도가 증가한다.

인간의 기억도 보상 효과가 있다고 생각하는 정보를 더욱 잘 기억한다. 큰 보상이 약속되는 상황일 때에는 곧바로 중뇌의 보상영역과 해마가 신호를 교환하고 정보를 받아들이기 위한 준비를 시작한다. 이때에 중뇌에서 도파민이 분비되면서 의욕과 동기부여의 역할을 한다(Adcock, Thangavel, Whitfield-Gabrieli, Knuston, & Gabrieli, 2006; Chiew, Stanek, & Adcock, 2016). 즉, 뇌는 동기부여가 되는 상황에서는 훨씬 더 기억을 잘 한다.

목표행동의 증가는 교수학습방법의 궁극적 목표이다. 목표행동을 지연하는 이유 중 하나는 즉각적인 보상의 효과가 매우 크기 때문이다. 보상이 주어지는 시점이 길어질수록 보상의 가치는 감소한다. 이를 시간효용할인(temporal discounting) 혹은 지연할인(delay discounting)이라고 한다. 시간효용할인은 자기통제(self-control)와 관련이 크다. 사람들이 자신의 동기를 유지하며 지속적으로 목표를 추구하도록 하기 위해서는 세부적이고 구체적인 계획을 세우는 것이 중요하다. 이와 같은 과정에는 ① 목표설정(goal setting), ② 목표유지(goal maintenance), ③ 성과점검(outcome monitoring), ④ 계획수정(plan revision) 등의 인지적 조절과정이 관여한다. 충동 억제는 통제와 조절의 집행기능(executive function)과 관련이 깊다. 인지적 조절 과정에 관여하는 뇌영역으로는 배외측 전전두피질(DLPFC), 안와전두피질(orbitofrontal cortex: OFC) 등이 있다(김성일, 2011; Walter, Abler, Ciaramidaro, & Erk, 2005).

지금까지의 사회신경과학 연구들을 살펴보면 보상과 관련된 뇌영역으로 주로 보고되는 주요 영역은 OFC, 편도체, DLPFC, 내측 전전두피질(mPFC), 측중격핵(Nucleus Accumbens: NAcc) 등이다(Todorov, Fiske, & Prentice, 2011). 보상과 관련한 뇌과학 선행연구들을 살펴보면 뇌과학 연구 초기에는 먹이를 보상으로 다룬 연구가 많았다(Berridge & Kringelbach, 2008; Rozin, Fischler, & Shields-Argelès, 2009). 이들 연구들에 따르면 보상체계와 관련한 뇌영역은 Anterior Cingulate Cortex(ACC), Medial PreFrontal Cortex(mPFC) 등이 있다. OFC－편도체(amygdala)－측중격핵(NAcc) 체계는 음식이나 성적 자극 등의 1차적 보상으로 시작해서 음악이나 돈 등의 2차적 보상, 사회적 상호작용 등의 사회적 보상에도 반응한다(김성일, 2011; Armor & Taylor, 2002; Kringelbach, O'Doherty, Rolls, & Andrews, 2003; Rilling et al., 2002).

최근 들어 사회적 보상과 관련한 연구들이 본격적으로 나타나고 있다. 예를 들어, Izuma와 그의 동료들(2008)은 19명의 21.6세 남녀 피험자를 대상으로 fMRI 연구를 진행하여 사회적 보상과 금전적 보상의 뇌 반응을 비교하였다. 연구결과, 훌륭한 평판을 확보하는 것은 보상 관련 뇌영역, 특히 선조체(striatum)를 활성화시켰다. 선조체는 금전적 보상에서도 활성화되는 영역이므로, 본 연구를 통하여 금전적 보상과 사회적 보상은 공통되는 뇌 활성화 영역을 가진다는 것을 확인하였다. 또 다른 연구에서도 사회적 보상과 물리적 보상에서 활성화되는 영역을 비교하였다(Lieberman & Eisenberger, 2009). 연구결과, 평판, 공정함, 이타심 등의 사회적 보상은 신체적 쾌락을 느낄 때에 활성화되는 보상 관련 뇌영역을 활성화시켰다. 반면에 따돌림, 부당한 대우, 사회적 비교 등의 부정적인 사회적 자극 역시 신체적 고통과 관련된 뇌영역을 활성화시켰다.

최근 연구들은 동기를 하나의 과정으로 다루면서 보다 체계적으로 동기에 접근하고자 시도한다. 동기과정은 ① 보상기반 습관체계(reward-based habit system)와 ② 가치기반 의사결정체계(value-based decision making system)의 두 가지로 나눌 수 있다. 보상기반 습관체계는 도파민을 매개로 반복적인 연합을 통하여 상대적으로 무의식적 자동적인 반응체계를 형성하는 것을 가리킨다. 보상기반 습관체계는 무의식적 자동적 동기에 해당하며, 뇌의 선조체 영역과 관련이 있다. 반면, 가치기반 의사결정체계는 보다 의식적이고 통제적인 동기로서 도파민계 신경세포가 예측오류신호를 선조체와 전전두엽에 보내면서 상호작용한다. 가치기반 의사결정체계에는 인지적 조절과정과 의사결정과정이 관여한다. 그러므로 고차원적 인지기능을 담당하는 전대상회와 전전두엽이 중요한 역할을 한다(김성일, 2011; Ahn & Phillips, 2007; Rangel, Camerer, & Montague, 2008).

사회신경과학의 발달을 통하여 우리는 학습자에게 실제적으로 효과 있는 보상들을 뇌과학적 연구의 근거를 바탕으로 보다 체계적으로 탐색할 수 있게 되었다. 뇌과학적 동기 접근은 기존 동기이론들에서 제안한 방법들을 보강하거나 수정해 줄 수 있다. 이를테면 동기의 과정에서 학생들의 '원함(wanting)'과 '좋아함(liking)'은 동기유지의 핵심 요인이다(김성일, 2011; Berridge & Robinson, 2003, 2016). 원하기는 보상을 받기 전에 발생하는 동기상태이고 좋아하기는 보상을 받은 후의 동기상태이다. 이 둘은 전통적인 동기이론적 접근에서 보면 상호호환성(interchangeable)이 충분히 있다. 그러나 뇌과학적 접근으로 분석해 보면 서로 다른 뇌기제를 갖는다. 뇌과학적 접근으로 보면 '원함'은 자극을 처리하기 전에 자극을 추구하는 능동적인 상태이다. '원함'은 동기의 한 형태이며 광범위하고 확고한(robust) 뇌체계로 생성되어 있다. 원함은 추동과 같은 욕망의 상태가 아니라, 감각적/인지적 차원에서 특정 자극이 매력적인 가치를 지니게 되는 과정이다. 원함을 유인현저성(incentive salience)이라고 부르기도 한다. 원함은 행동의 방향을 의미하는 것이지, 강도를 의미하는 것은 아니다. '원함'의 상태는 좋아함의 수동적 상태의 정도를 중재하는 뇌기전과 분리될 수 있다.

뇌과학적 접근에서 '좋아함'은 자극을 처리한 다음, 자극의 질을 평가하는 수동적 상태이다. '좋아함'은 상대적으로 더욱 작고 약한(fragile) 뇌기전에 의해서 중재되며, 도파민과 관련이 없다. 예를 들어서 약물을 통하여 도파민의 분비를 억제시키는 실험연구 결과, 보상을 원하는 행동은 나타나지 않지만, 보상을 좋아하는 정도는 여전하였다(Berridge & Robinson, 1998).

즉, 도파민은 자극을 원하는 데에는 결정적인 역할을 하지만, 자극을 좋아하는 데에는 영향을 미치지 않는다. 특히 Salamone 등의 최근 연구에 따르면(Salamone, Correa, Farrar, & Mingote, 2007; Salamone, Correa, Mingote, & Weber, 2005) 도파민이 부족하면 적은 노력이 필요한 과제를 선택하고, 많은 노력이 필요한 과제 수행력이 저하되는 것으로 나타났다. 즉, 도파민은 일차적 보상, 이차적 보상뿐 아니라 노력 관련 기능에 크게 관여하는 것으로 보인다. 이와 같이 뇌과학적 접근을 통하여 '좋아함'의 상태는 좋아함의 수동적 상태의 정도를 중재하는 뇌기전과 분리될 수 있음을 확인할 수 있다. 때로 사람들은 좋아하지 않는 것을 원할 수 있다. 약물중독이 하나의 예가 될 수 있다. 그러나 좋아함이 없는 원하기는 감각적인 쾌감 없이 발생하는 부분적인 보상에 지나지 않는다. 완전한 보상의 경험을 위해서는 원하기와 좋아하기가 함께 발생하는 것이 바람직하다. 이와 같은 뇌과학 연구들을 교수학습방법에 적용하여, 교수자는 학생들의 원함과 좋아함을 연합하기 위한 노력을 기울일 필요가 있다.

3) 공감에 대한 뇌과학적 접근

공감은 상호작용을 전제로 이루어지며 공감과 상호작용은 서로에게 영향을 준다. 한편, 효과적인 교수학습방법을 위한 가장 중요한 핵심 요인은 교수자와 학습자의 상호작용이다. 그러므로 성공적인 교수학습방법을 위해서는 교수자가 학생과의 공감에 대한 이해를 깊게 하는 것이 필요하다. 공감에 대한 연구는 1940~1950년대 Carl Rogers로부터 시작하여 1970년대까지 활발한 연구가 이루어져 왔다. Rogers(1957)는 상담가의 공감 능력이 상담치료의 성패를 가른다고 주장하였다. 그러나 1970년대 이후로 공감 연구의 보편적 적용에 대한 회의감이 높아지면서, 공감에 관한 연구는 쇠퇴하였다. 심지어 1975~1995년까지는 공감 연구의 암흑기(death of research)라고 불릴 만큼 공감 연구가 침체되었다(Greenberg, Watson,

Elliott, & Bohart, 2001; Watson, 2001). 그러다가 1990년대 중반부터 사회심리학 분야에서 공감에 대한 과학적 연구가 본격적으로 이루어지기 시작하고, 사회적 관심도 급속도로 높아지고 있다.

공감의 정의는 정확하게 합의되지 않고 다양한 논쟁을 거치고 있다. 바로 이 점이 공감 연구의 가장 큰 문제점 중 하나이기도 하다(Batson, 2009; Elliott, Bohart, Watson, & Greenberg, 2011). Batson(2009)에 따르면 적어도 8개의 공감에 대한 정의들이 연구에 활용되고 있다. 이렇게 되면 공감에 대한 연구들이 지칭하는 공감이 과연 같은 구인인가 하는 문제에 도달하게 된다. 그럼에도 공감에 대한 정의들이 공통적으로 내포하는 것은 ① 다른 사람들의 정서적 경험을 이해하는 인지적 요인과 ② 다른 사람들이 느끼고 있는 것을 자신도 일관성 있게 느끼고 있는지 하는 정서적 요인의 두 가지이다(Decety, 2011; Eisenberg et al., 2010). 공감의 정서적 요인 중 핵심은 공감적 관심(empathic concern)으로서 타인에게 초점을 맞춘 느낌, 즉 동정(sympathy), 측은지심(compassion), 부드러움(tenderness) 등이다.

사회심리학적 연구들에 따르면 다양한 정의 속에서도 공감의 공통되는 핵심 요인은 '타인의 관점 조망하기(perspective taking)'이다. 즉, 공감은 다른 사람의 사고와 감정을 상상하면서, 직접 경험과 간접 경험을 통하여 얻은 기억의 단편들을 적절하게 재구성하여 타인의 마음을 이해하려고 시도하는 과정이라고 할 수 있다(Decety & Lamm, 2009; Lamm, Decety, & Singer, 2011). 이때에 공감은 다음과 같은 세 가지 하부요인으로 나누어 생각할 수 있다. ① 정서적 시뮬레이션(emotional simulation) 과정이다. 타인의 외적인 경험에 대하여 대뇌변연계(limbic system)의 편도체(amygdala), 뇌섬엽(insula), 전대상피질(anterior cingulate cortex)을 중심으로 정서적 요소를 미러링하는 과정이다. 즉, 타인 고유의 정의적 경험에 대하여 이해하고 반응하는 과정이다. ② 다른 사람의 입장에서 생각해 보는(perspective-taking) 인지적 과정이다. 이 과정에는 내측전전두엽(medial prefrontal cortex)의 복내측전전두피질(ventromedial prefrontal cortex) 영역이 관여한다(Shamay-Tsoory, 2009). ③ 정서적 조절(emotion regulation)을 통하여 자신과 타인의 반응을 구분하는 과정이다. 사람들은 타인의 고통을 동정(compassion)하거나 타인을 도와줌으로써 자신의 개인적인 괴로움(distress)을 재평가(reappraisal)할 수 있다. 이때에 관여하는 영역은 안와전두엽(orbitofrontal cortex), 전전두엽(prefrontal cortex), 우측 두정엽(right inferior parietal cortex)으로 추정된다(Decety & Lamm, 2009; Eisenberg & Eggum, 2009).

안와전두엽은 특히 사람과 사람 사이의 상호작용의 중추적인 역할을 하는 영역이다. 안와전두엽은 주의조절 체계의 핵심으로서, 나와 타인 간의 상호작용의 기능을 통합하고 조정하는 역할을 한다. 상호작용의 중추가 안와전두엽이므로 대인관계의 형성도 안와전두엽의 기능이다(김재진, 2010; Schilbach et al., 2006). 또한 사람들이 자신의 과거 일화를 기억할 때의 뇌 활성화 패턴은 공감의 뇌 활성화 패턴과 매우 유사하며, 내측전전두엽(medial prefrontal cortex)과 후측 대상피질이 주로 관여한다. 내측 전전두피질은 사람들이 자신의 마음상태를 이해할 때 중요한 역할을 한다. 가족이나 친구 등 주요 타인의 마음을 이해하려고 노력할 때에도 활성화된다(Buckner & Carroll, 2007). 공감은 상대방의 입장에서 교감을 나누는 것이다. 일상 생활에서 타인과 공감을 나누려고 노력할수록 안와전두엽의 기능이 향상되고, 이는 대인관계의 향상으로 연결된다.

뇌과학 분야에서 공감 연구의 선두자인 Zaki와 Ochsner(2012)는 공감을 세 가지 측면으로 살펴본다. ① 타인의 감정을 공유하는 것을 경험하는 것, ② 자신의 정신 상태에 대해서 명확하게 추리하고, 추론을 끄집어내는 마음읽기, ③ 친사회적 관심, 즉 공감적 동기유발, 공감적 관심 등에 대한 것이다([그림 1-1] 참조). 특히 친사회적 관심에 대한 것은 최근 뇌과학 연구분야에서 많은 관심을 갖는 주제이다.

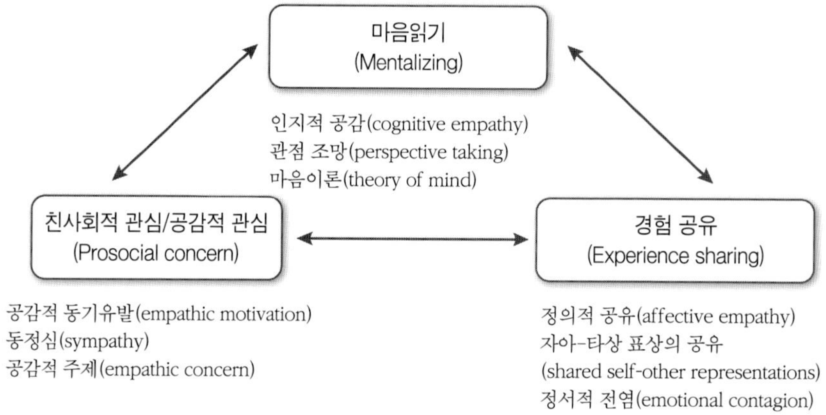

[그림 1-1] 공감의 주요 3요소

공감의 측면들 중에서도 마음이론(theory of mind)은 타인의 의도 파악 및 공감과 연관하여 다양한 연구가 이루어지고 있다. 마음이론은 자신과 타인이 목적, 바람, 믿음과 같은 마음상태를 지니고 있으며, 이와 같은 마음상태가 특정 행동을 하도록 만든다는 마음에 대한 지식을 가리킨다. 마음이론은 타인의 생각이 자신의 생각과 다를 수 있음을 이해하고, 타인의 다른 마음상태를 고려할 수 있는 것을 가리킨다(Gweon & Saxe, 2013; Premack & Woodruff, 1978). 연구들에 따르면, 사람들은 스스로 느끼지 못하는 순간에도 다른 사람들의 생각을 읽기 위하여 노력한다. 왜냐하면 다른 사람들의 의도와 감정 등을 파악할 수 있는 사람은, 타인의 의도를 파악하지 못하는 사람보다 더욱 큰 영향력을 갖게 되고 생존 확률도 높아지기 때문이다. 뇌 영상 연구들에 따르면 타인의 마음읽기와 관련한 뇌 영역은 광범위하며 전전두엽(prefrontal cortex), 전방포물선피질(anterior paracingulate cortex), 상측두구(temporal poles bilaterally), 측두극(superior temporal sulci) 등이 관여한다(Frith & Frith, 2006).

타인의 마음읽기 능력이 발현되는 과정은, 거울 뉴런과 연관하여 밝혀지고 있다. 거울 뉴런을 처음 발견한 이탈리아의 신경심리학자 Giacomo

Rizzolatti 교수는 원숭이가 사람의 행동을 바라보기만 했는데도, 원숭이 자신이 해당 동작을 할 때와 같은 뉴런이 반응하는 것을 발견하였다. 즉, 거울 뉴런은 자신이 특정한 행동을 수행하거나 혹은 다른 사람이 해당 작업을 수행하는 것을 볼 때에 활성화된다(Rizzolatti, 2005; Rizzolatti & Craighero, 2004; Rizzolatti, Fadiga, Gallese, & Fogassi, 1996). 그러므로 거울 뉴런은 타인의 의도를 파악하고 행동을 모방하고, 공감하는 데에 핵심적인 역할을 한다. 다른 사람이 수행한 과제를 보기만 해도 자신도 똑같이 해낼 수 있는 것은 거울 뉴런 덕분이다. 우리는 거울 뉴런의 능력을 통하여, 간접 경험만으로도 다른 문화를 이해하고 보다 고차원의 문화로 발전시킬 수도 있다. 아이들은 '따라하기'를 통하여 다양한 행동과 말을 배운다. 최근의 연구들은 거울 뉴런이 아니라 거울 신경 체제(mirror neuron system)를 통하여 마음읽기 능력이 발현되는 과정을 설명하는 것에 초점을 맞춘다. 즉, 특정 세포나 영역이 아니라 신경의 연결망이 더욱 중요하다는 것이다.

마음이론과 거울 신경 체제에 대한 활발한 연구들은 교육 분야의 관찰학습, 협동학습, 교수자와 학습자 사이의 상호작용, 동기, 보상, 의사결정 등의 연구와 적용에 많은 시사점을 주고 있다. 특히 공감에 대한 사회신경과학 연구들이 우리에게 시사하는 바는 공감의 능력이 우리들의 생물학적 특성 중 하나로서 자연스러운 기질이라는 점이다. 공감에 대한 뇌과학 연구들에 따르면, 우리가 타인의 고통을 바라볼 때에 활성화되는 뇌의 영역은 우리가 직접 고통을 경험할 때의 영역과 겹친다(Hooker, Germine, Knight, & D'Esposito, 2006; Jackson, Meltzoff, & Decety, 2005; Lamm et al., 2011; Morrison, Peelen, & Downing, 2007; Whalen et al., 1998). 즉, 우리는 관계를 위하여 공감을 의도적으로 만들어 내는 것이 아니라, 생물학적으로 자연스럽게 공감이 되는 존재이다. 그러므로 우리가 타인에게 주의를 기울이고 상호작용을 활발하게 하고자 노력하면, 공감에 관여하는 안와전두엽 기능은 자동적으로 향상된다(김재진, 2010). 즉, 우리가 주의를 기울이면 자연스러운 기질인 공감은 향상될 것이다.

교수학습방법에서도 교수자는 학생들과의 공감을 위하여 의식적으로 노력함으로써 자신의 안와전두엽의 기능을 보다 강화할 수 있다. 교수자의 공감 능력의 확장은 보다 성공적인 교수학습방법을 수행할 수 있게 해주고, 교수자와 학생 간의 관계를 향상시켜 준다. 이와 같은 교수학습방법의 성공과 관계의 향상은 다시 교수자의 행복감의 증진으로 연결된다(Deci & Ryan, 2000). 교수학습방법을 통하여 행복감이 높아진 교수자는 보다 효과적인 교수자-학습자 상호작용을 하게 되고 공감 역시 확장될 것이다. 이와 같은 유기적 순환관계를 통하여 교수자는 보다 성공적인 교수학습방법을 수행하게 된다. 결과적으로 교수자의 공감 능력의 향상은 단순한 타인에 대한 이해를 넘어서서 자신의 행복의 원천이 되고, 교수학습방법의 효과도 증가시킨다.

3. 뇌과학 연구들의 교육현장 도입: 주요 뇌과학 교육센터와 연구 프로젝트 예시

실제로 미국과 영국 등을 중심으로 국내외 대학과 학회 등에서 최신 뇌과학/사회신경과학 연구들을 교육의 현장에 도입하여 적용하는 노력들이 다양하게 나타나고 있다. 국내외 대학과 학회, 과학재단 등은 뇌과학 센터들을 설립하거나, 대규모의 장기적인 뇌과학 프로젝트 등을 통하여 최신 뇌과학 연구결과들을 교육의 현장에 적용하는 노력도 하고 있다. 이를테면 영국의 케임브리지 대학교, 런던 대학교 등은 2000년대 초반에 대학에 뇌과학 교육 센터(Center for Neuroscience and Education/Centre for Educational Neuroscience) 등을 설립하여, 본격적으로 연구와 교육의 접목을 지향하고 있다. 영국은 교육청이 교사 연수를 실시할 때에도 최신 뇌과학 연구들을 소개하고, 적용 방법에 대해서 함께 논의하는 프로그램들이 실질적으로 구성되어 진행 중이다.

앞에서도 살펴본 바와 같이 미국 하버드 대학원의 뇌과학 분야 최대 학회인 미국 신경과학학회(Society for Neuroscience)에서는 뇌과학 연구결과들을 교육현장에서 적용하기 위하여, 뇌과학 기반 교수학습방법과 학습 환경의 설계, 뇌과학 연구의 실제 현장 적용이 가능한 전문교사의 양성 등을 추진하고 있다. 미국의 미네소타 대학교는 BrainU(www.brainu.org) 뇌과학 프로그램(Bringing Resources, Activities, & Inquiry in Neuroscience to Middle Schools)을 구성하여 중고등학교 교사들에게 뇌과학 지식을 교육하고 있다. BrainU 프로그램은 미국 NIH(National Institutes of Health) 등 국가 연구기관의 후원을 받고 있다. NIH는 신경교육학 자료들을 홈페이지의 과학교육 카테고리에 갖추어 놓고, 교사들과 학생들에게 제공하고 있다. 미국 National Center for Research Resources(NCRR)는 NIH의 과학교육 수상 뇌과학 연구 청사진(NIH Blueprint for Neuroscience Research Science Education Award)과의 과학교육 파트너십 수상 프로그램을 진행하였다. 이들은 2011년에는 전미국에 뇌과학 교육 프로그램 연구비 지원을 공지하였고, 지원자들의 연구계획서를 심사하여 8명의 연구자를 선정하였다. 선정된 8인의 연구자들은 K-12 학생들과 교사들을 위한 참신한 뇌과학 교육 프로그램을 제안하는 연구를 이후 5년 동안 수행하였다. 예를 들어, 연구비를 지원받은 Steve Snyder 박사는 자신이 속한 Franklin Institute와 펜실베이니아 대학교의 협업을 통하여 K-12 학생들과 교사들을 위하여 뇌과학 교과목을 개설하고, 뇌과학의 중요성을 학습하기 위한 교육 자료 디지털 키트를 만들 것을 제안하였다.

국내에서도 한국연구재단과 교육부 등의 국가 기관과 교육학, 심리학 학회들이 뇌기반 학습과학 연구들을 다양하게 지원하고 있다. 하지만 뇌과학 연구들이 교육 현장에서 효과적으로 적용되기 위해서는 아직도 많은 노력이 필요하다. 세계의 주요 대학과 학회 등의 뇌과학 교육센터와 연구 프로젝트의 예시는 다음과 같다.

〈표 1-1〉 세계 대학과 학회의 뇌과학 교육센터와 연구 프로젝트 예시

국가	주관 연구 기관	뇌과학 기반 학습 연구기금/센터	연구 내용
영국	University of Cambridge	Centre for Neuroscience in Education	2005년 설립된 영국 최초의 교육 관련 뇌과학 센터 비판적 읽기와 수학능력과 같은 인지적 기술에 관여하는 뇌의 기본적 패러다임 규명 연구 수행
	University of London	Centre for Educational Neuroscience	뇌과학을 교수-학습에 적용시키고자 학제간 연구 실시
	UCL/ Birkbeck University of London/ UCL Institute of Education	Centre for Educational Neuroscience	주요 3개 대학의 뇌과학자, 아동 발달이론 학자, 교육학자들이 융합하여 뇌이미징 관련 융합 연구 센터 뇌 활동성 연구, 신경 관련 질환 발병 과정 연구 수행
미국	MIT	McGovern Institute for Brain Research at MIT	뇌와 관련된 질병 치료 및 예방을 위한 새로운 방법 발견 연구
	MIT	Synthetic neurobiology (Media Lab)	뇌와 관련된 분자를 매핑하는 툴, 신경 역학의 기록과 제어가 가능한 툴, 뇌 이상 현상 치료에 관한 툴 개발 연구 수행
	Stanford University	Stanford Cognitive & Systems Neuroscience Laboratory	뇌과학, 통계학, 공학, 컴퓨터과학, 심리학 등의 연구진들과 멀티모달(multimodal) 뇌 이미징 기술 개발, 임상행동 분석, 신경학적 질병 상의 뇌 구조, 기능 등의 연구 수행
		연민과 이타심 연구 및 교육센터(The Center for Compassion and Altruism Research and Education: CCARE)	뇌과학자, 행동과학자, 유전학자, 생명의학자들 간의 협업으로 이타주의 행동에 대한 과학적 연구 수행

국가	주관 연구 기관	뇌과학 기반 학습 연구기금/센터	연구 내용
미국	Harvard University	Mind, Brain and Education	인지과학과 뇌과학, 교육학적인 연계를 통하여 현재의 연구 동향들을 살펴보고, 교육적 활용 기회 제공하는 융합 프로그램
	The Johns Hopkins University	Neuro-Education Initiative *School of Medicine *Kennedy-Krieger Institute *Brain Science Institute	인지과학 및 신경과학 분야의 연구 결과를 통하여 효과적인 학습을 유도하기 위한 방안 탐색
	Vanderbilt University	Education and Brain Research Lab *Vanderbilt Kennedy Center Reading Clinic	교육 현장에서의 뇌과학 연구 접목 방안에 대한 탐색 및 실제 학습장애아동 대상 치료개입 실시 발달, 인지, 정의적 과정, 수학, 읽기 과학, 사회정서적 발달 등의 영역을 다룸 뇌가 어떻게 학습하는지의 메커니즘을 규명하여 효과적인 교수법에 적용
	The George Washington University	Center for Applied Developmental Science and Neuroeducation	유아기부터 초기 성인기에 이르는 학습장애 고위험군에 대한 뇌과학 기반의 탐지 및 효과적 교육방법 탐색
	Texas A&M University	Social Emotive Neuroscience(SEN) Lab	긍정적 정서의 구조와 기능 및 효과를 동기와 연관시켜 이해시키며, 교육적 적용 및 활용에 대하여 연구
	Portland State University	School of Education: Neuroeducation	Brain-Mind 연결 및 상호작용의 기저 패러다임을 탐색하는 연구 수행
	University of Southern California	Brain and Creativity Institute	2006년 설립되어 뇌과학적 측면에서 인간의 정서(emotion), 의사결정(decision-making), 기억, 의사소통에 접근하여 연구하고, 관련한 문제들을 해결하려고 노력하는 것이 과제

국가	주관 연구 기관	뇌과학 기반 학습 연구기금/센터	연구 내용
스위스	Université de Genève	Geneva Neuroscience Center	신경과학의 다양한 분야를 연구하며 신경과학, 인지과학 안에서 교수방법 프로그램을 연구
일본	Japan Science and Technology Corporation	뇌과학 및 교육 프로그램	뇌과학 및 교육 프로그램, 뇌 기능 개발과 메커니즘 프로그램을 연구
	Tamagawa University	Brain Science Institute	최신 뇌과학 연구 및 행동-심리적 관점에서의 뇌과학 연구 진행
	RIKEN	RIKEN center for Brain Science	약학, 생물학, 화학, 공학, 수학, 심리학 등의 학문 분야와 뇌기능에 관한 융합 연구 수행
핀란드	University of Helsinki	HILIFE-NEUROSCIENCE CENTER	뇌 기능에 대한 근본적인 연구 및 뇌에 관한 질병의 진단, 예방, 치료에 관한 연구 진행
한국	연세대학교	Yonsei Brain Cognition Lab of Memory and Decision-making	뇌인지과학 및 신경과학 연구 수행
	서울대학교	Laboratory for Behavioral Neurophysiology of Memory	신경생물학적, 신경생리학적 현상을 인지적, 정신적인 개체로 전달하는 연구 수행
	고려대학교	Cognitive Systems Lab	뇌과학 실험을 통해 기계학습과 컴퓨터 그래픽 방식의 최신 기술을 활용하여 인간의 인지 기능 알고리즘 연구 수행

국가	주관 연구 기관	뇌과학 기반 학습 연구기금/센터	연구 내용
한국	고려대학교	Affective Cognition Lab	감정 인지 분야 연구 수행. 행동학과 뇌과학 기술을 결합하여 감정 정보를 인지 과정과 사람의 행동에서 처리하는 방식에 대한 연구 진행
	가천대학교 의과대학	Neuroscience Research Institute	퓨전영상기술, 분자영상, 진단치료제, 초고자장 영상, 나노의학, 뇌질환의 병태생리 등에 관한 연구 진행

뇌과학 연구들을 교육현장에 접목하려는 많은 노력 중에서도 스탠퍼드 대학교의 '연민과 이타심 연구 및 교육센터(The Center for Compassion and Altruism Research and Education: CCARE)'는 뇌과학의 교육현장 적용에 시사하는 바가 특별하다([그림 1-2] 참조).

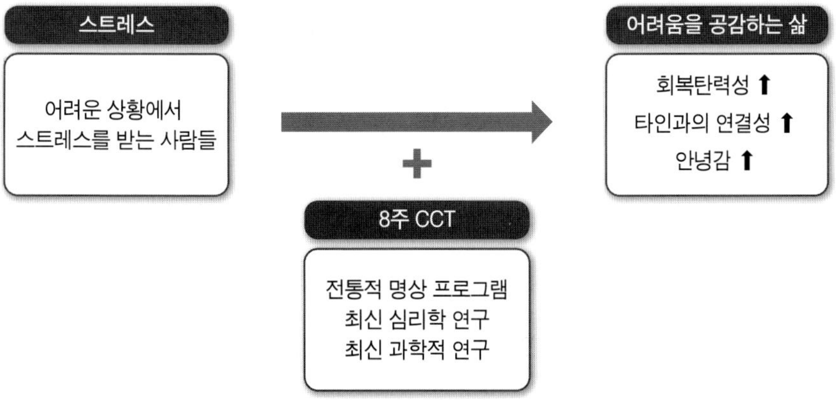

[그림 1-2] 타인의 어려움을 공감하고 이해하기 위한(Compassion Cultivation Training: CCT) 스탠퍼드 교육 프로그램 예시

스탠퍼드 '연민과 이타심 연구 및 교육센터(CCARE)'는 2008년 스탠퍼드 의과대학의 신경외과(Neuro-surgery) 학과 내에 설치되어 뇌과학자, 행동주의 심리학자, 유전학자, 생명의학자 간의 융합 연구를 수행하고 있다. 특히 이 센터는 타인의 어려움을 공감하는 행동과 이타주의적 행동에 관한 연구에 초점을 둔다. 예를 들어, 이 센터의 과학자들은 최신 뇌과학 연구결과에 전통적 명상 프로그램을 더한 융합형 개입 프로그램(intervention program)을 고안하였다. 이들은 어려운 상황에서 스트레스를 받는 사람들에게 해당 개입 프로그램을 처치하여, 사람들의 회복탄력성과 타인과의 연결성, 안녕감을 향상시켜 주는 긍정적인 결과를 나타냈다.

4. 뇌신화의 허구와 시사점

뇌과학의 발달은 뇌기반 학습과학의 태동과 발전을 가져왔지만, 다른 한편으로는 급격한 발달로 인하여 뇌과학 연구를 왜곡하거나 과신하는 시행착오도 증가하였다. OECD 연구자들은 뇌와 학습 프로젝트(2002)에서 교육 현장의 전문가들 사이에서 존재하는 뇌에 대한 잘못된 개념, '뇌신화(neuromyths)'에 대하여 특별히 논의하였다. 뇌신화와 관련한 연구결과들도 다양하게 보고되고 있다(Dekker, Lee, Howard-Jones, & Jolles, 2012; Macdonald, Germine, Anderson, Christodoulou, & McGrath, 2017; Tokuhama-Espinosa, 2018). 뇌신화는 다음과 같이 다양한 형태로 나타난다. ① 뇌신화는 뇌과학 연구들을 잘못 이해하거나, 연구결과들을 잘못 적용하여 오개념(misconception)을 생성하고, 교육현장에도 왜곡되게 적용하는 것을 가리킨다. ② 다양한 문화 속에서 서로 다른 언어를 사용하고 전문용어도 서로 다르게 사용되기 때문에 뇌과학 연구결과들이 왜곡되게 적용되는 경우도 포함된다(Howard-Jones, 2014). ③ 일부 교수자들은 뇌과학 연구를 교실에 적용할 때에, 본인이 원하는 쪽으로 왜곡되게 해석하는 경향(wishful thinking)을 나타낸다(Beyerstein, 1999).

원래 뇌신화라는 용어는 신경외과 의사인 Alan Crockard(Howard-Jones, 2010)가 이미 1980년대 의학계에서 사용하였다. 그는 의학계에서 뇌와 관련하여 비과학적으로 통용되는 개념들이 있다고 제시하면서, 뇌신화라는 용어를 사용하였다. 그러다가 1990년대 이후 뇌과학 연구결과의 적용이 광범위하게 시도되면서, OECD의 뇌신화 논의까지 이르게 되었다. 뇌신화는 교육현장에서 상당히 실제적인 영향력을 갖고 있는 것으로 확인된다. 예를 들어, Sanne Dekker와 동료들은 영국과 네덜란드의 242명의 초 · 중등학교 교사들을 대상으로 대규모의 온라인 관찰 설문(observing survey)을 실시하였다. 설문에 참여한 교사들은 뇌과학을 학습에 적용시키는 것에 관심이 있는 교사들이었다. 설문 문제는 뇌에 대한 지식과 뇌신화의 지식에 대한 것이었고, 설문 문항의 내용은 뇌와 뇌의 학습에 대한 영향을 묻는 것이었다. 32개의 진술문 중 15개는 뇌신화였다. 설문 분석결과, 교사들은 평균적으로 뇌신화의 49%를 진실로 믿는 것으로 나타났다. 일반적인 진술문의 정답률은 약 70%였다. 이와 같은 연구결과는 뇌신화가 상당히 광범위하게 퍼져 있는 것을 보여 준다.

그렇다면 뇌신화에는 어떠한 것들이 있을까? Christian Jarrett(2014)는 그의 저서 『위대한 뇌신화들(Great Myths of the Brain)』에서 다음을 불멸의 신화(immortal myths)로 들고 있다.

① 우리는 뇌의 10%만을 활용한다.
② 우반구 사람들이 더욱 창의적이다.
③ 여자의 뇌가 더욱 균형 잡혀 있다.
④ 성인의 뇌에서는 더 이상 새로운 뇌세포가 성장하지 않는다.
⑤ 뇌에는 신의 영역(God spot)이 존재한다.
⑥ 임신한 여성은 제정신이 아니다.
⑦ 우리는 모두 8시간 동안 이어서 자야 한다.
⑧ 뇌는 컴퓨터와도 같다.

⑨ 인간의 정신작용은 뇌의 외부에 존재할 수 있다.

⑩ 뇌과학은 인간의 자기이해를 변환시킨다.

다음에서는 뇌신화의 허구를 살펴봄으로써 뇌과학 연구결과들의 보다 체계적인 교수학습방법 적용을 생각해 본다.

1) 10% 속설 뇌신화의 허구

이들 불멸의 신화 중에서 '우리는 뇌의 10%만을 활용한다'는 속설에 대해서 살펴보면 다음과 같다. 이 심리학적 속설은 'Albert Einstein이 10%를 이야기했다'든지, 'Albert Einstein도 자신의 뇌의 15%만 사용했다'는 설명도 종종 따라붙어서 나름의 신빙성을 더한다. 그러나 실제로 Einstein 기록보관소를 포함한 어떠한 곳에도 10% 속설에 대한 기록은 없다. 그럼에도 많은 사람이 이 속설을 아직도 믿고 있다(Chabris & Simons, 2010). 뇌과학자인 Richard E. Cytowic의 연구에 따르면 일반인의 60%와 과학교사의 50%가 이 10% 속설을 믿는다. 뇌신화가 어떠한 식으로 확산되는지를 살펴보는 것은, 향후 뇌과학 연구결과들을 보다 효과적으로 교수학습방법에 적용하기 위한 방향 모색에도 도움이 될 것이다.

10% 속설의 최초 주장자로 지목되는 사람은 미국 심리학의 아버지라고 불리는 하버드 대학교의 교수이자 심리학자인 William James이다. James가 자신의 저서『인간의 에너지(The Energies of Men)』에서 우리는 정신적, 육체적 자원의 일부만을 활용하고 있다고 주장한 것이 10% 속설의 시작이라고 흔히들 추정한다. 또한 James가 친한 동료, Boris Sidis의 아들인 William James Sidis를 연구하면서, 인간이 자신의 지적 잠재력의 극히 일부만을 사용하며 살아간다고 주장한 것이 10% 속설의 시작이라고도 한다. 실제로 William James Sidis는 보기 드문 언어와 수학의 천재였다. 그는 생후 6개월에『뉴욕 타임즈』를 읽었다. 8세 때 독학으로 라틴어를 비롯

한 9가지 언어를 익혔고 스스로 벤더굿(Vendergood)이라는 언어를 창안하였다. 또한 12세 때 하버드 대학교 수학클럽에서 4차원 물체에 대한 논문을 발표했다. James는 친구의 천재 아들을 관찰하면서 뇌과학 전공자로서가 아니라, 심리학자로서 자신의 가설을 이야기한 것뿐이었다. 게다가 10%라는 숫자를 말하지도 않았다. 그러나 저명한 심리학자의 뇌 잠재력에 대한 이야기는 10%라는 숫자를 달고 널리 퍼지면서 부풀려졌다. 영향력 있는 저서들이 10% 속설을 인용하고 재인용했다. 속설은 하나의 정설로 자리잡기 시작했다.

그러던 것이 1990년대부터 뇌과학 연구의 발달로 10% 속설의 오류가 여러 가지 측면에서 지적되고 있다. 첫째, fMRI, PET 등의 뇌영상 연구결과들에 따르면, 인간이 단순한 사고작용을 할 때에도 뇌의 다양한 영역이 동시에 활동한다. 심지어 수면 상태에서도 뇌의 모든 부분이 어느 정도 활동한다. 둘째, 뇌영역의 일부에만 불이 들어온 뇌영상 사진 때문에, 뇌의 일부만 사용한다고 오해할 수 있다. 그러나 뇌영상 사진에 불이 안 들어온다고 해당 뇌의 영역을 사용하지 않는 것은 아니다. 다만, 불이 들어오는 영역은 뇌의 활동량이 일정한 기준치를 넘어서는 것일 뿐이다. 셋째, 우리의 뇌는 익숙한 상황에서는 과도하게 작동하지 않다가, 새로운 작업이나 중요한 작업을 할 때에는 뇌의 작동율을 높이게 된다. 이를 뇌과학에서는 신경 효율(neural efficiency)이라고 부른다. 즉, 우리의 뇌는 '항상 동시에 100%'가 활성화되지는 않는다. 그러므로 효율적으로 뇌를 사용하는 상황을 '뇌의 10%만을 활용한다'고 주장하는 것은 과일반화라고 할 수 있다.

2) 3세 조기교육 뇌신화의 허구

교육학계의 오랜 논쟁 중 하나는 유아들의 조기교육 효과에 관한 것이다. 유아들의 결정시기(critical period)에 체계적인 조기교육을 실시하는 것이 두뇌 발달에 매우 중요하다는 주장과, 어린아이들은 놀면서 크는 것이 인성은 물론, 두뇌 발달에도 최선이라는 주장이 팽팽하게 맞서 왔다. 미국의 경우, 1990년대 중반부터 '3세 신화'가 본격적으로 거론되면서 영 · 유아의 조기교육이 강조되어 왔다. 우리나라 역시 영 · 유아 조기교육에 대한 열의가 매우 높다. 국책연구소인 육아정책연구소에 따르면, 2013년도 영 · 유아 1인당 월평균 사교육비가 7만 8,900원이었던 데 비하여 2017년에는 11만 6,000원으로 47.0% 증가하였다. 사교육비 총액도 2013년 2조 6,409억 원에서 2017년 3조 737억 원으로 1조 이상 증가하였다. 같은 기간 동안 전체 영 · 유아의 수가 281만 명에서 268만 명으로 줄은 것까지 고려해 보면, 우리나라 사교육비의 절대량과 증가량 모두 엄청나다(최효미, 김나영, 김태우, 2017).

그러나 뇌과학 분야에서는 OECD/CERI의 보고서 등을 통하여 '3세 신화'가 과학적 근거가 없으므로 맹목적으로 받아들여서는 안 된다고 강조한다. 조기교육을 잘못된 방향으로 진행하면, 아이가 총명하게 자라는 것이 아니라 도리어 발달장애가 올 수도 있다는 것이다. 뇌과학 연구들이 조기교육의 중요성에 반기를 드는 근거는 다음과 같다.

학습에 결정적인 영향을 주는 시냅스(synapse, 신경세포 사이 연결고리)는 만 3세까지 가장 활발하게 형성된다(Galinsky, 2001; Goswami, 2004; McDevitt & Ormord, 2002). 태어날 때에 약 350g이던 뇌는 생후 3년 만에 1,000g에 도달한다. 시냅스 회로의 수는 성인의 2배 정도로 급속도로 발달한다. 대뇌피질을 이루는 전두엽과 두정엽, 후두엽 등도 이 시기에 성장한다. 조기교육의 중요성을 강조하는 쪽은 이와 같은 시냅스 회로의 수 증가를 중요하게 여기고, 조기교육을 강조한다. 그렇지만 영 · 유아기의 뇌는 아직 각 부위가 성숙하지 않아서, 시냅스가 미성숙하고 가늘기 짝이 없다. 가느다란 영 · 유아기의 뇌에 강제적으로 과도한 조기교육을 시키면, 엉성하고 가는 시냅스에 과부하가 걸린다. 뇌에 과부하가 걸리면, 두뇌가 발달하기는커녕, 도리어 뇌에 심각한 발달장애가 생길 수 있다. 학습에 대한 동기가 유발되기는커녕, 제대로 공부를 시작해 보기도 전에 공부를 혐

오하게 된다. 즉, 영 · 유아의 뇌에 과도한 자극을 주면, 전두엽에 손상이 가서 계획을 세우거나 아이디어를 내는 것이 어렵고, 따라서 새로운 환경에도 잘 적응하지 못한다. 또한 만 0~3세 때는 주로 전두엽과 후두엽의 기초 발달과 감정 및 정서 발달이 주로 이루어진다. 만 3~6세에는 전두엽이 빠르게 발달하므로 인성함양이 주요 과제이다. 6~12세에는 언어 정보처리와 밀접한 관련이 있는 측두엽의 발달속도가 빠르다. 그러므로 언어교육의 적정 연령은 6세 이후이다. 그런데 영아 시기에 독서나 언어교육 등을 과도하게 강조하면, 도리어 아동의 두뇌발달을 저해할 수 있다.

그러므로 영 · 유아기는 뇌의 고른 발달이 중요하다. 즉, 시냅스가 되도록 많이 정교하게 발달하는 것이 중요하다. 특히 이 시기에는 감정의 뇌가 일생 중 가장 빠르고 예민하게 발달한다. 그러므로 이 시기에 감정의 뇌가 잘 충족될 수 있도록 영 · 유아를 따뜻하게 대하고, 사랑하는 것이 가장 중요하다. 영 · 유아기에 감정의 충족이 제대로 이루어지지 않으면, 이후 정서장애로 연결되기 쉽다. 그러므로 영 · 유아기에는 주 양육자와의 애착형성이 적절히 이루어져야 한다. 영 · 유아기에 애착형성에 문제가 있으면, 호기심이 발동하는 아동기에도 바깥 세상으로의 탐색을 하지 않으려 한다. 다시 말해서 영 · 유아기에 애착형성이 잘 이루어지지 않은 아동들은 계속하여 주 양육자와의 관계에 매달려 있느라고 세상에 대한 호기심이 발동할 여유가 없다. 그러므로 영 · 유아기에 무리하게 외국어 학습을 시키거나, 가만히 앉아서 독서 등을 하도록 강요하는 조기교육을 실시하면, 감정의 뇌가 발달해야 하는 중요한 시기에 해당 과업을 충실히 이행하지 못한다. 감정조절이 어려워서 충돌도 잦다. 과잉학습장애 증후군 등의 스트레스 증세도 흔히 나타난다. 영 · 유아기에 학습으로 인한 스트레스를 경험한 아동들은 이후에도 학습에 흥미를 나타내기 어렵다. 장기적으로 과도한 조기교육은 얻는 것보다 잃는 것이 훨씬 많다. 그러므로 영 · 유아기에는 사랑을 충분히 주고, 오감을 활용한 교육, 놀이를 통한 다양한 자극을 경험하는 것이 최선이다. 과도한 조기교육은 뇌 발달을 저해한다.

살펴본 바와 같이 뇌과학 연구들이 왜곡되게 적용되면, 도리어 교육의 방향을 혼란스럽게 한다. 하지만 다양하게 쏟아져 나오는 뇌과학 연구들 중 교육과 관련한 것을 정확하게 활용하는 일은 현실적으로 쉽지 않다. 그러므로 뇌과학 연구자들과 교육 현장이 보다 긴밀한 커뮤니케이션 채널을 마련하여, 보다 신뢰성 있는 뇌과학 연구결과들을 체계적으로 교수학습방법에 적용하는 것이 필요하다.

5. 주요 뇌기반 학습과학 선행연구들의 실제 교수학습방법 적용

현재의 뇌기반 학습과학 연구의 발전 수준은 구체적인 '학습심리 메커니즘의 이해', '교과과정의 구성' 등을 구성하는 것이 무리이다. 즉, 아직은 치밀한 '뇌기반 교수학습방법'을 제시하는 것은 어렵다. 그러나 지금과 같은 속도로 신경교육학이 발달한다면, 향후 뇌과학 연구결과를 기반으로 한 학습자의 학습심리 메커니즘에 대한 이해는 물론이고, 교과과정의 구성, 학습과 관련한 진단과 처방 도구 등의 개발과 적용이 가능할 것이다. 특히 학습자들의 '뇌의 개인차'에 기반하여, 동기, 인지, 사회성 등 대한 연구와 적용, 개별화 학습(individualized learning)에 대한 연구 등이 적극적으로 이루어질 것이다. 지금까지 이 장에서 고찰한 주요 뇌과학 연구결과들을 바탕으로 실제 교수학습방법에 적용할 수 있는 핵심 결과들을 정리하면 다음과 같다.

뇌과학 실제 적용점 #1.

인간의 뇌는 고정된 것이 아니라 아동기는 물론, 성인기까지도 변화가 가능하다

인간의 뇌 기능은 사전에 결정된 것이 아니다. 뇌 발달은 뇌가소성(neural plasticity) 원리에 따라 학습에 의해서 영향을 받는다. 뇌가소성은 성인기까지도 지속되므로, 교수학습방법에서 학습을 통하여 뇌기능을 향상시킬 수 있음을 학생들에게 일깨워 주는 것이 중요하다. 많은 학생이 자신들의 지능이 고정된 것이라고 잘못 인식하고 있기 때문이다. Eleanor A. Maguire 등의 연구(2000)에 따르면 런던의 택시 운전기사는 일반인들보다 해마의 크기가 더욱 컸다. 게다가 택시 기사로 일한 기간이 길수록 해마의 크기가 더욱 컸다. 이와 같이 학습과 경험에 따라서 뇌의 기능이 성인이 되어서도 향상이 가능하다.

뇌과학 실제 적용점 #2.
학습에서 반복과 연습이 중요하며, 범위보다 깊이가 우선이다

마찬가지로 뇌가소성의 원리에 따라, 특정 정보를 반복하여 처리하면 뇌신경회로가 동기화되어(synchronize), 해당 정보에 대해서 보다 효율적으로 반응한다. 그러므로 학습의 깊이와 범위에서, 깊이가 범위보다 우선이다(Geak & Cooper, 2003).

뇌과학 실제 적용점 #3.
보상이 결합된 기억은, 그렇지 않은 기억보다 더욱 오래 지속된다

최근의 뇌과학 연구들에 따르면 정서와 인지는 따로 분리된 것이 아니라, 하나의 시스템으로 이루어져 있다. 큰 보상이 약속되는 상황일 때에는 곧바로 중뇌의 보상영역과 해마가 신호를 교환하고 정보를 받아들이기 위한 준비를 시작한다(Adcock et al., 2006; Chiew et al., 2016). 즉, 뇌는 보상이 주어지는 상황에서 더욱 기억을 잘한다.

뇌과학 실제 적용점 #4.
교수학습방법에서 인지적 기능만을 강조하는 것은, 도리어 인지적 역량 향상에 도움이 되지 않는다

정서와 인지는 하나의 통합된 시스템으로 운영된다. 그러므로 교수학습방법에서 인지적 기능만을 강조하는 것은 바람직하지 않다. 뇌과학 연구들이 교수학습방법에 던져 주는 시사점 중의 하나는, 학습환경 속에서 학습자의 부정적 정서를 되도록 줄이고, 긍정적인 정서를 유발시킴으로써 학습자의 인지적인 기능을 향상시키는 것이다. 긍정적인 정서의 학습환경 속에서 학습자는 보다 폭넓고 창의적인 사고를 할 수 있다.

뇌과학 실제 적용점 #5.

학생들에게 과잉 정보를 제공하는 것은 학습 효과를 저해한다

과다한 정보를 제시하면, 실제적인 연습과 경험이 제한되어서, 신경회로의 효율적인 연결이 어려워지고, 학습의 효과도 낮아진다(김성일, 2006). 그러므로 교수학습방법에서 과다한 정보를 제시하면 도리어 학생들의 수업 이해도는 낮아진다. 그러므로 교수자는 의욕이 앞서서, 지나치게 많은 수업 내용을 제시하지 않도록 주의할 필요가 있다.

뇌과학 실제 적용점 #6.

교수학습방법에서 교수자는 학생들의 원함(wanting)과 좋아함(liking)을 연합하여 학생들이 지각하는 보상의 경험을 최대치로 끌어올리기 위한 노력을 기울인다

동기의 과정에서 '원함'과 '좋아함'은 동기유지의 핵심 요인이며, 서로 구분되는 뇌기제를 갖는다(Berridge & Robinson, 2003, 2016). 보상의 경험을 향상시키기 위해서는 원하기와 좋아하기가 함께 발생하는 것이 바람직하다.

뇌과학 실제 적용점 #7.

효과적인 교수학습방법을 위해서, 우리의 기억이 정확하지 않을 수 있음을 아는 것이 필요하다

정확한 기억은 쉬운 작업이 아니다. 의도적으로 많은 노력을 기울여야 한다. 우리가 출처 정보와 맥락 정보를 기억할 때에 전전두엽의 여러 영역(OFC, DLPFC, mPFC)이 관여한다. 기억을 작동하기 위해서는 복잡한 과정들을 거쳐야 한다. 따라서 종종 우리의 기억은 출처가 혼동되거나 왜곡된다. 자신과 타인의 기억이 정확하지 않을 수 있다는 것을 아는 것만으로도 교수자와 학습자 간의 상호작용(interaction)을 향상시키는 데에 도움을 주는 등 효과적인 교수학습방법에 역할을 할 것이다.

뇌과학 실제 적용점 #8.
공감은 자연스러운 기질이며, 교수자가 의식적으로 공감을 위하여 노력하면, 안와전두엽 기능이 더욱 향상될 것이다

공감에 대한 뇌과학 연구들을 살펴보면, 공감 능력은 우리가 타고난 것이다. 뇌과학 연구들에서 우리가 직접 고통을 당할 때와 타인의 고통을 바라볼 때에 활성화되는 뇌의 영역이 겹치는 것을 보면 알 수 있다. 우리가 타인에게 주의를 기울이고 상호작용을 활발하게 하고자 노력하면, 공감에 관여하는 안와전두엽 기능은 자동적으로 향상된다. 그러므로 교수자는 교수학습방법에서 의식적으로 공감을 위하여 노력할 필요가 있다.

뇌과학 실제 적용점 #9.
영·유아기에 과도한 조기교육을 시키면, 도리어 뇌에 발달장애가 생길 수 있다. 언어교육의 적정 연령은 6세 이후이다

만 3~6세에는 전두엽이 빠르게 발달하므로 인성함양이 주요 과제이다. 6~12세에는 두정엽과 측두엽의 발달속도가 빠르므로 언어교육은 6세 이후에 실시하는 것이 적절하다. 영 · 유아기의 뇌에 강제적으로 과도한 조기교육을 시키면, 엉성하고 가는 시냅스에 과부하가 걸린다. 영 · 유아기에 뇌 과부하가 걸리면, 두뇌가 발달하기는커녕 도리어 뇌에 심각한 발달장애가 생길 수 있다.

뇌과학 실제 적용점 #10.
뇌과학 연구들에 기반한 중재 프로그램(neuro-based intervention program)들의 개발과 적용을 통하여 학습의 효과를 향상시키는 데에 도움을 줄 수 있다

'패스트 포워드 언어훈련(Fast ForWord-Language training)'은 뇌가소성 원리에 기반한(neuroplasticity-based intervention) 프로그램으로서 난독증 아

동들의 치료에 큰 효과를 나타내고 있다. 스탠퍼드 의과대학에서 개발한 교육용 프로그램은 최신 뇌과학 연구와 명상 프로그램 등을 융합한 것이다. 이 프로그램은 어려운 상황에서 스트레스를 받는 사람들의 회복탄력성과 관계 및 안녕감을 향상시켜 주는 데에 긍정적인 결과를 보고한다. 이와 같은 프로그램들을 꾸준히 개발하고 적용하는 것이 향후 뇌기반 학습과학을 보다 적극적으로 교육 현장에 적용하는 주요 방법이 될 것이다.

이 장에서는 뇌기반 학습과학의 태동부터 시작하여, 관련 주요 연구 성과들을 학습, 동기, 공감 등으로 나누어서 살펴보았다. 뇌과학 연구들을 실제 교육현장에 도입하려는 국내외 대학과 연구기관들의 노력도 살펴보았다. 또한 뇌기반 학습과학의 주요 선행연구들을 실제 교수학습방법에 적용하는 방법을 정리해 보았다. 뇌과학 연구들을 실제로 적용할 때에 유의할 점으로 뇌과학의 신화에 대해서도 살펴보았다. 다음 장에서는 효과적인 교수학습방법을 위한 핵심 요인인 동기유발에 대하여 살펴보겠다.

제2장

동기이론 기반 교수학습방법 이해

동기유발은 교수학습방법의 중요한 과정이자 목표이다. 성공적인 교수학습방법은 학습자를 동기유발시키고, 동기유발된 학습자는 더욱 완성도 높은 교수학습방법을 가능하게 해 준다. 동기는 행동의 원동력으로서 행동을 시작하게 하고 방향을 제시하며 노력을 하도록 만드는 개인의 내적 상태이다. 인간의 동기에 대한 연구는 교육심리학적 접근은 물론이고 의사결정(Finn, 2002; Isen, 1993; Kahneman & Tversky, 1979), 인공지능(Barto, Singh, & Chentanez, 2004; Kaplan & Oudeyer, 2007), 정신의학적 치료(Der-Avakian & Markou, 2012; Miller & Rollnick, 2002) 등 다양한 분야에서 활용된다. 동기는 다양하게 구분할 수 있지만, 세 가지 구체적인 유형은 욕구, 인지, 정서로 나눌 수 있다. 첫째, 욕구는 생명의 유지 및 성장과 안녕의 육성에 필수적인 조건이다. 이를테면 배고픔과 갈증은 음식과 물에 대한 생리적 욕구로부터 기인되는 동기상태이다. 유능성과 소속감은 안녕과 성장을 위한 욕구로부터 발생하는 동기상태이다. 둘째, 인지는 사고, 신념, 기대, 자아개념과 같은 심리적 사건들을 의미한다. 동기의 구체적인 인지의 근원으로 목표, 신념과 기대, 자아 등을 들 수 있다. 셋째, 정서는 감정(feelings), 생리적 준비도(physiological preparedness), 기능, 표현의 네 가지 측면을 일관성 있는 형태로 조직화하여 우리의 삶에서 중요한 사건을 기대하고 반응한다. ① 감정은 정서 경험에 대한 주관적이고 언어적인 기술을 가리킨다. ② 생리적 준비도는 우리의 몸 자체가 상황의 요구를 충족시키기 위해서 육체적으로 활동하는 방식이다. ③ 기능은 우리가 특정 순간에 성취하기를 원하는 것을 의미한다. ④ 표현은 우리가 정서적 경험을 바탕으로 타인들과 공개적으로 소통하는 방식을 가리킨다.

1. 내재적 동기 vs. 외재적 동기

내재적 동기는 인간의 자연발생적인 내적 자원이다. 내재적 동기는 과제의 수행 자체가 보상과 즐거움이 되는 내적 상태이다. 연구들에 따르면 학습에 대한 내재적 동기가 높은 학생들은 더욱 많이 노력하고 끈기 있게 공부한다(김아영, 2003, 2008; Deci & Ryan, 2010; Isen & Reeve, 2005). 왜냐하면 내재적 동기가 유발된 학습자에게는 공부하는 과정 자체가 즐거움이므로 자연스럽게 끈기(persistence)가 발휘된다. 또한 내재적 동기가 높으면 개념의 이해를 요구하는 과제에서 학생들이 특히 더 창의적인 것으로 나타난다(Niemiec & Ryan, 2009). 학습에서 내재적 동기는 교육 상황의 핵심요인으로 꼽히며 연구되어 왔다. 내재적 동기와 대비되는 개념으로는 외재적 동기이다. 외재적 동기는 보상이 과제 외적인 요인으로부터 나온다.

동기 연구의 초기에는 내재적 동기와 외재적 동기를 이분법적으로 다루었다. 그러나 Edward Deci와 Richard Ryan은 자기결정성 이론을 제시하면서 개인의 행동은 자기결정성, 즉 자율성에 따라서 조절된다고 주장한다(Deci & Ryan, 1985; 2000). Deci와 Ryan은 자율성 조절의 수준에 따라서 내재적 동기와 외재적 동기를 하나의 연속선상에 놓고 무동기, 외적 조절, 부과된 조절, 확인된 조절, 통합된 조절, 내재적 동기로 유형화할 수 있다고 제안한다([그림 2-1] 참조).

① 무동기 유형은 학습동기가 전혀 내면화되어 있지 않고, 자신의 행동에 가치를 부여하지 않고 행동도 하지 않는 학습된 무기력 상태이다.
② 외적 조절은 외재적 동기 중에서 가장 자율성이 낮은 형태로서 외적

보상을 받기 위하여 혹은 압력이나 벌을 피하기 위하여 행동하는 동기 형태이다.

③ 부과된 조절은 자신이나 타인의 인정을 받기 위하여 혹은 비난을 피하기 위하여 행동하는 유형이다. 부과된 조절 유형의 학생들은 학교의 규칙을 잘 따르지만 학습의 동기가 내면화되어 있지는 않다.

④ 확인된 조절은 자신의 행동이 스스로에게 유용하다는 것을 알고 자발적으로 행동하는 자율적 동기이다. 그러나 과제 자체에 대한 즐거움보다는 특정 목적을 달성하기 위하여 행동하므로 외재적 동기의 유형에 포함된다.

⑤ 통합된 조절은 외재적 동기 중에서는 가장 자율적인 동기유형이다. 통합된 조절은 내재적 동기와 공통점이 많지만, 과제 자체에 대한 관심보다는 중요한 결과를 얻기 위하여 행동하므로 외재적 동기에 포함된다.

⑥ 내재적 동기는 앞에서도 살펴보았듯이 자신의 의지와 결정에 따라서 행동하는 유형이다. 내재적 동기가 유발된 학습자는 스스로의 호기심과 만족 등의 내면적 요인들에 의하여 동기화된다. 예를 들어, 학습자가 스스로의 호기심을 만족시키는 것이 즐거워서, 공부 자체가 보상이 되는 동기 단계이다.

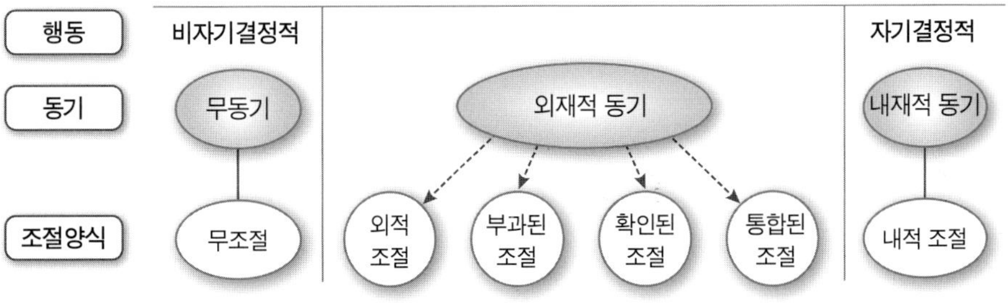

[그림 2-1] 자기결정성 이론을 기반으로 한 다양한 외재적 동기유형

출처: Ryan, R. M., & Deci, E. L. (2000). Self-determination theory and the facilitation of intrinsic motivation, social development, and well-being. *American Psychologist*, 55(1), 68.

전통적으로 교육에서 내재적 동기를 향상시키는 것이 바람직하다는 것이 정설로 받아들여지고 있다. 그러나 실제 교육의 현장에서 학생들이—본인들에게는—복잡하고 지루한 수식을 배우거나, 의대생들이 수백 개의 의학 용어를 단순 암기해야 할 때에 매번 내재적 동기가 향상된다는 것은 어려운 일이다. 연구들에 따르면 내재적 동기와 외재적 동기는 때로는 서로를 보완해 주고 때로는 서로 경쟁하면서 과제의 지속성과 수행의 질에 영향을 준다(Deci, Koestner, & Ryan, 1999; Dweck, 1986). 그러므로 외재적 동기와 내재적 동기를 잘 이해하고, 보상의 효과를 잘 활용하는 것이 필요하다.

2. 외적 보상과 내재적 동기의 관계: 침해효과

심리학과 교육학 및 경영학 분야에서 외적 보상과 내재적 동기의 관계에 대한 다양한 연구는 오랫동안 논쟁거리였다. 학생들이 과제에 집중하지 못할 때에 외적 보상을 활용하면 당장의 효과가 나타난다. 보상이 학생들의 동기와 수행에 주는 정적 효과에 대한 많은 연구가 있다. 그렇지만 한편으로는 교육적인 측면에서 볼 때에 외적 보상이 장기적으로 바람직하지 않다는 일부 주장들도 제기되어 왔다. 외적 보상이 내재적 동기를 어떻게 저해하는지에 대해서 Deci와 Ryan이 자신들의 자기결정성 저서에서 소개하고 있는 흥미로운 예시를 소개하면 다음과 같다.

어느 마을에 장난꾸러기 아이들이 살고 있었다. 아이들은 동네 양복점 주인의 별명을 부르며 놀리곤 하였다. 아이들이 하는 일이지만 양복점 주인은 마음의 상처를 입었다. 아이들의 못된 장난을 그만두게 하려고 양복점 주인이 꾀를 냈다. 하루는 양복점 주인이 아이들에게 다가가서 10센트를 나누어 주면서 이야기했다. “오늘부터 내 별명을 큰 소리로 부르는 아이들에게 10센트를 줄 거야.” 아이들은 좋아라 별명을 소리쳐 불렀다. 다음날 양복점 주인이 다시 아이들에게

다가와 말했다. "10센트는 너무 많아. 오늘은 5센트를 주마." 아이들은 여전히 신나했다.
셋째 날 양복점 주인이 아이들에게 말했다. "오늘은 1센트밖에 줄 수 없어. 돈이 없다." 아이들이 분개하며 말했다. "하지만 그저께는 10센트였고, 어제는 5센트였어요. 이건 공정하지 않아요!" 양복점 아저씨가 단호하게 말했다. "1센트만 챙기든지 아니면 관두어라.", "흥! 우리가 고작 1센트를 받자고 아저씨 별명을 부를 줄 아세요?" 이후로 아이들은 다시는 별명을 부르지 않았다. 양복점 주인의 계획은 성공하였다(Deci & Ryan, 1985, p. 48; 장재윤, 구자숙, 1998).

분명히 아이들은 본인들이 재미있어서, 자신들의 선택에 따라서 양복점 주인의 별명 부르기를 열심히 하고 있었다. 그러나 일단 외적 보상이 개입한 이후에는, 외적 보상이 없이는 아이들이 더 이상 별명 부르기를 하지 않게 되었다. 1970년대 Deci(1971)와 Lepper(1973) 등이 보상에 의한 내재적 동기의 감소효과를 발견한 이후 다양한 연구와 해석이 시도되어 왔다. 전통적으로 내재적 동기를 연구해 온 많은 학자가 외적 보상을 제공하는 것이 과제에 대한 내재적 흥미와 창의성을 감소시킬 수 있다고 주장해 왔다(Amabile, 1983; Deci, 1971; Deci, Koestner, & Ryan, 1999; Deci & Ryan, 1985; Lepper, Greene, & Nisbett, 1973; Morgan, 1984). 보상을 기대하는 것이 학생들이 즐겁게 모험적으로 수행하던 과제에 부정적인 영향을 줄 수 있다는 것이다(Tegano, Moran, & Sawyers, 1991). 이와 같이 외적 보상이 본래의 흥미를 감소시킬 수 있다는 일련의 주장은 개인주의적 가치를 추구하는 서구의 문화와도 잘 맞아서, 폭넓게 받아들여져 왔다(Eisenberger & Cameron, 1996).

그러나 다른 한편으로는 이와 같은 외적 보상이 사람들의 내재적 동기를 침해할 수도 있다는 연구들도 진행되고 있다. 외적 보상이 내재적 동기를 침해하는 것은 조작적 조건화의 소거의 개념과는 다르다. 왜냐하면 외적 보상이 주어지다가 사라졌을 때에 내재적 동기는 이전의 기준선보다도 더욱 아래로 내려가기 때문이다. 일반적으로 보상이 사라졌을 때에 소거 행동은 기준선(baseline)에 머무르지, 기준선보다 아래로 내려가지 않는다(Skinner, 1938).

외적 보상의 내재적 동기의 침해에 대해서 잘 설명하는 이론들로 인지평가이론(cognitive evaluation theory, Deci, 1975)과 자기지각이론(self-perception theory, Bem, 1972)을 들 수 있다. 인지평가이론은 자기결정성과 유능감의 지각이 중요하다고 강조한다. Deci(1975)는 외적 보상이 내재적 동기에 영향을 주는 두 가지 과정을 제시하였다. 첫째, 지각된 인과위치의 변화이다. 내재적 동기는 행동 그 자체가 목적이기 때문에 자신이 특정 활동을 했다고 내재적으로 동기화되면 지각된 인과위치는 내적인 것으로 간주된다. 즉, 내재적 보상을 위해 활동에 참여했다고 지각한다. 그러나 외적 보상이 주어지면, 외적 보상 때문에 활동을 하였다고 지각하게 되어 인과위치가 외부가 된다. 이렇게 되면 특정 행동과 외적 보상이 연결되어서, 외적 보상이 주어질 때에만 특정 행동을 하게 된다. 둘째, 유능감과 자기결정성의 변화를 통해서이다. 즉, 자기결정성을 지각하면 내재적 동기가 증가하고, 자기결정성을 감소시키는 사건은 내재적 동기도 감소시키는 것으로 가정한다. 외적 보상은 자기결정감의 저하를 가져와서 내재적 동기를 감소시킨다. 또한 모든 외적 보상은 통제적 측면과 정보적 측면이 있는데, 보상의 통제적 측면이 내재적 동기를 감소시킨다.

보상의 부정적 효과를 설명하는 또 다른 이론인 자기지각이론은 사람들이 자신의 과제에 대한 내재적 동기에 대하여 명확한 인식 없이 과제를 수행하다가 과제 활동에 대해서 외적 보상을 받게 되면, 자신이 그 외적 보상 때문에 행동을 한 것으로 스스로 추론하게 된다. 외적 보상은 과제 수행에 대한 정당화 요인이므로 또 다른 행동의 원인 요인인 내재적 동기의 역할이 감소한다. 즉, 자기 스스로 주도한 행동이 아니라 외적 보상에 의한 행동으로 지각하게 된다.

자기지각이론은 이와 같은 인지적 측면 이외에 정서적 측면을 통해서도 내재적 동기의 감소효과를 설명한다. 이를테면 Amabile 등의 연구에 따르면(Amabile, DeJong, & Lepper, 1976) 사회적으로 통제를 받으면서 과제를 수행하면 과제에 대한 흥미도와 즐거움, 만족도 수준이 모두 낮았다. 사람들은 사회적으로 제약을 받고 있다고 느끼면 해당 과제를 '일(work)'로 받아들인다. 사회적 고정관념상 일은 부정적인 것으로 받아들여진다. 외적 보상도 일종의 외적 제약으로 받아들이기 때문에 과제 수행에 대하여 외적 보상이 주어지면 해당 과제가 일로 느껴지면서 도리어 부정적인 것으로 여겨질 수 있다. 그래서 외적 보상이 주어지면 해당 과제에 대한 흥미도나 즐거움이 낮아질 수 있다. 즉, 보상이 주어지는 순간, 과제는 특정 목적에 대한 수단이 되고, 놀이가 아닌 일이 된다. 심지어 사람들은 큰 물질적 보상을 제시하는 순간, '이렇게까지 큰 보상을 제공하는 것을 보니, 매우 하기 싫은 일이 틀림없겠군.'이라고 생각하게 된다는 것이다. 실제로 몇몇 선행연구들은 외적 보상의 부정적 효과를 연구하여 보고하였다. 예를 들어, Jonathan L. Freedman 등(Freedman, Cunningham, & Krismer, 1992)이 대학에서 특정 수업을 듣는 학생들을 대상으로 진행한 일련의 실험연구(실험 1: 137명 / 실험 2: 116명 / 실험 3: 73명 / 실험 4: 40명)에 따르면 보상의 액수가 커질수록 해당 과제에 대한 부정적 효과도 커질 확률이 높았다.

최근 들어 사회신경과학 연구들에서도 외적 보상이 내재적 동기나 수행을 저해한다는 연구들이 보고되고 있다. 사실 외적 보상이 학습을 향상시킨다는 선행연구는 다수 있어 왔다. 특히 결과물이 기대보다도 높거나 낮은 예측오차(prediction error)가 사람들에게 보상으로서 작용하여 의사결정이 강화를 받으며 학습을 극대화시킨다는 일련의 연구들이 발표되어 왔다(Diederen, Spencer, Vestegaard, Fletcher, & Schultz, 2016; Diederen et al., 2017; Dayan & Balleine, 2002; Montague, King-Casas, & Cohen, 2006; Montague, Dayan, & Sejnowski, 1996; Pessiglione, Seymour, Flandin, Dolan, & Frith, 2006; Schultz, Dayan, & Montague, 1997). 그러나 이와는 대조적으로

인간의 행동과 학습의 핵심 개념인 내재적 동기에 대한 뇌과학적 접근의 연구는 매우 적다. 연구가 상대적으로 적은 이유는 내재적 동기의 개념이 애매하고 이론중심적이라는 점, 내재적 동기 수준의 정확한 양적 측정이 어려운 점 등이 원인이다.

내재적 동기와 외적 보상의 관계에 대한 연구에서 일부 연구들은 과제 자체가 흥미로운 경우가 아니라면, 과하지 않고 적절한 외적 보상이 수행에 도움이 될 수 있다는 연구결과들을 제시한다(Camerer & Hogarth, 1999; Lazear, 2000). 반면, 외적 보상이 매우 큰 경우, 보상이 도리어 수행을 방해한다는 연구결과들도 보고되고 있다(Ariely, Gneezy, Loewenstein, & Mazar, 2009; Chib, De Martino, Shimojo, & O'Doherty, 2012). 실제로 구 무라야마 등이 28명의 일본 학부생을 대상으로 내재적 동기에 대한 침해효과를 살펴보기 위하여 fMRI 연구를 수행하였다(Murayama, Matsumoto Izuma, & Matsumoto, 2010). 이들은 행동반응 연구결과와 fMRI 연구를 통하여 내재적 동기에 대한 침해효과(undermining effect)를 입증하였다. 해당 연구에서 연구자들은 일본인들이 흥미를 갖는 스톱워치(stopwatch: SW) 과제를 개발하여 활용하였다. 스톱워치 과제는 참여자가 과제에 성공할 때마다 점수가 누적되는 것으로 적절하게 도전적이면서 일본 학생들에게 흥미로운 과제로 여겨진다. 통제적 과제(control task)로는 시계멈춤(watch stop: WS) 과제가 활용되었다. 시계멈춤 과제는 수동적으로 시계를 바라보다가 자동으로 스톱워치가 멈추면 버튼을 누르는 것이다. 내재적 동기는 자유 시간(free time)에 얼마나 해당 과제를 지속하여 시도하는지로 측정하였다(Deci et al., 1999). 외적 보상으로는 금전적 보상을 사용하였다. 해당 fMRI 연구결과 금전적 보상은 자발적으로 과제에 몰입하는 횟수를 감소시켰다. 즉, 외적 보상은 내재적 동기를 감소시켰다. 해당 연구에서는 주관적인 신념과 관련한 뇌영역은 전방 선조체(anterior striatum)로서 이 영역이 내재적 동기의 침해와 직접적인 관련을 가질 것이다. 또한 전방 선조체와 밀접한 관련을 가진 중뇌(midbrain)는 금전적 피드백 및 인지적 피드백(금전적 보상이 없는)과 관련이 있을 것으로 추정하였다. 또한 측면전두엽피질(lateral prefrontal cortex: LPFC)은 목표달성을 위한 인지적 통제의 핵심 영역이므로(Matsumoto, Suzuki, & Tanaka, 2003; Wager & Smith, 2003) 내재적 동기에 대한 침해효과가 있다면 외적 보상을 제시한 집단에서 측면전두엽피질의 활성화도 저해될 것으로 가설을 세웠다. 연구결과, 금전적 보상이 사라지면 전방 선조체와 전두엽의 활성화가 유의미하게 감소하였다. 이와 같은 발견을 통하여 해당 연구는 외적 보상의 부정적 효과가 피질기저핵 가치평가체계(corticobasal ganglia valuation system)와 관련이 있음을 발견하였다.

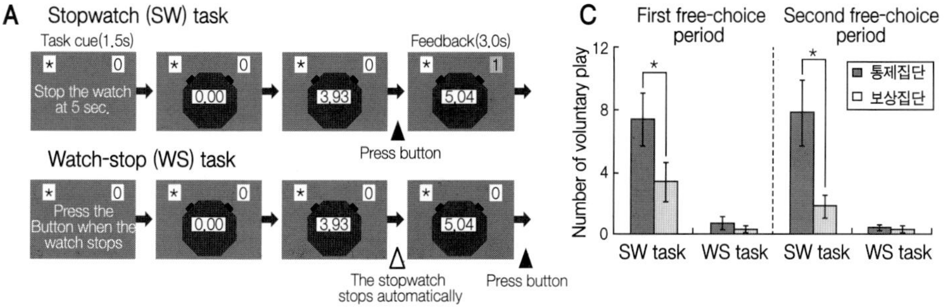

B

	세션 1	자유선택시간	세션 2	자유선택시간 (추후)
통제집단	비성과기반 보상	내재적 동기 측정	비성과기반 보상	추후 측정
보상집단	성과기반 보상	내재적 동기 측정	비성과기반 보상	추후 측정

Scanning　　　　Scanning

[그림 2-2] 실험방법과 행동 연구결과: 성과기반 보상은 SW 과제에 대한 내재적 동기를 감소시킴

A: SW & WS 과제, B: 실험 과정 기술, C: 첫 번째와 두 번째 자유 기간 동안에 SW와 WS 과제를 자발적으로 수행한 횟수

출처: Murayama, K., Matsumoto, M., Izuma, K., & Matsumoto, K. (2010). Neural basis of the undermining effect of monetary reward on intrinsic motivation. *PNAS*, *107*(49), 20911-20916.

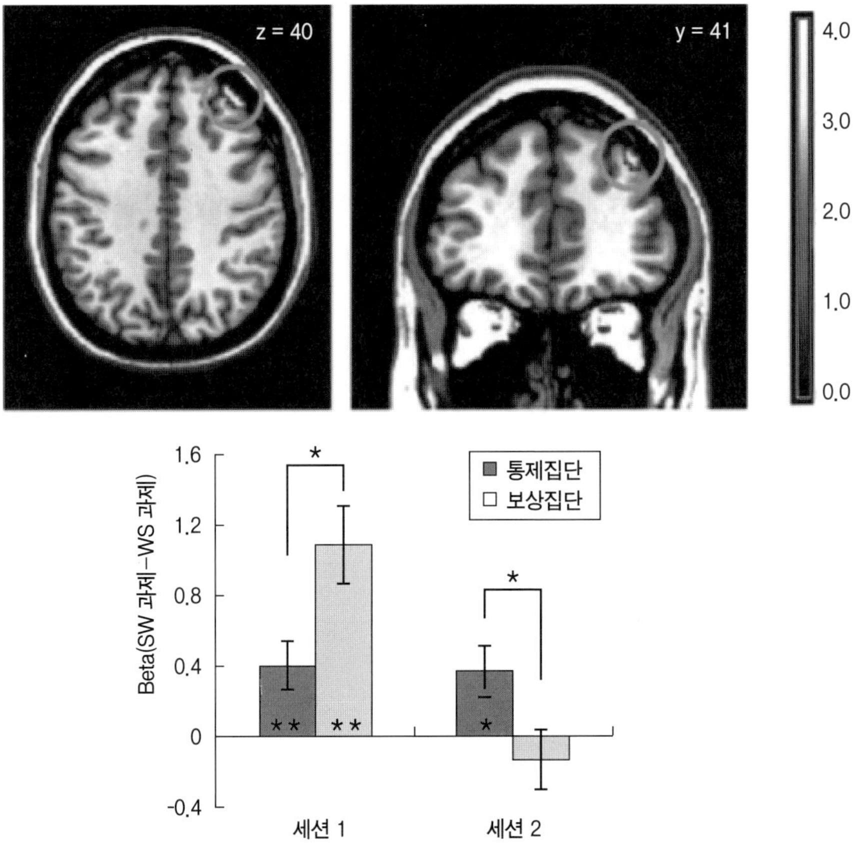

[그림 2-3] 오른쪽 LPFC 활성화(피크 39, 41, 40)

과제 수행 동안 우측 LPFC 활성화(peak at 39, 41, 40, $P < 0.05$, small-volume-corrected; image is shown at $P < 0.001$, uncorrected for display). 아래의 막대 그래프는 첫 번째 세션에서는 외적 보상을 주는 경우 LPFC가 통계적으로 유의미하게 활성화됨을 나타냄. 그러나 외적 보상이 소거된 두 번째 세션에서는 LPFC 활성화가 통제집단보다 낮음(two-sample $t26=2.27$, $P < 0.05$).

출처: Murayama, K., Matsumoto, M., Izuma, K., & Matsumoto, K. (2010). Neural basis of the undermining effect of monetary reward on intrinsic motivation. *PNAS*, *107*(49), 20911-20916.

외적 보상의 효과와 관련한 또 다른 fMRI 연구는 사람들에게 외적 보상이 주어진다고 해서 내재적 동기 자체가 증가하지는 않지만, 과제 수행이 더욱 정확해졌음을 밝혀냈다(Marsden, Ma, Deci, Ryan & Chiu, 2015). 연구에 따르면 내재적 동기가 높은 사람들은 과제를 할 때에 긴장하지 않는다. 그리하여 뇌영역의 활성화가 상대적으로 적다. 이들은 외적 보상이 주어지면 과제를 담당하는 뇌영역의 활성화가 두드러지게 높아진다. 내재적 동기가 낮은 사람은 과제를 할 때에 상대적으로 긴장을 더 많이 한다. 그러므로 이들은 외적 보상이 주어져도 천장효과에 의하여 과제 담당 뇌영역의 활성화가 상대적으로 낮다. 내재적 동기가 높은 사람들은 일상적으로 과제를 수행할 때에 긴장하거나 에너지를 과다하게 쏟지 않는 것으로 추정된다. 반면에 내재적 동기가 낮은 사람들은 긴장을 하는 편이다. 이 연구결과가 의미하는 것은 외적 보상은 중요한 대목에서 적절하게 활용하면 긍정적 효과가 있을 수 있다는 것이다.

사람들이 초기에 기대했던 것보다 더욱 강한 외적 보상이 주어지면, 보상의 효과는 극대화된다. 이와 같이 기대한 보상보다 실제 보상이 더욱 크기 때문에 훨씬 높은 수준의 강화를 받는 불일치를 '보상예측오류(reward prediction error)'라고 한다. 예측오류가 발생하면 많은 양의 도파민이 발생하며, 보상예측오류가 클수록 도파민 분비량이 증가한다(Montague et al., 1996; Pessiglione et al., 2006; Schultz et al., 1997). 보상예측오류에는 긍정적인 것과 부정적인 것이 있다. 기대한 보상이 주어질 때에는 긍정적 보상예측오류가 발생하는 반면, 기대한 보상이 주어지지 않을 때에는 부정적 보상예측오류가 발생한다. 보상예측오류의 원리를 잘 활용하면, 학습에서 훨씬 강한 수준의 강화를 줄 수 있다(Dayan & Balleine, 2002; Montague et al., 2006; Sutton & Barto, 1998). 즉, 교수학습방법에서 학습의 효과를 높이기 위해서는 참신하고 다양한 강화를 제시하여, 긍정적인 예측오류를 증가시키는 방법이 효과적이다. 긍정적 보상예측오류를 활용하여 원함의 상태를 유지하는 것은 학습자의 동기유발을 위한 핵심 요인이다.

외적 보상에 대한 뇌과학 연구들은 다양하게 보고되고 있는 반면에, 내재적 동기에 대하여 직접적으로 연구한 뇌과학 연구들은 상대적으로 매우 적다. 아직까지 뇌과학 연구들은 내재적 동기와 외재적 동기를 담당하는 신경상관이 독립적으로 구분되어 있다는 증거를 찾지 못하였다. 개념적으로는 내재적 동기와 외재적 동기의 구분이 이루어지지만, 실제적으로 학습자가 특정과제에 동기유발이 되었다고 할 때에는 내재적 동기유발과 외재적 동기유발이 함께 이루어진 경우가 많다. 그리고 이러한 경우에, 해당 과제에 대하여 두 가지 동기 중 어느 쪽이 얼마만큼의 비율로 이루어졌는지를 분석하는 것은 어렵다. 왜냐하면 사람들은 자신만의 고유한 가치체계를 지니고 있고, 특정 과제나 자극에 가치를 부여하는 것은 주관적인 계산과정이기 때문이다. 게다가 많은 경우에, 처음에는 외적 보상에 의하여 동기가 유발되었다가, 시간이 지나면서 해당 과제 자체에서 가치를 찾게 되고 흥미를 느끼게 되면서 내재적 동기유발이 이루어진다. 현재의 뇌과학 연구들을 살펴보면, 보상의 원천이 과제 자체에서 나오는 것인지, 아니면 외적인 보상에서 주어지는 것인지는 뇌과학적 가치의 계산에서 의미를 갖지 못하는 것으로 추정할 수도 있다. 그러나 이 부분에 대한 것은 아직 확실하지 않으며, 향후 동기에 대한 뇌과학적 접근에서 중요한 과제로 남는다.

한편, 영국 University College London의 뇌과학자 Karl John Friston은 자신의 자유에너지(free energy) 원칙과 연결하여 지금까지의 보상, 동기이론에 대하여 본질적인 문제 제기를 한다. 현재 가장 영향력 있는 뇌과학자 중 하나인 Friston은 전 세계 뇌과학 연구자들과 병원들에서 fMRI, PET 등의 해독에 사용하는 뇌영상 해석 컴퓨테이션 통계패키지 프로그램인 SPM(Statistical Parametric Mpping)을 고안한 학자이기도 하다. SPM은 애초에 PET 데이터 분석을 위하여 개발되었으나, 1994년 fMRI 데이터 분석을 위하여 재개발되었다. 그가 제시한 역동적 인과관계 모델(Dynamic Causal Modeling: DCM)은 뇌손상 환자들의 최소한의 의식이 남아 있는지 혹은 뇌사상태인지를 결정하는 데 사용된다. 그는 자신의 연구팀과 SPM 패키지를 지속적으로 발전시키고 있다.

Friston의 SPM 통계 패키지가 모든 뇌과학 발전의 기반을 제공하고 있지만, 사실 과학계에서는 Friston의 자유에너지 연구가 더욱 큰 업적으로 평가된다. 자유에너지 이론은 투입(input)과 산출(output)을 '자유에너지 최소화' 원칙에 따라 최소한으로 줄이는 것을 가리킨다. 자유에너지 이론은 사람들의 감각 입력과 기대하는 상태 사이의 간극을 줄이는 것, 즉 사람들의 자유에너지를 최소화하는 것을 가리킨다. 최근 들어 Friston은 뇌의 기본적인 작동 방식으로 오랫동안 받아들여져 온 '보상'이나 '가치'를 자유에너지 원리와 연결하여, 전면적인 문제 제기를 하고 있다. 특히 그는 보상에 반응하는 것으로 알려진 도파민의 역할에 대한 지금까지의 접근이 대대적으로 다시 평가되어야 한다고 주장한다(Friston, Daunizeau, & Kiebel, 2009). 오랫동안 많은 뇌과학 연구는 도파민을 '쾌락'과 관련된 뇌속 호르몬으로서, 예측 불가능한 미래의 보상을 인코딩하는 것으로 연구해 왔다. 도파민은 쾌락분자(pleasure molecule)라고 불리며, 예측오류와 관련을 갖고 작동한다(Schultz et al., 1997; Schultz, 1998; Kakade & Dayan, 2002). 지금까지의 도파민 연구들은 도파민이 분비되는 것이, 특정 자극에 대해서 '보상'이라는 가치 판단을 했기 때문이라고 전제해 왔다.

그러나 Friston은 도파민이 분비되는 이유가, 해당 자극이 '보상'이었기 때문이 아니라 단지 '새로운' 경험을 주는 현저한 자극이기 때문이라고 주장한다. 즉, 도파민 시스템은 '보상'에 반응한다기보다는 새로운 자극, 즉 미처 예측하지 못한 '예측오류'에 반응하는 일반적인 예측오류 시스템이라는 것이다(Friston et al., 2009). 여기에서 도파민의 본질적 기능은 예측오류를 최소화하는 방향으로 신경망을 지속적으로 업데이트하는 것이다. 새롭거나 주목을 끄는 현저한 자극이면 보상이든 아니든 상관없이 도파민 반응을 불러일으킨다.

Friston이 도파민에 대한 전통적인 관점에 문제 제기를 한 이래, 일련의 뇌과학 연구들이 Friston의 주장을 뒷받침하는 연구결과들을 보고하고 있다(Gershman & Uchida, 2019; Starkweather, Gershman, & Uchida, 2018). 이를테면 NIH의 Matthew P. H. Gardner와 하버드 대학교의 Samuel J. Gershman도 「일반화된 예측오류로서 도파민의 재개념화(Rethinking dopamine as generalized prediction error)」 논문에서 도파민 회로가 보상에 대한 활성화를 넘어서서, 보상과 관련이 없는 감각에 대한 예측오류에 대해서도 활성화된다고 보고하였다(Gardner, Schoenbaum, & Gershman, 2018). 현재로서 확실한 연구결과는 도파민은 보상뿐 아니라 예측오류의 최소화 과정에서도 핵심적 기능을 담당하고 있어서, 도파민 회로는 보상을 넘어서 일반적인 학습과정에 있어서 매우 중요하다. 그러므로 뇌과학 기반 교수학습방법의 측면에서 본다면, 단순이 보상을 동기유발의 방법으로 활용하기보다는, 새로운 자극들을 적절하게 제시하는 것에 초점을 맞출 필요가 있다. 향후 도파민 회로와 연결한 보상체계에 대한 연구들을 더욱 치밀하게 전개하면, 교육의 현장에서 보다 의미 있는 시사점을 얻을 수 있을 것이다.

반면, 외적 보상이 내재적 동기를 침해한다는 주장에 대하여 비판을 하는 학자들은 주로 행동주의이론에 기초를 두고 있다(Hammer & Foster, 1975; Reiss & Sunshinsky, 1975; Winston & Baker, 1985). 또한 외적 보상이 도리어 수행을 촉진한다고 주장하는 학자들도 있다(Cameron & Pierce, 1994; Eisenberger & Cameron, 1996). 실제로 2019년 기준 미국의 실리콘밸리 등 많은 국내외 기업이 사원들의 동기부여 방법으로 파격적인 인센티브 제도를 실시하고 있다. Cameron과 Pierce는 이러한 일련의 연구들을 메타분석하여 보상이 내재적 동기에 미치는 효과는 생각보다 일반적이지 않고, 상당히 제한된 조건에서만 나타난다고 보고한다(Cameron & Pierce, 1994). 이에 대한 반격으로 Tang과 Hall(1995)은 거의 유사한 연구들을 메타분석하여 보상이 내재적 동기를 감소시킨다는 결론을 제시하였다. 또한 최근의 일부 연구들은 학생들의 내재적 동기가 낮은 상황에서,

외적 보상을 보충 도구로 활용하는 것이 학습에 효과적이라고 주장하기도 한다(Svickni & McKeachie, 2014). 학생들이 반드시 학습해야 하는 내용들에 대하여 항상 흥미를 느끼는 것은 아니기 때문이다. 예를 들어, 수십 개의 영어 단어를 외워야 하거나, 난해한 과학 전문 용어들을 익혀야 하는 것은 학생들에게 흥미롭지 않을 수 있지만 꼭 필요한 과제이다. 이러한 상황에서는 외적 보상을 적절히 활용하면 학습의 효과를 높일 수 있으며, 더 나아가서 해당 주제에 대한 흥미도 높이는 결과로 이어질 수 있다. Covington(1999)은 학부생을 대상으로 한 그의 연구를 통하여 좋은 성적을 거두기 위하여 공부하는 것이 궁극적으로 공부에 대한 흥미도 높일 수 있으므로, 성적이라는 외적 보상이 반드시 나쁜 것만은 아님을 제시한다.

홍미로운 과제인 경우에는 적절한 외적 보상이 성취를 향상시킨다(Camerer & Hogarth, 1999). 그러나 외적 보상이 과도한 경우에는 도리어 성취를 저해한다(Ariely et al., 2009; Chib et al., 2012). 더욱 흥미로운 뇌과학 연구는 외적 보상이 주어지다가 제거되면, 외적 보상으로 인하여 활성화되었던 뇌영역의 활동이 급격히 감소하고, 내재적 동기의 저하로 이어진다(Murayama et al., 2010).

일부 연구들은 내재적 동기가 낮은 등의 특정 상황에서는 외적 보상을 부분적으로 활용하는 것이 더욱 바람직하다고 주장한다(Svickni & McKeachie, 2014). 흥미로운 과제인 경우에도 적절한 외적 보상을 활용하면 성취를 더욱 향상시킨다는 연구결과도 있다(Camerer & Hogarth, 1999). 교수학습방법에서 외적 보상은 구체적인 정보를 내포할 때에 더욱 효과적이다. 예를 들어, 성적만 제시하는 것보다는 채점의 근거와 관련 내용을 설명하면서 성적을 피드백하는 것이 훨씬 효과적이다. 교수방법의 고전이라고 할 수 있는 교수법 책(Teaching Tips)의 저자인 Wilbert J. McKeachie(Svinicki & McKeachie, 2014)는 대학에서 연구방법 과목(Research Methods course)을 가르쳤다. 그는 학생들이 제출한 첫 번째 연구제안서 과제에 대해서 점수를 제시하지 않고, 대신에 해당 연구제안서를 어떻게 개선할지에 초점을 맞추어 상세한 피드백을 적어서 돌려준다. 그러면 학생들은 성적에 사로잡히지 않고, 자신의 제안서를 다시 검토하여 더욱 향상시키는 데 주력하게 된다. 그러므로 학생들의 보고서나 시험지를 채점하여 성적만 기입한 후 돌려주는 것이 아니라, 학생들이 보고서나 시험지를 향상시킬 수 있도록 한 번의 기회를 더 주는 것, 상세한 피드백을 제공하는 것은 효과가 있다. 이는 외적 보상을 포함한 피드백이 학습자들을 어떻게 내재적으로 동기화시키는지에 대한 구체적인 예이다. 또한 앞에서도 살펴보았듯이 외적 보상은 과제 수행을 더욱 정확하게 해 주는 경우도 있으므로(Marsden et al., 2015), 높은 사고력을 요구하는 수학 문제보다는 단순 연산 등을 연습할 때에 적절히 활용하면 효과적이다.

보상은 적절하게 활용하면 지루할 수 있는 교수학습방법과 공부의 과정을 촉진할 수 있다. 외적 보상은 즉각적으로 단순 작업의 정확성이나 집중도를 증가시킬 수 있다. 일시적으로 흥미를 높일 수도 있다. 그러나 대개의 경우는 외적 보상이 소거되면 바로 사라지는 효과이다. 외적 보상은 내재적 동기를 침해하거나, 도리어 성취를 저해할 수도 있다(Ariely et al., 2009; Chib et al., 2012). 그러므로 교수학습방법에서 외적 보상을 적절히 활용하여, 외적 보상이 장기적으로 학습자의 내재적 동기화를 가져올 수 있도록 하는 것이 바람직하다.

3. 긍정적 정서 동기이론: 자기결정성 이론

동기와 정서는 동전의 앞뒷면과도 같이 밀접하게 연결되어 있다. 동기의 관여와 만족은 긍정적 정서들을 통합함으로써 이루어진다. 동기가 만족될 때에 기쁨은 흥미를 증가시키고, 다른 흥미들을 대치시킨다(Izard, 1991). 흥미와 기쁨의 정서는 모든 사람들이 특정 활동에 대하여 자발적으로 관여하도록 만드는 정서이다. 긍정적 정서는 학습동기의 발생 여부를 결정하는 데 큰 역할을 한다(김성일, 2006; Reeve, 1989, 2009). 긍정적 정서와 관련한 동기이론으로서 학생들의 동기를 이해하고 향상시키는 데 유용한 이론이 자기결정성 이론(self-determination theory)이다. 자기결정성 이론은 인간의 동기와 정서 및 발달에 대한 거시적인 이론이다. 교육학 분야에서 자기결정성 이론은 인간의 행복과 발전의 과정에 대한 통찰을 던져 준다는 점에서 의미가 있다(Deci & Ryan, 1985, 2000). 1980년대에 Edward Deci와 Richard Ryan이 자기결정성 이론을 제시한 이후, 최근까지 가장 널리 연구되고 받아들여지는 동기이론은 자기결정성 이론이다.

자기결정이라는 용어는 Deci(1980)가 자율적 의도와 통제된 의도를 구분하기 위하여 처음 사용하였다. 이 책의 앞부분에서도 살펴보았듯이 Deci와 Ryan은 내재적 동기와 외재적 동기가 상호대립적이기보다는, 자율성의 수준에 따라서 하나의 연속선상에 놓을 수 있다고 보고 유형화하였다. ① 무동기, ② 외적 조절, ③ 부과된 조절, ④ 확인된 조절, ⑤ 통합된 조절, ⑥ 내재적 동기. 즉, 자기결정성 이론은 행동의 원인이 자기결정적일수록 내재적 동기가 유발된다고 제안하였다. 자기결정은 세 가지 경험적 특질로 정의할 수 있다. ① 지각된 통제의 소재(perceived locus of control: PLOC), ② 지각된 선택(perceived choice), ③ 자유의지(volition)를 들 수 있다. 지각된 통제소재는 자기결정성 내의 제1특질로서 행동의 원인에 대한 개인의 이해를 의미한다. 지각된 통제소재는 내적(internal)인 것으로부터 외적(external)에 이르는 연속체상에 존재한다. 지각된 선택은 자기결정성 내에 있는 제2의 특질이다. 사람들은 선택을 할 수 있는 환경에서 선택감을 지각하므로 선택을 지지해 주는 환경의 조성이 중요하다. 억압당한다고 느끼는 환경에서 사람들은 선택감을 지각하지 못한다. 자유의지는 자발적으로 특정 활동을 하고자 하는 특질을 가리킨다. 자기결정성 이론은 자기결정성에 영향을 미치는 기본 심리욕구로 자율성(autonomy), 유능감(competence), 관계성(relatedness)을 제시한다. Deci와 Ryan은 기본 심리욕구의 만족이 사람들의 심리적 만족도와 효과적인 활동을 위하여 필요함을 강조한다. 즉, 사람들은 자연스럽게 기본 심리욕구를 만족시키는 방향으로 활동을 하고 관계를 맺는다. 세 가지 기본 심리욕구를 보다 구체적으로 살펴보면 다음과 같다.

1) 자율성의 욕구

자율성은 가장 핵심적인 기본 심리욕구이다. 사람은 누구나 자신이 무엇을 할지, 어떻게 할지, 언제 할지, 자신의 시간을 어떻게 사용할지를 결정하고 싶어 하는 존재이다. 1980년 Deci가 자기결정성이라는 용어를 제안할 때에 '통제된 의도'와 '자율성'을 구분하여 논의하는 것으로부터 자기결정성 이론의 토대가 만들어졌기 때문이다. 또한 연구들에 따르면 자율성이 보장되어야 비로소 유능성이 제대로 잘 발휘되기 때문에 자율성은 세 가지 기본심리욕구 중에서도 핵심 요소로서 연구된다(Ryan, 1982; Ryan, Mims, & Koestner, 1983). 긍정심리학파를 이끌어 가는 전 미국심리학회(American Psychology Association: APA) 회장이자 펜실베이니아 대학교 교수인 Martin Seligman도 그의 책 『진정한 행복(Authentic Happiness)』에서 자율성이 보장되는 것이 행복을 위하여 가장 중요한 조건 중 하나라고 주장한다. 심지어 Seligman은 아무리 행복인자가 높은 사람이라도 자율성이 보장되지 않는 전제주의 국가에서 태어난다면 행복할 수 없으므로, 행복하기 위해서는 '전제주의' 국가에서 태어나지 않는 것이 중요하다고 제시한다.

자율성은 자신이 행동의 주체(origins)이지 객체(pawns)가 아니라는 신념이다. 자율성은 자신의 행동을 자발적인 것으로 귀인시키려는 내적인 과소재를 가리킨다(deCharms, 1968; Ryan & Grolnick, 1986). 자율적인 행동을 하는 사람들은 그 행동이 자신으로부터 분출하는 듯한 경험을 한다(Deci & Ryan, 2000). 선행연구들에 따르면 자율성의 심리욕구가 충족되면 다양한 긍정적 성과가 나타났다. 자기결정성이 증가할수록 내재적 동기가 높게 나타났다(Grolnick & Ryan, 1987; Levesque, Zuehlke, Stanek, &

Ryan, 2004; Niemiec & Ryan, 2009; Ryan & Deci, 2000). 지각한 자율성이 높을수록 학생들이 더욱 많은 노력을 기울이고 성취도도 높은 반면, 지각한 자율성이 낮은 학생들은 노력을 적게 하였고 성취도도 낮았다(Vallerand et al., 1992). 대학생들의 자기결정성이 높을수록 삶에 대한 만족도와 자아존중감이 증가하였고(Levesque et al., 2004), 학교생활에 대한 심리적 적응, 집중, 긍정적 정서 등에 정적 효과가 있었다(Diener, 2000; Vallerand, Fortier, & Guay, 1997; Ryan & Connell, 1989). 러시아와 미국의 고등학생을 대상으로 수행한 연구에서도 학생들이 자율성을 지각할수록 학습동기가 향상되었다(Chirkov & Ryan, 2001). 국내의 선행연구로는 2004년 한국청소년개발원이 중학교 2학년 학생 3,449명을 대상으로 실시한 설문자료를 분석하여 자율성과 유능감 지각이 학업성취도와 정적 상관을 가짐을 보고한 연구 등이 있다(김주환, 김은주, 홍세희, 2006). 장형심과 김은주, John Marshall Reeve는 한국의 중학교 2학년 학생 500명(여자 257명, 남자 243명)을 대상으로 단기 종단연구를 수행하여 다단계구조방정식 모델(multilevel structural equation modeling)로 분석하였다(Jang, Kim, & Reeve, 2012). 연구결과에 따르면 학기 초에 지각한 자율성 지지는 학생들의 자율성에 대한 욕구를 만족시켜 주었다. 이로 인하여 학기말에 증가한 관여는 학기말의 학업성취도를 예측하였다. 이 연구를 통하여 연구자들은 학급에서의 관여가 자율성에 대한 욕구의 만족을 예측하고 다시 욕구의 만족이 자율성 지지적의 변화를 지각하는 정도를 예측하게 해 줌을 발견하였다. 이 연구의 중요한 시사점은 지각된 자율성 지지도의 정도와 학급에서의 관여가 학생들의 자율성에 대한 욕구의 만족에 관한 예측과 결과물이 동시에 되어 주는 역동적 관계를 갖는다는 것이다. 즉, 자율성을 지지받는다고 학생들이 지각하면 관여가 향상되고, 향상된 관여는 만족도를 통하여 다시 자율성 지지에 대한 지각을 높여 준다. 그러므로 교수학습방법에서 교수자는 학생들이 자율성을 지지받는다고 지각할 수 있도록 노력할 필요가 있다.

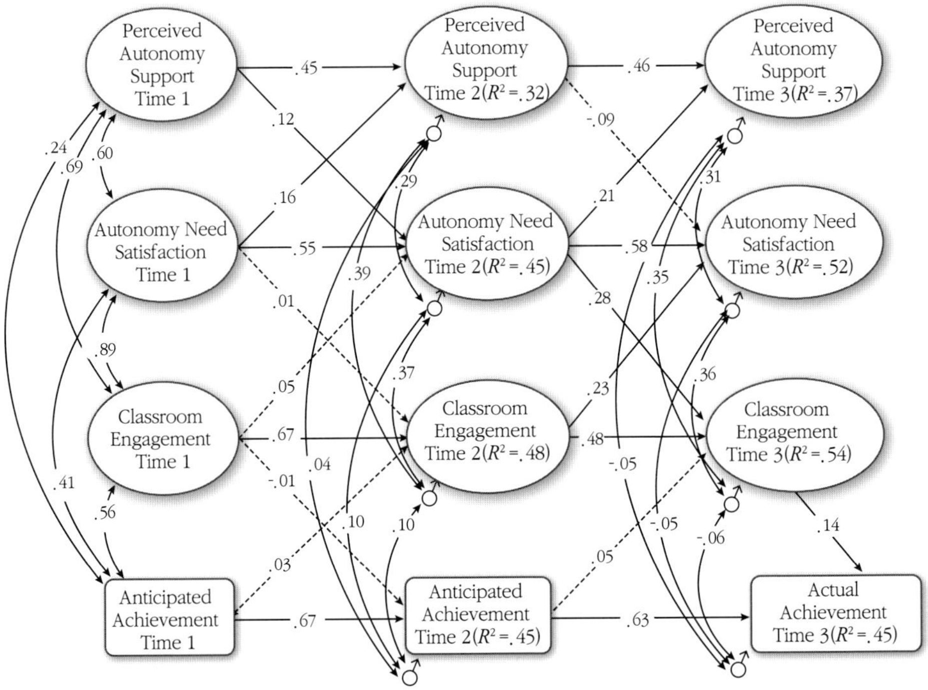

[그림 2-4] 동기 중재(motivation mediation) 구조방정식 모형의 표준화 모수 추정치

출처: Jang, H., Kim, E. J., & Reeve, J. (2012). Longitudinal test of self-determination theory's motivation mediation model in a naturally occurring classroom context. *Journal of Educational Psychology*, *104*(4), 1175.

이와 같이 자율성이 자기결정성 이론의 핵심 변인으로 연구되면서 자율성을 지지하는 환경에 대한 연구들도 활발하게 이루어지고 있다. 자율성 지지적 환경은 학습자의 긍정적 정서를 증가시켜 주고, 내재적 동기와 성취를 향상시킨다. 2년간 18개 학급 420명의 7학년 학생들을 대상으로 한 선행연구에서는 자기결정성 이론을 기반으로 '자율성 지지적 환경'을 제공하며, 교사들과 학생들 간에 Martin Buber의 나와 너 대화(I-Thou dialogue)를 처치하였다. 처치 결과, 교사에 대한 학생들의 긍정적 정서가 증가하였고, 부정적 정서와 교실 내 폭력은 감소하였다(Kaplan & Assor,

2012). 자율성을 지지하는 환경에서 학습자들은 내재적 동기가 증가하며, 학습을 위하여 더욱 큰 노력을 기울인다(Reeve et al., 2002). 자율성 지지적 환경은 성취를 향상시켜 준다(Grolnick & Ryan, 1987; Vansteenkiste, Simons, Lens, Soenens, & Matos, 2005). 자율성 지지적 환경은 학습자의 관여(Guay, Boggiano, & Vallerand, 2001; Jang, 2008; Reeve, Jang, Carrell, Jeon, & Barch, 2004)를 향상시키며 보다 구체적으로 학습자의 ① 행동적 측면의 관여(Assor, Kaplan, & Roth, 2002), ② 정서적 측면의 관여(Skinner, Furrer, Marchand, & Kindermann, 2008), ③ 인지적 측면의 관여(Vansteenkiste et al., 2005), ④ 의견적 측면(agentic aspect)의 관여(Reeve & Tseng, 2011)를 증가시켜 준다.

2) 유능성의 욕구

사람은 누구나 유능성 있는 사람이 되기를 원하고 노력한다. 유능성은 자신에게 주어진 주요 과업을 잘 해낼 수 있다는 자신감, 자신을 둘러싼 환경과 효능적으로 상호작용할 수 있다는 신념을 가리킨다. 유능성에 대한 욕구는 획득한 기술이나 역량 자체라기보다 본인이 유능하다고 느끼고 싶어 하는 지각에 대한 것이므로 맥락에 따라 유능감(perceived competence)이라고도 불린다. 우리는 도전에 직면했을 때에, 자신의 힘을 모두 쏟아붓는다. 우리는 자신의 능력에 비추어 최적의 도전을 추구한다. 이와 같은 도전을 통하여 기술과 역량을 향상시키려고 끊임없이 노력한다. 우리 모두에게는 유능성의 욕구가 있다. 우리에게 주어진 도전적인 과제를 추구하고 이에 대하여 긍정적 피드백을 받을 때에 우리는 유능성 욕구가 충족되어 만족감을 느끼고 행복해한다(Deci & Ryan, 1985; Elliot & Thrash, 2002; Koestner & McClelland, 1990; Reeve, 2005).

최적의 도전은 사람들이 특정 활동에 완전히 몰두하고 깊이 관여하며 집중하게 해 준다(Csikszentmihalyi, 1975; Csikszentmihalyi & Figurski, 1982;

Csikszentmihalyi, 1990). 즉, 플로(flow) 상태에 빠지도록 해 준다. 플로는 사람들에게 높은 수준의 행복감을 준다. 여기에서 중요한 것은 '최적'의 도전이다. 도전과 기술 모두가 적절하게 높으면, 도전을 해 나가는 자체의 과정이 플로의 경험이다. 만약 도전이 기술보다 과도하게 높으면, 유능성을 위협하고 그 위협이 정서적으로 걱정이나 불안으로 나타난다. 기술이 도전보다 높으면 집중력이 약화되고, 과제에 최소한으로 참여하게 된다. 그리고 정서적으로 지루함을 느끼고 과제에 대하여 무관심하게 된다. 도전과 기술이 모두 낮으면 최악의 상황이다. 이러한 경우는 정서, 동기, 인지의 모든 평가가 가장 낮은 상태이다. 이 경우 사람들은 아예 과제에 관심을 두지 않는다. 플로는 도전과 기술이 둘 다 적절히 높거나, 매우 높은 상황에서 발생한다(Csikszentmihalyi, 1988; Keller & Bless, 2008). 기술과 도전을 효능적으로 잘 조화시키면 우리는 어떠한 활동이라도 플로를 즐기며 수행할 수 있다. 적절한 등반 기술을 지닌 사람들에게는 도전적인 암벽 등반이 도전이 없는 티비 시청보다 훨씬 즐거운 것이다. 유능성 욕구를 충족시켜 줄 수 있는 과제는 최적의 도전감을 주는 과제이다. 최적의 도전에서 성공하는 것이 우리에게 높은 수준의 행복감을 가져다준다. 또한 사람들이 최적의 대면을 경험하기 위해서는 수행에 대한 피드백이 필요하다. 엄밀하게 말해서 사람들은 자신이 과제를 수행하고 첫 피드백을 받기 전에는 도전을 경험하지 않는다. 도전과 대면하고 수행에 대한 첫 피드백을 받는 순간에 사람들은 도전을 심리적으로 경험한다(Reeve, 2005; Reeve & Deci, 1996).

다양한 선행연구가 유능감과 내재적 동기의 정적 관계를 밝히고 있다(Jang, Reeve, Ryan, & Kim, 2009; Standage, Duda, & Ntoumanis, 2003). Vallerand 등이 캐나다 퀘백의 고등학생 4,537명을 대상으로 진행한 연구를 살펴보면, 유능감을 지각한 학생들은 학습동기가 증가하였고 학교 중도탈락률(dropout)에 대한 의도와 실행률이 낮았다(Vallerand et al., 1997). 유능성과 과목의 흥미에 대한 선행연구를 살펴보면, 일반적으로는 특정 교과목의 유용성을 인식하게 되면 흥미와 동기가 향상되고 성취도도 높아지지만(Hulleman, Schrager, Bodmann, & Harackiewicz, 2010), 유능성이 낮은 학생들에게는 유용성 가치의 개입이 효과적이지 못하다. 즉, 유능성이 낮은 학생들은 자신들의 흥미를 높이기 위하여 근접목표설정, 호기심 유발 등의 추가적인 지원이 필요하므로, 유용성 가치의 개입이 학생들의 흥미유발을 돕지 못한다(Lipstein & Renninger, 2007; Renninger, 2000). 그러므로 학생들의 유능성을 높여서 내재적 동기의 향상도 가져오기 위해서 교사는 유능성에 대한 개별적이고 진정성을 가진 피드백을 줄 필요가 있다. Standage 등의 연구에 따르면(Standage et al., 2003) 평균 14세 아동 328명을 대상으로 자기결정성 이론의 틀에서 연구를 진행한 결과 학생들의 유능감이 내재적 동기와 유의미한 관련을 가지고 무동기와 부적 관계를 나타냈다.

유능성과 관련한 국내 연구들 중 하나는 '2005 한국교육종단연구 1차년도' 조사에 참여한 중학생 6,908명의 설문자료를 분석하여 유능성의 효과를 살펴본 연구이다(김은주, 홍세희, 김주환, 2006). 이 연구는 자기결정성이 내재적 동기를 매개로 학업성취도 및 협동학습 선호도와 경쟁학습 선호도에 미치는 영향에 대하여 분석하였다. 연구결과, 국외의 선행연구들과 마찬가지로 유능성은 학업성취에 유의미한 정적 영향을 주었다. 그리고 유능성은 경쟁학습 선호도에 강한 정적 효과를 나타냈고, 협동학습 선호에는 효과를 나타내지 않았다. 한국의 중학생들이 유능감이 높을수록 협동학습보다 경쟁학습을 선호한다는 연구결과는 향후 우리의 교수학습방법의 방향에 시사하는 바가 있다. 또한 대학신입생의 자율성과 유능성 및 대학생활 만족도 간의 시간에 따른 변화와 상호연관성을 잠재성장모형으로 검증한 국내 연구에서(김은주, 김민규, 2014) 신입생들의 유능성은 대학생활 만족도에 강한 정적 영향을 주는 것으로 나타났다. 이 연구에서 특히 밝혀진 흥미로운 사실은 유능성의 초깃값보다는 유능성의 변화율이 훨씬 더 강하게 대학생활 만족에 영향을 준다. 그러므로 교수학습방법에서 학생들이 유능감의 향상을 경험할 수 있도록 교수자가 노력하는 것이 중요하다. 김은주와 도승이(2009)가 협동학습에서 학습자의 유능감과 관계성 욕구가 내재적 동기 및 수업 참여와 어떠한 관계를 나타내는지 분석한 연구에서도 학생들의 유능감이 높을수록 협동학습 수업에 더욱 적극적으로 참여하는 것으로 나타났다.

3) 관계성의 욕구

사람은 누구나 소속감을 갖고 싶어 하며, 사회적 상호작용을 강하게 원한다. 우리는 친구를 원하고, 다른 사람과 친밀한 관계를 형성하고 싶어 하며, 관계를 유지하려고 노력한다(Baumeister & Leary, 1995). 사람들은 사회적 맥락 속에서 자신을 둘러싼 주요 타인들과 정서적으로 따뜻한 관계를 잘 맺고 있으며, 연결망이 탄탄하게 구축되어 있다는 느낌을 얻기 원한다. 우리는 관계성의 욕구를 가지고 태어난다. 관계성 욕구는 관계성에 대한 만족은 긍정적 정서, 과제에 적극적으로 참여하겠다는 의지, 즐거움을 유발한다(Amorose & Anderson-Butcher, 2007; Ntoumanis, 2005). 관계성을 원하기 때문에 우리는 자신의 안녕을 확보해 주는 믿을 수 있는 사람에게 끌린다. 반대로 자신의 안녕을 확보하는 데에 믿음이 가지 않는 사람에게서 멀어진다. 욕구를 만족시키는 관계 속에서 사람들이 본질적으로 추구하는 것은 돌보아 주는 것과 정서적으로 의미 있는 방식으로 자신과 다른 사람이 진정하게 관계를 맺을 수 있는 기회이다(Ryan, 1993).

자기결정성 이론에서 관계성의 욕구는 가장 나중에 포함된 요인이다. 관계성도 다른 요인들과 마찬가지로 내재적 동기와 밀접한 관계를 갖는다. 왜냐하면 사람들은 관계성에 대한 욕구가 충족될 때에 심리적인 어려움이 감소하기 때문에 훨씬 더 잘 기능할 수 있기 때문이다. 이를테면 영유아기에 부모와의 애착관계가 안정적으로 잘 형성된 아이들은 아동기에 접어들면 '세상에 대한 호기심'이나 '새로운 것을 시도해 보려는 동기' 등이 활발하게 싹튼다. 그렇지만 영유아기에 애착관계가 불안정한 아이들은 부모와의 관계형성 단계에 고착된다. 그러므로 부모와의 관계에 매달리느라 세상으로 나아가지 못한다. 세상에 대한 호기심이나 새로운 것을 배우는 것으로 자아를 확장하는 것이 어렵다. 그들은 제대로 기능하지도 성장하지도 못한다. 선행연구들에 따르면 장형심과 동료들(2009)은 관계성이 내재적 동기, 관여 및 성취와 정적 관련을 갖는다고 보고하였다(Jang et al., 2009). Vansteenkiste 등은 관계성을 포함한 인간의 기본심리욕구들이 심리적 안녕감과 정적 관계를 갖는다고 제시하였다(Vansteenkiste et al., 2005). Furrer와 Skinner(2003)는 관계성과 관여(engagement)가 유의미한 정적 관련을 갖는다고 보고하였다. Hofer와 Busch(2011)는 259명의 독일인과 카메루니언 참여자들을 대상으로 관계성의 욕구가 충족될수록 보다 높은 수준의 직장에 대한 만족도를 나타내는 것으로 보고하였다. 이와 같은 관계성과 직장 만족도의 관계는 문화나 종족에 관련 없이 나타나는 것으로 나타났다. 관계성의 욕구가 충족되면 안녕감을 느끼고(Kasser & Ryan, 1999), 활기차고 행복하다(Ryan & Lynch, 1989). 반대로 관계성의 욕구가 충족되지 않으면 슬픔, 우울, 질투, 외로움이 증가한다(Baumeister & Leary, 1995; Pierce, Sarason, & Sarason, 1991; Williams & Solano, 1983; Windle, 1992). 즉, 우리는 친밀감 있는 따뜻한 관계, 사회적 결속을 맺는 관계를 이루어야 위축되지 않고 활기차고 행복하게 살면서 제대로 기능할 수 있는 존재이다. 교수학습방법에서도 학생들이 동료들끼리 친밀감 있는 관계형성을 할 수 있도록 구조화하는 것이 필요하다.

제3장

긍정심리학의 교수학습방법 적용

동기이론은 긍정적 정서와 깊은 관련이 있다. 지금까지의 연구결과들을 고찰하여 보면, 동기와 가장 강력하게 직접적으로 관련이 있는 변인은 보상이고, 보상의 주요 기능은 '긍정적 정서'를 유발하여 목표행동의 빈도를 높여 준다(Schultz, 2004).

긍정적 정서는 환경적 자극을 긍정적으로 평가하는 의식상태로서 부정적 정서와는 뚜렷하게 구분되는 정신적, 신체적, 주관적 반응을 일으킨다. 긍정적 정서와 흔히 혼동되는 것이 쾌락이다. 긍정적 정서는 자극에 대한 주관적 의미 부여라는 인지적 평가가 중요한 요소인 반면, 쾌락은 물리적 자극에 대한 일시적, 즉각적 반응에 주로 기인한다는 점에서 뚜렷한 차이가 있다. 쾌락은 주로 신체적 자극에 의해서 발생하지만, 긍정적 정서는 종종 외적인 자극 없이도 발생한다(Fredrickson, 2001; Fredrickson & Branigan, 2005).

전통적으로 심리학 분야에서 긍정적 정서는 연구하기 어렵다고 알려져 왔고, 부정적 정서에 대한 연구 위주로 정서에 대한 연구가 이루어져 왔다. 왜냐하면 분노, 혐오, 공포 등의 부정적 정서의 효과는 구체적인 행동 성향을 포함하는 반면 기쁨(joy), 흥미(interest), 자부심(pride) 등의 긍정적 정서는 구체적인 행동 성향을 관련시키기 힘들기 때문이다. 그러나 최근 들어서 기능성 자기공명영상(functional Magnetic Resonance Imaging: fMRI) 등 다양한 뇌 영상 기기의 급격한 발전과 다양한 연구성과에 힘입어 정서 활동을 직접적으로 관찰할 수 있는 방법이 나오면서 훨씬 정교한 연구방법으로 정서에 대한 연구가 이루어지고 있다. 긍정적 정서에 대하여 보다 구체적으로 살펴보면 다음과 같다.

1. 긍정적 정서 이해

긍정심리학의 노스캐롤라이나 대학교의 Fredrickson의 '확장과 유지이론(broaden and build theory)'에 따르면 긍정적인 분위기에서 사람들은 사고의 폭이 넓고 깊어진다. 또한 긍정적 분위기에서 사람들은 창의적으로 의사결정하며, 다른 사람들과 좋은 관계를 형성하고, 배우고자 하는 욕구도 강해진다(Fredrickson, 1998, 2001, 2004, 2013). 긍정적인 정서의 효과는 순간적이고 일시적일 뿐 아니라, 장기적으로도 지속적으로 신체적, 사회적, 인지적 효과를 나타낸다. 긍정적 정서의 효과는 축적되어 또 다른 긍정적 정서의 자원이 되어 주기도 한다(구재선, 이아롱, 서은국, 2009; Fredrickson, 2013; Fredrickson & Branigan, 2005). 반면에 부정적 정서는 사람들의 사고와 행동의 레퍼토리를 제한하고 좁히는 기능을 한다.

긍정정서 연구의 대가인 Alice Isen의 연구팀도 20여 년에 걸쳐서 진행된 일련의 연구들을 통하여 사람들이 긍정적인 정서를 경험할 때에 동기가 향상되고, 사고의 폭이 넓고 깊어지며, 정보처리의 속도가 빨라지고, 창의적 문제해결력이 확장된다고 보고해 왔다(Erez & Isen, 2002; Isen & Baron, 1991; Isen, 2001, 2004; Isen & Daubman, 1984; Isen, Rosenzweig, & Young, 1991; Kraiger, Billings, & Isen, 1989; Pyone & Isen, 2011). 또한 일상에서 약하게라도 긍정적 감정(affect)에 있는 사람들은 그렇지 않은 사람들보다 높은 창의적 문제해결력을 나타내었고(Estrada, Isen, & Young, 1994; Greene & Noice, 1988; Isen, Daubman, & Nowicki, 1987), 의사결정 과제에서 활용하는 전략들을 체계적으로 변화시킬 수 있었다(Carnevale & Isen, 1986; Estrada, Isen, & Young, 1997; Isen et al., 1991).

이를테면 Isen(1987)은 대학생들에게 못과 한 개의 양초, 성냥 한 통을 주고 두 개의 문제해결 과제를 풀도록 하였다. 과제 1은 참여자들이 촛농을 바닥에 떨어뜨리지 않고 벽에 양초를 붙이는 과제였다. 과제 2는 원격연합과제로서 세 개의 단어, 영혼/바쁨/경계를 보여 주고 이 단어들과 관계 있는 네 번째 단어를 말하도록 요구하였다. 긍정적 정서를 지닌 참여자들은 원격연합과제와 창의적인 것을 연관시켜서 촛불과제를 해결하였다. 반면에 중립적 정서 상태의 참여자들은 촛불 과제에서 일상적인 평범한 답을 내어놓았다.

이 외에도 다양한 선행연구가 Isen 팀과 마찬가지로 긍정적 정서가 인지적 영역에 미치는 정적 영향에 대하여 논의해 왔다. Rowe 등의 연구에 따르면 사람들의 억압적인 통제를 풀어 주어서 선택적 주의집중을 느슨하게 하여 지엽적인 주의집중 경향을 감소시킴으로써, 사람들의 주의를 확장시켜 준다(Rowe, Hirsh, & Anderson, 2007). Aspinwall(1998)에 따르면 사람들이 긍정적 정서에 있을 때에 부적절한 정보를 더욱 잘 파악하고, 대화의 목표와 관련된 정보를 더욱 신중하게 평가한다. 즉, 긍정적 정서에 있는 사람들이 보다 정확하고 균형 잡힌 사고와 대화를 하게 된다.

긍정적 정서는 인지적 기능의 향상뿐 아니라, 사회적 행동에도 영향을 준다. 즉, 긍정정서에 있는 사람들은 중립적인 정서에서 보다 다른 사람들을 더욱 잘 도와주고, 사회적으로 행동하고(Batson, Coke, Chard, Smith, & Taliaferro, 1979; Burger & Caldwell, 2000; Isen & Levin, 1972; Watson, Clark, McIntyre, & Hamaker, 1992), 사람들에게 관대하며 호감을 잘 표현하고(Isen, 1970), 더욱 협력적이었다(Carnevale & Isen, 1986). Waugh와 Fredrickson(2006)은 확장과 유지이론에 대하여 학부 1학년 학생들을 대상으로 긍정정서에 대한 연구를 수행하여, 긍정적 정서가 강한 사람들이 타인에 대한 보다 깊은 이해와 관계가 가능함을 나타냈다.

긍정적 정서는 인지적 기능과 사회적 행동 이외에도 심리적 자원과 신체적 행동 등에도 다양한 효과를 가져온다. 김주환 등은 긍정적 정서의 효과를 크게 일시적인 효과와 장기적인 효과로 구분하고, 이를 다시 인지적, 사회적, 심리적, 신체적 자원으로 나누었다. 즉, 긍정적인 정서는 심장혈관의 상태 증진의 신체적 자원 형성으로부터 사고패턴과 능력향상 등의 인지적 자원 형성, 새로운 관계형성 과정에서의 친밀감 등의 사회적 자원 증가, 자아존중감과 삶의 만족도 증가 등의 심리적 자원까지 아우르는 효과를 나타낸다(〈표 3-1〉 참조).

〈표 3-1〉 긍정적 정서의 효과 연구

구분	구체적인 긍정적 정서의 효과	연구자
일시적인 효과	시각적 주의 확장	Wadlinger & Isaacowitz (2006) Fredrickson & Branigan (2005) Fredrickson (1998, 2001, 2005) Isen, Johnson, Mertz, & Robinson (1985)
	새로운 경험에 대한 개방성 증가	Kahn & Isen (1993)
장기적인 효과	신체적 자원 형성 – 장수/협동심 개발 – 심장혈관 건강 증진 : 부정적인 감정에 의해 유발된 생리학적(심박수, 혈압) 변화가 빠르게 정상치로 돌아옴(회복력)	Fredrickson (1998, 2001, 2005) Danner, Snowdon, & Friesen (2001) Fredrickson, Mancuso, Branigan, & Tugade (2000) Fredrickson & Levenson (1998)
	지적 지원형성 – 융통성, 창의력, 사고패턴, 뇌 발달 – 이상과 현실의 괴리를 적게 지각 – 현실을 더 날카롭게 인식 – 능력향상(좋은 성과를 냄) : 업무성과 증대/불확실성하에서 신속하고 정확한 의사결정/과거의 경험을 토대로 신속한 (자기 발견적) 문제해결 능력/창조적인 정보처리 능력	Staw & Barsade (1993) Heady & Veenhoven (1989) Isen, Daubman, & Nowicki (1987) Seligman & Schulman (1986) Isen, Johnson, Mertz, & Robinson (1985) Isen & Daubman (1984) Isen & Means (1983)

구분	구체적인 긍정적 정서의 효과	연구자
장기적인 효과	사회적 자원형성 – 새로운 관계 형성 과정에서 친밀감 · 일체감 – 타인에 대한 복합적 이해 증가 – 사회적 자본형성 – 적극적인 사회개입(정치참여 등)을 유발하고 사회접촉을 촉진 – 타인의 감정과 욕구에 더 민감하게 반응 – 팀 내의 갈등을 줄이고 팀워크를 높임 – 타인으로 하여금 매력적인 사람으로 생각하도록 함 – 타인을 긍정적으로 생각 – 사회적이며 자상한 행동을 함	Waugh & Fredrickson (2006) Staw & Barsade (1993) Veenhoven (1988, 1989) Baron (1987) Cardy & Dobbins (1986) Carnevale & Isen (1986)
	심리적 자원의 증가 – 자아존중감/자기 신뢰감/낙관주의/자기효능감/생활만족도/자기 신뢰감의 증가(내적인 심리적 요소들의 변화)	Fredrickson, Tugade, Waugh, & Larkin (2003) Barsade (2002) Harker & Keltner (2001) Fredrickson (1998, 2001, 2005) Baron (1990) Veenhoven (1989) Sarason, Potter, & Sarason (1986)
증가된 개인적 자원으로부터 오는 2차적 효과	– 삶의 만족 향상/우울 증상 감소/개인의 성장과 발전유도/성공/자아실현/긍정적 대처방식 증가	Fredrickson, John, Coffey, Pek, & Finkel (2008) Carver & Scheier (2005) Compton (2005) Lybomirsky et al. (2005) Fredrickson et al. (2003) Fredrickson & Joiner (2002) 정옥분(1998)

출처: 김주환, 신우열, 함정현(2009). 행복은 우리를 통(通)하게 한다: 긍정심리학 관점에서 커뮤니케이션 이론 다시 보기. 커뮤니케이션 이론, 5(1), 86-122.

긍정적 정서가 강한 사람은 신체적, 사회적, 심리적 자원이 증가하여 향후 성공적인 삶을 살 확률이 훨씬 높다. 그러므로 교수자들은 교수학습방법에서 긍정적 분위기를 조성하기 위한 노력을 기울이는 것이 중요하다. 교육 현장에서의 긍정적 분위기는 학습자의 인지적, 사회적, 심리적 자원 형성을 대폭 확장할 수 있을 것이다.

2. 긍정적 자기내적 커뮤니케이션을 통한 긍정정서의 향상

교수자들과 학습자들의 긍정적인 정서를 향상시킬 수 있는 방법은 다양하다. 교수학습방법에서 교수자와 학습자 간, 학습자와 학습자 간에 긍정적인 커뮤니케이션을 하기 위해서는, 우선 교수자가 자기내적으로 긍정적인 커뮤니케이션을 할 수 있어야 한다.

우리는 자신을 통하여 타인을 이해한다. 자신을 제대로 잘 이해하는 사람이 타인도 잘 이해하기 때문이다. 즉, 교수자 스스로 긍정적 정서를 충만하게 갖고 있어야, 학생들의 효과적인 동기유발도 가능하다. 이 절에서는 자기내적 커뮤니케이션(intrapersonal communication)을 통한 긍정정서의 향상을 살펴본다.

1) 내적대화

내적대화(self-talk)는 자신과의 커뮤니케이션(intra communication)의 한 종류이다. 내적대화는 발달된 형태의 정신력 개발 기술 중 하나라고 할 수 있다. 내적대화는 자동화된 대화이기도 하고 혹은 의식적으로 우리가 자신에게 행하는 대화이기도 하다(Hardy, Roberts, & Hardy, 2009; Weinberg, Grove, & Jackson, 1992). 내적대화의 주요 특성들은 다면적(multidimensional)이고 역동적(dynamic)이며 교수적(instructional)이고 동시에 동기적(motivational)이다(Hardy, 2006).

우리는 매일 나 자신과의 내적인 대화(inner dialogue with myself)를 한다. 내적대화는 우리의 의식의 필수적인 기능이며, 스스로를 정의하는 방법 중 하나이다(Dehaene, 2014). 우리는 내적대화를 통하여 자신의 정서(emotion)와 지각(perception), 느낌(impression) 등을 표현하며 한편으로는 자신에 대한 지시와 강화를 제공하기도 한다(Van Raalte, Vincent, & Brewer, 2016).

내적대화가 성취도를 향상시켜 준다는 연구결과는 일관되게 보고되고 있다. 특히 스포츠심리 분야에서는 내적대화가 가장 효과적으로 성취를 향상시켜 주는 전략으로서 강조되고 있다. 예를 들어, Van Dyke와 그의 동료들은 141명의 대학생 운동선수를 대상으로 연구를 진행하여, 긍정적 내적대화가 높이뛰기 성취를 유의미하게 향상시킬 것임을 예측할 수 있다고 보고하였다(Van Dyke, Van Raalte, Mullin, & Brewer, 2018). Hardy와 동료들도 긍정적 내적대화가 자신감을 향상시키고 불안을 통제하여 성취를 향상함을 밝혀냈다(Hardy, Jones, & Gould, 1996).

이와 같이 긍정적 내적대화가 성취도를 향상시키는 데에 유의미한 효과를 가져온다는 연구결과들이 지속적으로 보고되고 있다. 이와 같은 내적대화는 자신과의 커뮤니케이션이지만, 동시에 사회적 기능을 내포하고 있다. 왜냐하면 나의 뇌 속에서 자신과의 대화를 하는 과정에서 우리는 이미 사회적 언어를 사용하고 있기 때문이다. 그러므로 자신과의 대화, 내적대화는 대인간 커뮤니케이션(interpersonal communication)과 유기적 관계를 맺는다. 자신과의 대화는 대인간 커뮤니케이션에 영향을 주며, 대인간 커뮤니케이션은 다시 자신과의 대화에 영향을 준다([그림 3-1] 참조).

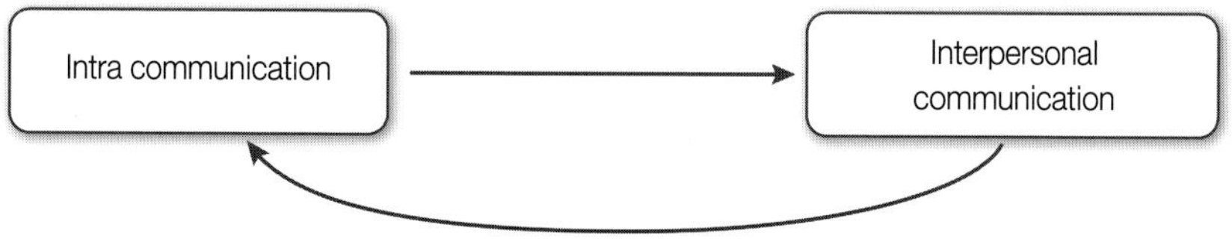

[그림 3-1] 자기내적 커뮤니케이션과 대인간 커뮤니케이션의 상호유기적 관계

긍정적 내적대화는 훈련을 통하여 활성화될 수 있다. 이를테면 현재 스포츠심리 분야에서는 많은 심리적 기술훈련(psychology skills training: PST) 프로그램을 운영하고 있다. 이들 프로그램의 공통점은 대부분 긍정적 내적대화를 포함한다는 것이다. 즉, 훈련을 통하여 긍정적 내적대화를 활성화하는 것이다(Esping-Andersen, 2009; Theodorakis, Hatzigeorgiadis, & Zourbanos, 2012; Ramirez & Beilock, 2011; Van Raalte, Brewer, Rivera, & Petitpas, 1994). 교육현장에서 교수자는 교수학습방법을 통하여 학생들이 긍정적 내적대화를 할 수 있도록 가르칠 수 있다. 긍정적 내적대화는 훈련을 통하여 습관화될 수 있기 때문이다.

2) 긍정적 내적대화 예시

긍정적 내적대화의 예시는 다양하다. 가장 흔한 내적대화는 "나는 잘할 수 있다.", "나는 좋은 사람이다." 등이다. 이 책에서는 긍정적 자기대화의 구체적 예시로서 자기결정성 동기이론에 기반한 내적대화를 예시로 제시한다. 이 내적대화는 저자와 동료들이 실험연구(Kyeong et al., 2020)에서 실제로 활용하여 인지적 역량의 향상 효과를 검증한 것으로서, 자기결정성 이론에서 다루는 인간의 기본 심리욕구인 자율성, 유능성, 관계성의 지각을 더욱 활성화할 수 있도록 구성한 것이다(Deci & Ryan, 1985; 2000; Ryan & Deci, 2008).

① 지각된 자율성 향상을 위한 내적대화

- 나는 스스로를 신뢰한다(I trust myself).
- 나의 삶은 내가 선택하는 바에 달려 있다(I am proud of myself).
- 내 삶의 주인은 나 자신이다(I am the master of my life).
- 내 인생의 성공은 나 자신이 결정한다(I determine the success of my life).

- 내 인생은 나의 것이다(My life is all mine).

② 지각된 유능성 향상을 위한 내적대화

- 나는 자신의 과제를 잘 해낼 역량이 있다(I am competent for my task).
- 나는 많은 강점을 지니고 있다(I have a lot of strength).
- 자신의 강점을 잘 알고 있다(I know well about my strength).
- 나 자신의 재능이 계속 발전할 수 있음을 믿는다(I believe in growth mindset).
- 나 자신의 역량을 스스로 신뢰한다(I trust my competence).

③ 지각된 관계성 향상을 위한 내적대화

- 나는 나를 좋아한다(I like me).
- 나 자신을 좋아하고 존중한다(I like and respect myself).
- 나 자신을 진심으로 존중한다(I respect myself authentically).
- 나는 내 주변의 친구들을 좋아하고 존경한다(I like and respect for my friends around me).
- 내 주변의 사람들은 나를 좋아하고 존중한다(People around me like and respect for me).

3. 교수자의 긍정적 자기제시

사람들의 사회생활 중에서 가장 중요한 기능 중 하나가 자신을 남에게 제시하는 일이다. 자기제시(self-presentation)는 다른 사람이 자신에 대해서 형성하는 이미지를 조정하려고 시도하는 과정이다. 사람들이 형성하는 스스로의 인상은 스스로 자신을 어떻게 여기는지뿐 아니라 다른 사람들이 그 사람을 어떻게 지각하고 평가하는지에 대한 의미를 함축한다. 자기제시는 사람들이 사회생활 중에 자신의 고유성을 타협해 나가는 기본적인 과정이다(Leary & Kowalski, 1990; Tice, Butler, Muraven, & Stillwell,

1995). 교수학습방법에서 교수의 자기제시로 시작하는 강의의 시작은 중요하다. 한 학기 강의의 성공은 첫 시간 강의에 달려 있다. 첫 강의에서 학생들은 이 과목을 열심히 할지, 아니면 듣는 시늉만 하면서 대충 보낼지를 결정한다. 첫 시간 강의의 성공은 강의의 시작에 좌우된다. 즉, 한 학기 강의의 성공은 교수자의 자기제시로부터 시작된다.

자기제시는 다양한 유형을 갖는다. 선행연구들을 살펴보면 자기강화(self-enhancement)와 자기겸양(self-effacement)으로 구분하거나, 기술적, 전략적, 방어적, 자기주장적 자기제시로 나눈다(Heine & Lehman, 1997). 그중에서도 가장 많이 활용되는 구분 중 하나는 ① 과시형(bragging), ② 긍정형(positive), ③ 낮춤형(negative)의 구분이다(Miller, Riehle, & Requin, 1992; Schlenker & Leary, 1982). 선행연구들에 따르면 긍정형의 자기제시가 과시형의 자기제시보다 선호된다. 낮춤형의 자기제시는 가장 선호도가 낮다(Gilbert & Horenstein, 1975; Jones & Gordon, 1972).

사람들은 자기제시를 통하여 타인들에게 자신을 표현하고 인정받고 싶은 욕구를 갖는다. 사회심리학자들에 따르면 우리가 자기제시를 하는 등의 사회적 활동을 하면서 궁극적으로 얻고자 하는 것은 타인의 '호감과 존경(love & respect; warmth & competence)'이다(Abelson, Kinder, Peters, & Fiske, 1982; Fiske, Cuddy, & Glick, 2007; Wojciszke & Klusek, 1996). 사람들은 자신이 매력적으로 보이는 것, 정직하게 보이는 것, 유능하게 보이는 것 등 바람직한 방법으로 자신을 제시하는 것에 관심이 많다. 실제로 자기제시를 통하여 사람들은 매력을 발산하고, 직장과 조직에서 성공을 거두며, 자신의 정체성을 나타내고, 친구를 만든다(Baumeister, 1982; Jones & Wortman, 1973; Leary, Tamber, Terdal, & Downs, 1995; Leary & Kowalski, 1990). 직장면접과 자기제시를 연결한 연구도 있다(Stevens & Kristof, 1995). 타인의 호감과 존경을 받는 것은 모두가 원하는 일이지만 쉽지 않다([그림 3-2] 참조). 매력도 있고 유능한 사람(lovable star)은 모두가 원하지만 흔하지 않다. 일부 학자들은 심지어 호감과 존경은 양립할 수 없는 관계(trade off)에 놓여 있다는 주장도 한다. 이를테면 많은 사람이 존경스러운 사람은 매력이 없고, 매력적인 사람은 흔히 유능하지 못하다는 고정관념을 갖는다(Leary et al., 1995).

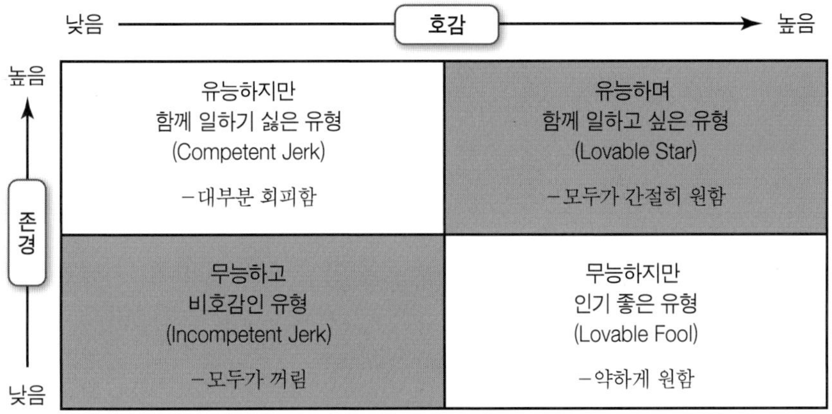

[그림 3-2] 호감과 존경을 축으로 구분한 인간 유형

출처: Casciaro, T., & Lobo, M. S. (2005). Competent jerks, lovable fools, and the formation of social networks. *Harvard Business Review, 83*(6), 92-99.

그러나 교수학습방법은 호감과 존경이 양립할 수 있는, 도리어 서로를 향상시켜 주는 사회적 활동이다. 예를 들어, 학생들이 첫 수업에서 교수자의 자기제시를 보고 호감을 느끼면, 해당 과목을 더욱 열심히 공부한다. 공부를 열심히 할수록 해당 과목의 학습은 더욱 흥미로워진다. 과목에 대한 흥미가 증가할수록, 학생들은 자신을 가르쳐 주는 교수자에게 더욱 호감을 갖게 된다. 자신이 흥미가 있는 내용을 열심히 설명해 주고 함께 토의하는 교수자에게 호감이 더욱 높아지는 것이다. 그러므로 교수학습방법에서 교수자의 긍정적 자기제시는 학습자의 호감과 존경을 모두 불러일으킬 수 있는 사회적 활동이다.

미국과 하와이, 우리나라 학부생들이 교수자의 자기제시를 어떻게 지각하는지를 문화비교한 연구에 따르면(Kim, Berger, Kim, & Kim, 2014), 세 문화 모두에서 교수자가 자신을 긍정적으로 제시하면, 부정적으로 자기제시를 할 때보다 학생들이 교수자를 더욱 존경하고 호감을 갖는다. 그리고 교수자의 긍정적 자기제시는 과시형에 비하여 학생들의 호감도가 높다. 과시형 자기제시는 긍정적 자기제시에 비하여 ① 자신의 노력을 의도적으로 축소하고, ② 자신과 타인을 비교하면서 자신의 강점을 내세우는 특징을 갖는다. 과시형 자기제시에서 노력을 축소하는 것의 예는 다음과 같다. "제가 이 책을 집필할 때에 그리 오랜 시간을 투입하지 않고 비교적 수월하게 마무리하였습니다." 이를 긍정적 자기제시로 바꾸어 보면 "저는 이 책의 집필을 위하여 나름대로 많은 노력을 했습니다. 지난 십여 년간의 저의 강의 경험과 연구물들을 모두 모으고 최근의 연구동향을 고찰하면서 일 년 넘게 이 책을 본격적으로 썼습니다."가 될 수 있다. 과시형 자기제시에서 타인과의 비교를 통하여 자신의 강점을 부각하는 것의 예는 다음과 같다. "제가 집필한 이 강좌의 교재는 교수학습방법에 대한 책들 중에서 최고입니다." 이를 긍정적 자기제시로 바꾸어 보면 다음과 같다. "제가 집필한 교수학습방법 책을 교재로 사용했습니다. 전국의 이십여 개 대학에서 이 책을 교재로 활용하고 있습니다." 긍정적 자기제시나 과시형 자기제시나 자신의 강점을 강조하는 점은 같다. 그러나 긍정적 자기제시에서는 '사실'을 기반으로 자신의 강점을 나타낸다. 긍정적 자기제시의 강점 부각은 학습자들이 해당 교수자에 대하여 신뢰를 갖도록 해 주어 학습 효과를 향상시키는 이점이 있다. 교수자가 학습자의 학습역량 향상을 염두에 두고 자신의 강점을 강조하는지, 아니면 자신의 과시를 위하여 강점을 강조하는지는 학습자들이 정확하게 파악한다. 그러므로 선행연구에서도 나타나듯이 학습자들에게 존경과 호감을 받는 교수자들은 긍정적 자기제시를 하는 교수자들이다.

또한 겸양적 자기제시는 "제가 많이 부족하지만, 어떻게 하다 보니 여러분을 가르치게 되었습니다. 앞으로 잘 부탁드립니다."라는 식으로 자신을 낮추는 자기제시이다. 그러나 선행연구에서도 나타나듯이, 그리고 많은 교수방법 교재가 권유하듯이 겸양적 자기제시는 교수법 측면에서는 효과가 낮다(김은주, 2005; Kim et al., 2014).

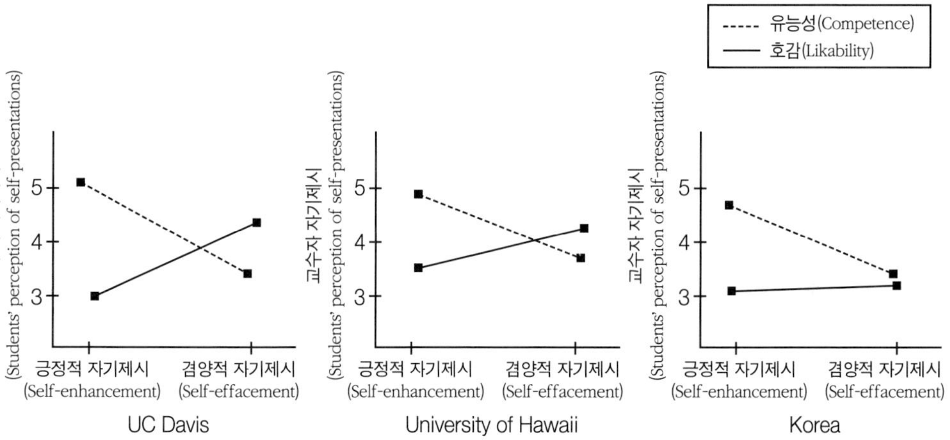

[그림 3-3] 세 집단(캘리포니아, 하와이, 서울)에서 교수자의 자기제시 유형에 따른 학생들의 유능성과 호감 반응 비교

출처: Kim, E. J., Berger, C., Kim, J., & Kim, M. S. (2014). Which self-presentation style is more effective? A comparison of instructors' self-enhancing and selfeffacing styles across the culture. *Teaching in Higher Education*, *19*(5), 510-524.

선행연구들에서도 나타나듯이 교수자의 긍정적 자기제시는 학생들로부터 존경과 호감의 피드백을 받는다. 그 이유는 학생들은 교수학습방법을 통하여 존경할 만한 분으로부터 무엇인가를 배우고 싶은 것이지, 필요 이상으로 자신을 겸양하는 표현을 보거나, 과시를 접하고 싶은 것이 아니기 때문인 것으로 추정된다. 다시 말해서 교수자의 긍정적 자기제시는 학생들의 학습 향상에 도움을 준다. 즉, 교수자의 긍정적 자기제시는 성공적인 교수학습방법으로 이어져서 학생들의 학습을 돕고, 학생들이 적극적으로 학습하면 교수자는 더욱 긍정적으로 자기제시를 하는 유기적인 순환관계를 갖는다.

자기제시에 대한 본격적인 관심은 Erving Goffman의 1956년 저서 『일상에서의 자아의 제시(The presentation of self in everyday life)』로부터 찾아볼 수 있다. 사회학자로서 Goffman은 자기제시가 사회적 실재성을 구성하는 데에 중요한 역할을 하는 것에 초점을 맞추었으며 내적 심리적 요소보다는 외적 요인들에 더욱 관심이 많았다. 이후 기본적인 대인관계의 과정으로서 자기제시에 접근한다. 보다 최근의 연구들은 자기제시의 효과가 자기제시의 유형, 자기제시의 맥락, 자기제시 상황의 문화적 요인, 자기제시 대상의 심리적 요인에 따른 개인차 효과 등으로 확산되고 있다.

4. 긍정적 정서와 동기이론 기반 칭찬의 전략

지금은 똑같은 수준의 성취를 나타내는 학생들이라도, 긍정적 정서가 강한 학생들이 향후 훨씬 높은 성취를 이루고, 성공적인 삶을 살 확률이 높다. 그들은 시련을 기회로 바꿀 수 있기 때문이다. 교수학습방법 속에서 교수자가 학생들에게 긍정적인 분위기를 만들어 줄 수 있는 방법은 다양하다. 그중에서도 가장 흔하게 사용할 수 있는 방법은 교사가 학생들과 긍정적으로 커뮤니케이션하는 것, 즉 칭찬하는 것이다. 사람은 나면서부터 주요 타인의 인정을 받고자 하는 욕구가 있기 때문에, 칭찬을 통해서 이를 충족시켜 주는 것은 교육 현장에서 매우 중요하다. 하지만 선행연구들에 따르면 잘못된 칭찬은 도리어 학생들을 망치는 결과를 가져올 수도 있다. 효과적인 칭찬을 위해 교실 내에서 흔히 일어나는 칭찬의 실수를 살펴보고, 보다 효과적인 긍정 피드백을 알아보면 다음과 같다.

1) 노력 강조

지능에 대해서 칭찬을 하는 것은 학생들이 '지능이 고정적(fixed mindset)'이라고 잘못 생각하도록 만들 수 있다. 반면, 노력에 대하여 칭찬하는 것은 '지능이 발전 가능한 것(growth mindset)'이라고 생각하게 만들어 준다. 스탠퍼드 대학교의 Dweck 교수(Dweck, 2013; Dweck & Leggett, 1988)에 따르면, "아이고, 똑똑하기도 하지."라는 식으로 자신의 지능에 대하여 칭찬을 받아 온 학생들은 실패에 부딪혔을 때, 도리어 무기력한 행동을 보였다. 이들은 지속성과 끈기가 낮고, 열등감도 강했다. 심지어 지능에 대한 칭찬을 받은 학생들은 자신의 성취도를 거짓으로 높여서 보고하는 행동을 보였다. 예를 들어, Muller와 Dweck 연구(1998)에서 연구자들은 각각 128명/51명/88명/51명/46명/88명의 5학년 남녀학생을 대상으로 6개의 연구를 진행하였다. 참여 학생들은 이전 실험 중 몇 문제를 맞혔는지를 적어 달라는 질문이 있었다. 노력에 대하여 칭찬을 받은 학생들은 단 1명을 제외하고 모두 정직하게 점수를 적어서 제출하였다. 반면, 지능에 대하여 칭찬을 받은 집단은 40%가 자신의 점수를 거짓으로 올려서 제출하였다. 그들에게는 다른 사람들에게 잘한다고 인정받는 것이 그만큼 중요했던 것이다. 이들은 '선생님은 내가 똑똑하다고 칭찬하면서 좋아하셨으니, 똑똑하지 못한 나는 싫어하시겠지.'라고 생각한다. 그러므로 이들은 자신의 실수를 억지로 덮으려고 한다. 더 나아가서 실패할 만한 일은 아예 시작하지도 않으려 한다. 혹시라도 실패할 수 있는 확률을 낮추기 위해서이다. 따라서 이러한 학생들은 자신의 능력보다 쉬운 과제를 찾게 된다. 혹은 아예 현실적으로 실현 가능성이 거의 없는 매우 높은 목표를 설정한다. 그러면 자신이 목표치만큼 성취를 못하여도 다른 사람들로부터 낮은 평가를 받지 않을 수 있다고 생각하기 때문이다. 똑똑하다는 칭찬을 받으며 자라 온 학생들은 새로운 것을 배우는 것보다는, 남들에게 똑똑하게 보이는 것이 목표가 된다. 그러므로 이들은 도전적인 과제에 과감하게 도전하는 동료들에 비하여 발전하지 못한다.

실제적 교육의 현장에서 학생들의 지능에 대한 칭찬을 하지 않는 것은 쉽지 않다. 이를테면 학생이 교수자가 예상한 것보다 훨씬 짧은 시간에 어려운 수학 문제를 풀어냈다. 이 순간 지능에 대한 칭찬을 하게 되는 매우 흔한 상황이다. 그러나 이러한 경우에도 지능에 대하여 칭찬하지 않는 것이 바람직하다. 대신 Dweck 교수(2013)는 다음과 같은 답을 제안한다. "내가 난이도 조정에 실패해서 너의 시간을 낭비했구나. 미안하다."

효과적인 긍정 피드백

"정말 똑똑하구나."보다는 "열심히 집중하더니 잘했구나."라고 노력에 대한 칭찬을 하는 것이 중요하다. 노력에 대한 칭찬은 학생들의 동기를 향상시키며, 더욱 노력하게 만들어 준다. 결과적으로 학생들은 더욱 강인하게 된다(Dweck, 2013; Yeager, Trzesniewski, & Dweck, 2019). 설령 지금 당장은 실패했더라도, 노력을 통하여 다시 일어날 수 있음을 배우고 익히기 때문이다.

2) 기대에 대한 대비

최근 들어 일부 심리학자들은 노력하면 성공한다는 접근이 학생들에게 '잔혹한 낙관주의'라는 비판을 한다. 노력을 한다고 해서 반드시 성과가 따르지 않을 수도 있기 때문이다. 노력을 하면 실력이 향상되는 것은 분명하지만, 학업 성적이 향상되는 것은 많은 요인이 복합적으로 작용하기 때문이다. 특히 이미 성취도가 높은 편인 학생들은, 노력을 더하여도 천장효과(ceiling effect) 때문에 쉽사리 성적이 오르지 않는다. 성공을 하고 못하고는 나에게 달려 있다고 생각하며, 과도하게 노력을 하다 보면 때로는 청소년들이 불안과 좌절을 심하게 겪게 된다. 심지어 마약이나 알코올에 손을 대는 경우도 생긴다(Luthar & Barkin, 2012). 노력하면 성공한다고 배워 왔기 때문에, 성과가 나타나지 않으면 학생들은 스스로를 탓하게 된다(self-blame). 게다가 고정된 지능이론을 지니고 있는 학생들은 한두 번 실패를 하고 나면, 자신은 능력이 없는 사람이라고 여기고 무기력감에 빠지기 쉽다. 무기력감에 빠지면 이후의 상황은 악순환이다. 자신이 능력이 없어서 공부를 해도 소용이 없다고 생각하니까, 노력을 안 하게 된다. 노력을 하지 않으니 성취는 더욱 낮아진다.

효과적인 긍정 피드백

"노력을 해도 당장 성과가 나타나지 않을 수도 있지만, 분명한 것은 노력할수록 너의 실력은 향상한다는 것이야." 교수자들은 학생들에게 노력을 강조하되, 노력을 한다고 해서 항상 성과가 나타나거나, 당장의 효과가 있는 것은 아니라는 것을 함께 알려 줄 필요가 있다.

3) 적극적 공감

흔히 교수자들이 학생들에게 난이도가 높은 내용을 가르칠 때에 "알고 보면 쉬운 거예요. 설명 잘 들으면 다 풀 수 있을 거예요."라는 식으로 자신감을 불어넣어 주려고 시도한다. 그러나 이와 같은 밀어붙이기식 교수법은 효과적이지 않다. 학생의 입장에서는 선생님은 설명을 잘 들으면 쉽다고 하셨는데, 설명을 잘 들었음에도 문제가 잘 풀리지 않아서 도리어 더욱 낙담할 수 있다. 어려운 부분을 가르칠 때에는 "지금부터 설명하는 것은 어려운 부분이야. 하지만 집중해서 설명을 잘 듣고, 연습문제를 많이 풀면 이해할 수 있을 거야. 이번 시간에 당장은 이해를 못할 수도 있어. 하지만 노력해 보자."라고 이야기해 주는 것이 바람직하다. 즉, 어렵다는 것에 공감을 해 주면서 동시에 노력을 통하여 극복할 수 있음을 강조하는 것이다.

효과적인 긍정 피드백

무조건 "넌 할 수 있어."가 아니라 "네가 힘든 걸 알아.", "나라도 걱정이 되겠다."라고 진정으로 공감해 주는 것이 필요하다. 사람은 공감을 받는다고 느낄 때에, 스스로 문제를 해결할 힘이 저절로 솟구치기 때문이다. 공감을 하면서 노력을 강조하면 학생들은 난이도가 높은 과제에 도전할 동기가 유발된다.

4) 타인과의 비교는 금물

교수자가 다른 학생들과 비교하며 특정 학생의 성취를 칭찬하면, 곧바로 학생들도 친구들과 비교하는 성향을 갖게 된다. 비교는 승자와 패자를 가른다. 그러므로 타인과의 비교 속에서 자라는 자, 스스로 패자가 되거나 패자에게 둘러싸이게 된다. 학생들을 비교하면 1등을 제외한 나머지 학생들을 패배자로 만드는 일이다. 사실 1등을 하는 학생들도 늘 1등은 아니기 때문에 궁극적으로 비교는 모두를 패자로 만드는 일이다.

교수자가 다른 학생과 비교하는 칭찬을 하면, 이는 학생들의 목표설정에도 영향을 줄 수 있다. 동기 연구에서는 목표설정을 매우 중요한 동기유발의 요인으로 꼽는다. 목표설정은 크게 숙달목표(learning goal)와 수행목표(performance goal)로 나눌 수 있다. 숙달목표는 새로운 것을 배워서 자신의 실력을 발전시키는 것을 목표로 삼고, 성취행동에 몰입하는 성향을 가리킨다. 숙달목표는 개인의 능력이 학습에 의하여 얼마든지 성장할 수 있다는 지능증진이론(incremental theory of intelligence)에 기반한다(Ames, 1992; Dweck, 1986). 반면에 수행목표는 자신이 능력이 있다는 것을 다른 사람에게 보여 주기 위하여 성취행동에 몰입하는 성향을 가리킨다. 수행목표는 개인의 능력이 고정적이라는 지능고정이론(entity theory of intelligence)에 바탕을 두고 있다.

교수자가 학생들을 비교하여 칭찬하는 교육 분위기 속에서 칭찬하면 학생들은 숙달목표(learning goal)가 아닌 수행목표(performance goal)를 설정하기 쉽다. 학습자가 수행목표를 설정하게 되면 자신의 능력이 부족하다는 것이 드러나는 것을 피하기 위하여 수행회피목표(performance-avoidance goals)를 세우게 된다(Ames, 1992). 수행회피목표를 추구하는 학생들은 실패를 경험하면 학습된 무기력 양상을 보일 확률이 높다(Diener & Dweck, 1980; Dweck, 1975). 즉, 오늘은 그들이 우등생일지 몰라도, 이후에는 한두 번의 실패에 쉽게 무너질 수 있다. 잘못된 칭찬은 학습자에게 독이 될 수 있다.

효과적인 긍정 피드백

타인과의 비교가 아니라 '이전의 자신'과의 비교를 통하여 스스로의 실력을 발전시키는 것으로 목표로 삼을 수 있도록(숙달목표) 교수자가 피드백을 주는 것이 바람직하다. 즉, "지난 학기와는 비교가 안 될 정도로 연산능력이 향상되었구나."라는 칭찬이 "이 반에서 최고로 수학을 잘한다."는 칭찬보다 교육적이다.

5) 과도한 칭찬 경계

칭찬의 중요성이 강조되면서, 교육현장에서도 이전보다 칭찬을 많이 하는 분위기이다. 칭찬은 기본적으로 바람직하지만, 과도한 칭찬은 금물이다. 과도한 칭찬은 학습자의 동기를 도리어 낮출 수 있다. 이를테면 자신이 생각하기에 매우 미흡한 수준의 과제를 제출하였는데, 선생님이 잘했다고 칭찬하면 학생들은 이후의 과제는 낮은 기준으로 수행하게 된다. 학생들의 과제가 미흡한 수준일 때에는 명확하게 피드백을 주어야 한다. "이번 과제는 문제 풀이 과정을 제대로 적지 않았구나. 그래서 답도 여러 개 틀렸다. 문제 풀이 과정을 명확하게 적도록 하자."

또한 예를 들어서 학생들에게 수학 문제를 내 주었는데 교사의 예상과 달리 매우 빠른 시간 내에 학생들이 문제를 다 풀었다면 이와 같은 경우에는 학생들에게 "대단하구나."라고 칭찬하기보다는 "미안하다. 내가 난이도 조정에 실패했구나."라고 말하는 것이 바람직하다. 이러한 상황에서의 칭찬은 자칫 학생들의 능력에 대한 칭찬이 되어서 학생들이 고정된 지능이론을 형성하도록 도울 수 있다(Dweck, 2013). 그러므로 학습자가 문제풀이를 잘하는 상황에서는, 해당 학생의 배움에 초점을 두어 난이도에 맞는 문제를 다시 제공하는 것이 적절한 피드백이다.

과도한 칭찬에 길들여진 학생들은 자발적으로 자신의 과업에 집중하지 않는 경향을 보인다. 즉, 칭찬을 해 줄 사람이 옆에 없으면 아무런 일도 하고 싶은 의욕이 생기지 않는 것이다. 자기주도적으로 열심히 과제를 해결하는 것이 아니라, 옆에서 환호해 주는 구경꾼이 있어야 한다. 칭찬에 길들여진 학생들은 자신의 성취와는 상관없이 칭찬을 원한다. 자연스럽게 학년이 높아질수록 점점 더 강한 칭찬을 원한다.

다른 사람의 칭찬에 따라 좌우되는 것이 아니라, 스스로의 의지로 열심히 자신의 과업을 하는 사람이 성공적인 삶을 살 수 있다. 이를테면 Makolm Gladwell의 10,000시간의 법칙처럼 오랜 시간 숙련하여 한 분야의 전문가가 되기 위해서는 자신의 일에 지속적으로 집중하는 것이 필수요건이다. 그러나 타인이 칭찬을 해 주어야 비로소 행동하는 사람이 자신의 일을 묵묵히 수행하여 10,000시간을 채운다는 것은 매우 어려운 일이다. 칭찬이라는 외적 보상이 늘 함께할 수 없는데, 칭찬이 소거될 때에 그의 과제 수행 행동도 소거되기 때문이다. 과한 칭찬은 학습자에게 도리어 해가 될 수 있다.

효과적인 긍정 피드백

칭찬을 남용하지 않는다. 학생이 열심히 노력할 때에, 학생의 노력에 대하여 구체적이고 명확한 정보를 담아서 칭찬한다.

5. 긍정적 정서와 동기에 대한 뇌과학적 연구와 적용

긍정적 정서가 삶의 만족도, 자존감을 높여 주고 문제해결력, 사고력, 창의력 등을 향상시켜 준다는 연구들과 더불어, 2000년대에는 긍정적 정서에 대한 뇌과학적 접근의 연구들이 본격적으로 나타나기 시작하였다. 뇌과학 연구들은 긍정적 정서가 뇌의 보상체계와 밀접한 관련을 갖고, 보상을 통한 외적 동기유발이 학습과 기억에 정적 영향을 준다는 결과들을 보고한다.

보상과 관련한 뇌영역은 보상회로로 잘 알려진 중뇌피질 변연계(meso-cortico limbic) 도파민 경로이다([그림 3-4] 참조). 도파민은 복측 피개부위(ventral tegmental area)에서 만들어져서 담창구(globus pallidus)를 거쳐서 선조체(striatum)에 있는 측중격핵(nucleus accumbens: NAcc)으로 전달된다. 보상체계는 전전두엽, 측좌핵, 뇌중격, 편도체, 해마와 연결되는 중뇌변연계 도파민계와 중뇌피질 도파민계 등이 관여한다. 보상과 관련한 뇌영역은 안와전두피질(orbitofrontal cortex: OFC), 편도체와 측중격핵, 배외측 전전두피질(DLPFC), 내측 전전두피질(mPFC), 전대상피질(ACC) 등이다. 이들 영역들은 주로 보상과 관련된 정보를 집행기능에 활용한다(김성일, 2011; Walter et al., 2005).

외적 보상이 주어질 때에 중뇌와 기저핵(basal ganglia) 등의 보상영역이 활성화되면서, 학습과 기억을 담당하는 해마(hippocampus) 영역과 내측 측두엽(Medial Temporal Lobe)의 활성화도 함께 나타났다(Adcock et al., 2006). 해당 연구를 통하여, 기억해야 할 자극이 미처 나오기도 전에, 예측단계에서부터 보상과 학습 영역의 활성화가 나타나고, 신경 신호 간에 기능적 상관성(functional connectivity)이 나타남을 발견하였다. 즉, 외적 보상에 의해서 보상영역이 활성화되면 동기 수준이 향상되고, 일화 기억 등의 학습 행동도 증가하였다. 특히 보상과 학습 간의 신경활성화 간 상관이 높은 사람일수록 기억 자극에 대한 학습 또한 높게 나타났다.

Isen과 그의 동료들(Ashby et al., 1999)은 긍정적 분위기가 어떻게 인지적 영역에 영향을 주는지의 메커니즘을 밝히기 위하여 신경과학적 연구를 수행하였다. 연구결과, 긍정적 분위기가 뇌의 도파민 분출량을 증가시킴으로써 장기기억, 직업기억, 창의적 문제해결력을 향상시킨다고 보고하였다. 예를 들어, 전대상회(anterior cingulate)에서의 도파민 분출량이 증가하면서 인지적 융통성이 커지고, 인지적 조망의 선택이 보다 활발해졌다([그림 3-4] 참조).

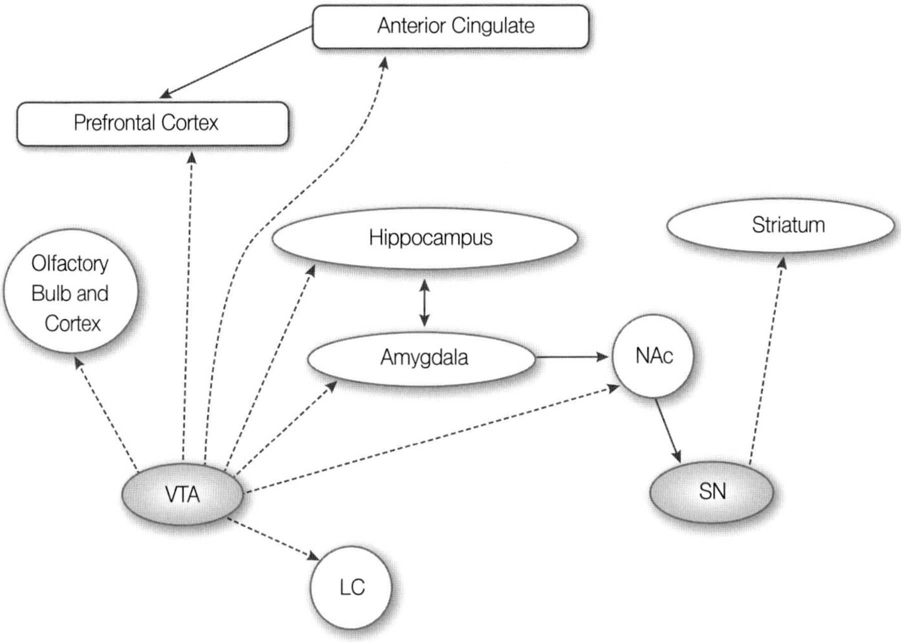

[그림 3-4] 도파민 분출 뇌의 영역들

회색 처리된 곳이 도파민 분출 영역/도파민 분출은 점선으로 표시/NAc=측좌핵(nucleus accumbens), VTA=복측피개부(ventral tegmental area), SN=중뇌 흑질(substantia nigra), LC=청반(locus ceruleus)

출처: Ashby, F. G., Isen, A. M., Turken, A. U. (1999). A neuropsychological theory of positive affect and its influence on cognition. *Psychological Review*, *106*(3), 529-550.

Takahashi와 그의 동료들(2008)은 긍정적인 자의식 정서인 자부심(pride)과 기본적인 긍정정서인 기쁨(joy)과 관련한 뇌기제를 연구하였다. 16명의 건강한 피험자를 대상으로 연구한 결과, 자부심은 후측상측두구(posterior temporal sulcus)와 좌측(temporal pole)을 활성화시켰다. 이들 영역들은 사회적 인지이론에서의 타인 마음읽기와 관련이 있는 영역이다. 그렇지만 연구자들의 가설과는 다르게 대표적인 마음읽기 영역인 내측전전두엽(mPFC)은 활성화되지 않았다. 내측전전두엽은 자기성찰(self-reflection), 타인의 의도 파악 등과 관련된 영역이다. 반면, 기쁨은 원초적인 쾌락과 관련된 복측 선조체(ventral striatum)와 뇌섬엽/선개(insula/operculum)를 활성화시킨다. 이와 같은 결과를 통하여 자부심은 타인의 의도를 알아차리는 능력을 요구하는 자의식 정서이고 기쁨과는 구분되는 심리적 요인임을 확인하였다.

김재진 교수와 동료들이 평균 38세 성인 실험 참가자 40명을 대상으로 fMRI 연구를 수행한 결과에 따르면(Kim et al., 2016) 사람들은 자기참조과정(self-referential process)에서 삶의 만족도가 높은 사람일수록 자신에 대한 부정적인 단어를 접할 때에, 만족도가 낮은 사람들보다 훨씬 활발한 신경연결(neural correlate)을 나타내었다. 즉, 삶의 만족도가 높은 사람들은 자신에 대한 부정적인 반응을 처리하기 위하여 활발한 뇌 활동을 하는 반면, 만족도가 낮은 사람들은 부정적인 반응에 대하여 수동적인 반응을 하였다. 이를 통하여 삶의 만족도가 높은 사람들이 부정적인 자극을 더욱 잘 처리한다는 것을 확인하였다. 이를 확장하면 이 연구는 삶의 만족도가 높은 사람들이 부정적인 상황에서 보다 높은 회복탄력성(resilience)을 나타내는 뇌의 메커니즘의 일부를 나타냈다([그림 3-5] 참조). 이와 같은 연구들은 복합적인 인간의 긍정적인 정서에 대한 뇌과학적 접근의 기초 자료들을 제공하기 시작하였다는 점에서 의의가 있다.

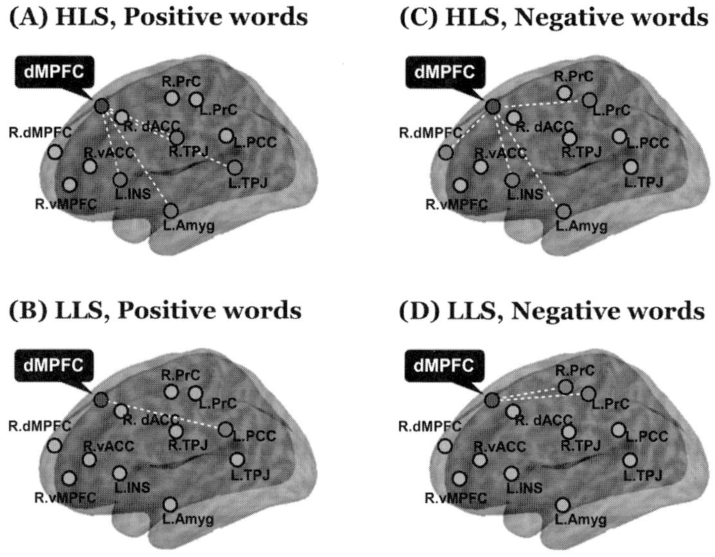

[그림 3-5] 삶의 만족도 수준에 따른 자아와 타아에서의 배외측전전두피질(DMPFC) 중심의 맥락의존적 신경연결망

흰 점선은 활발한 신경연결을 나타냄/HLS = Higher Life Satisfaction group(행복도 높은 집단)/LLS = Lower Life Satisfaction group(행복도 낮은 집단)

출처: Kim, E. J., Kyeong, S., Cho, S. W., Chun, J. W., Park, H. J., Kim, J., ... & Kim, J. J. (2016). Happier people show greater neural connectivity during negative self-referential processing. *PloS one*, *11*(2), e0149554.

다른 한편으로 뇌의 발달을 살펴본 연구들 또한 긍정적 정서에 대한 흥미로운 연구결과들을 보고한다. 청소년기에는 보상에 민감한 측중격핵의 발달이 급격하게 이루어져서 긍정적 정서에 민감하다. 반면, 공포 혹은 위험한 상황, 회피행동, 정서적 정보처리, 기억의 공고화(memory consolidation) 등을 담당하는 편도체는 느리게 발달한다. 행동조절과 인지활동의 기능을 담당하는 전전두엽의 발달은 가장 늦게 일어난다(Blackmore, 2007; Casey, Getz, & Galvan, 2008; Ernst & Frudge, 2009; Ernst, Pine, & Hardin, 2006). 또한 청소년기의 뇌는 자아의 지각, 타인의 의도를 알아차리기, 공감, 의사결정, 사회적 인상(social impression)의 통합 등에 관여하는 배외측전전두피질(DMPFC)이 성인보다 활동적이다(Blackmore, Ison, & Jiggins, 2007; Gusnard, Akbudak, Shulman, & Raichle, 2001; Isoda & Noritake, 2013; Spengler, von Cramon, & Brass, 2009). DMPFC는 타인의 의도를 알아차리려고 노력할 때에 활성화된다. 의도적인 인과성(의도와 이에 따르는 결과적인 행동) 혹은 물질적 인과성(자연적인 사건과 결과)을 제시하는 시나리오를 보여 주면 청소년의 DMPFC가 성인보다 훨씬 더 활성화되었다.

이와 같은 뇌과학 연구들을 통하여 청소년기에는 긍정적 정서에 대해서는 적극적으로 반응하지만, 부정적 피드백에 대한 반응은 낮음을 확인할 수 있다. 또한 타인의 의도를 알아차리려고 노력할 때에 주의집중에 관여하는 DMPFC가 활성화됨을 발견하였다. 특히 의도성, 인과성을 발견하려고 할 때에 청소년의 DMPFC는 성인보다 훨씬 더 활성화됨을 발견하였다. 그러므로 교수학습방법에서 인지활동에 대해서만 지나치게 강조하기보다는 동료들과의 사회적 상호작용을 통하여 다양한 의도 파악, 인과성 파악에 노출되는 것이 교육적으로 바람직하며, 인지적 학습도 도리어 더욱 효과적이다.

제2부

교수학습방법의 탐구와 기본 이론

제2부에서는 잘 가르치고 배운다는 것이 무엇인지를 연구하는 교수학습방법 탐구의 기본 틀과 관련된 주요 학습이론들을 살펴본다. 이와 같은 교수학습방법 탐구의 이론적 틀을 바탕으로 교육현장에서 실제로 적용할 수 있는 주요 교수학습방법들을 탐색해 본다.

제4장

교수학습방법 탐구의 이해

가르치고 배우는 것을 교육학적 용어로는 교수학습방법, 교수방법, 교육방법, 수업 등으로 다양하게 표현한다. 전체 교육의 과정(process of education)에서 교수학습방법의 단계를 생각해 보면, 교육은 ① 교육의 목표 설정, ② 교수학습내용 선정, ③ 교수학습내용 조직, ④ 교수학습방법의 전개, ⑤ 교수학습방법 평가의 단계들이 상호 유기적인 관계를 맺으며 순환관계를 갖는다. 가르치고 배우는 것은 전체 교육과정 중 네 번째 단계인 '교수학습방법'에 해당한다. 교수학습방법은 어떠한 교육목적을 가지고, 누가, 누구에게, 왜, 무엇을, 어떤 환경에서 어떻게 가르치고 배우는가 하는 교육의 전체 과정에서 '어떻게'라는 질문에 대한 대답이기도 하다. 이 장에서는 교수학습방법을 과학적으로 탐구하는 패러다임과 주요 유형에 대하여 살펴본다.

1. 잘 가르치고 배운다는 것은 무엇인가

잘 가르치는 것이 무엇인가? 제대로 배운다는 것은 무엇인가? 교육자의 교육철학에 따라서 교수자의 역할이 다면적이듯, 잘 가르친다는 것의 의미 또한 다양하다. 가르치고 배우는 과정 또한 지극히 역동적이다. 교수자와 학습자의 개인차에 따라서 수많은 교수학습방법이 가능하다. 설혹 똑같은 교육목표와 교육방법으로 동일한 학습자에게 수업을 한다고 해도,

어제의 수업과 오늘의 수업이 같을 수 없다. 순간순간의 수업은 결코 똑같을 수 없다. 화학 실험에서처럼 같은 조건에서 A와 B 시약을 넣어서 반응을 시켰다고 해서 일정하게 C의 화합물이 생성되는 것이 아니다.

흔히들 잘 가르치는 것에 정답이 있다고 생각한다. 최상의 교수학습방법을 찾아서, 그 수업에 근접할수록 자신의 교수학습방법이 향상된다고 생각한다. 그러나 개별적 독특성을 가지는 교수학습방법은 특정 상황에서 가장 '적절한 최선 교수학습방법'이 있을 뿐, 하나의 정답이 존재하는 것은 아니다. 즉, 잘 가르치는 것은 특정 교수자와 학습자가 자신들의 상황에서 가르치고 배울 때에 나타나는 '최선의 교수학습방법'을 가리키는 것이지, '최고의 교수학습방법'이 따로 존재하지는 않는다(이성호, 1994).

그래서 가르치는 일은 어렵고 복잡하지만, 다른 한편으로는 무한한 가능성을 지닌 예술적 과정이다. 또한 잘 가르치는 것은 교과 내용에 기계적으로 매여서, 경직된 자세로 가르치는 것이 아니라, 가르치는 사람 자신이 책임 의식을 갖고 자유롭게 가르치는 것이다. 교수자가 내면화의 자유화를 지니고 학생들을 전인적으로 가르칠 때에 학생들도 교수자의 가르침을 제대로 내면화한다. 가르치는 일은 교수자의 인격화의 결정체를 전달하는 것이기 때문이다.

수업에 영향을 주는 수많은 요인 중에서, 성공적인 수업을 위한 가장 영향력이 높은 단일 요인은 '교수자와 학습자 사이의 상호작용'이다. 다시 말해서 성공적인 교수학습방법이란 교수자와 학습자 사이에 진정한 상호작용(interaction)이 살아 있는 수업이다. 학습자와의 상호작용 없이, 교수자가 자신이 원하는 방식대로 자신이 임의로 정한 내용을 쏟아내는 수업은, 엄밀한 의미에서 수업이 아니다. 그것은 자신만의 쇼에 지나지 않는다.

상호작용이 살아 있는 수업을 통하여, 교수자와 학습자 사이에서 영혼의 공명(resonance)이 일어난다. 효과적인 교수학습방법에서 학생들은 교수자가 전달하고자 했던 내용 이상의 것을 배우고 깨닫는다. 교수자가 제시한 내용이 학생들의 경험 속에 녹아들어 가면, 교수자가 기대하지도 못했던 의미가 발현되기 때문이다. 또한 학생들과의 공명을 통하여, 교수자 역시 가르치기 이전에는 미처 깨닫지 못했던 의미들을 깨닫게 된다. 잘 가르친다는 것은 곧 배우는 것이고, 잘 배우는 것은 곧 가르치는 것이다.

2. 교수학습방법 탐구 패러다임

우리가 교수학습방법을 탐구하는 기본 목적도 잘 가르치기 위함이다. 잘 가르친다는 것에 보다 체계적으로 접근하기 위하여 우리는 교수학습방법을 탐구하는 패러다임을 살펴볼 필요가 있다. 교수학습방법의 탐구에는 다양한 접근이 가능한데, 크게 두 가지로 나누어서 생각할 수 있다. 첫째는 직관적 접근, 둘째는 경험적 접근이다. 직관적 접근은 가르친다는 것의 의미, 가르치는 목적 등에 대하여 철학적으로 접근하면서 교수방법을 유형화시키는 접근이다. 경험적 접근은 교수방법과 관련된 다양한 요소들의 실체를 구명하고 이를 기준 삼아서 교수방법을 유형화시키는 접근이다.

교수학습방법 탐구의 패러다임은 논리적 관계와 경험적 관계의 두 가지로 나눌 수 있다. ① 논리적 관계는 목적(교수학습목적)을 설정하고, 이에 따라서 무엇을 매개자료(교수학습내용)로 사용하여 어떠한 방법(교수방법)으로 가르치고 배우는가를 살펴보는 것을 가리킨다. 즉, 가르치고 배우는 교수학습의 목적이 무엇인지에 따라서 가르치고 배우는 내용이 결정된다. ② 경험적 관계는 교수자의 교수목표와 학습자의 학습목표가 실제로 수업의 과정에서 얼마나 경험적으로 합치(empirical congruence)되는가 하는 것을 의미한다.

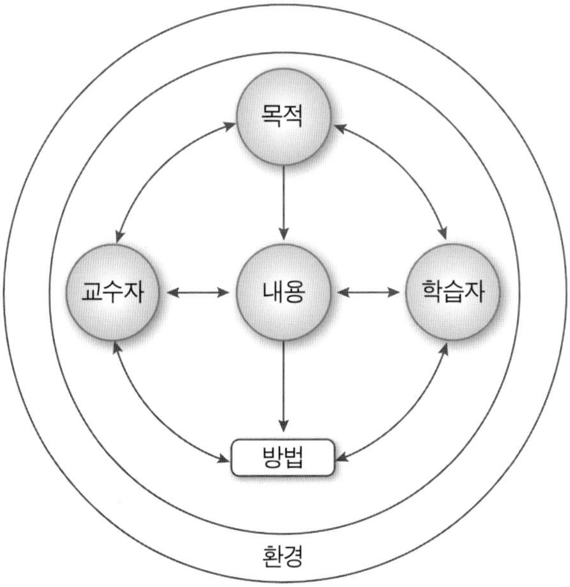

[그림 4-1] 교수학습방법 탐구의 패러다임

출처: 이성호(2000). 교수방법의 탐구. 서울: 양서원.

교수학습방법은 여섯 가지의 요소, ① 교수학습목적, ② 교수자, ③ 교수학습내용, ④ 학습자, ⑤ 교수방법, ⑥ 교수학습환경으로 이루어진다. 즉, 어떠한 교육목적을 가지고 교수자와 학습자가 내용을 매개로 만나서 어떠한 교수방법으로, 어떠한 조건에서 가르치고 배우는지가 교수학습방법의 필수 요소이다. 흔히 성공적인 교수방법을 위한 핵심 3요인을, ① 숙련된 교수자, ② 바람직한 학습자, ③ 적절한 교육내용으로 꼽는다. 이들은 주체적 삼각관계로서, 어느 하나가 강조되는 것이 아니라 각각이 중요한 요소이다.

교수자와 학습자가 교수학습내용을 매개로 만나는 관계는 '경험적 합치(empirical congruence)'의 관계이다. 경험적 합치는 교수자가 명확하게 목표를 설정하고 제시하면, 학습자들은 이에 따라서 자신의 목표를 정하는 과정에서 이루어진다. 경험적 합치는 교수자의 교수방법과 학습자의 학습방법의 조화에서도 이루어진다.

또한 교수학습의 목적과 방법이 내용을 매개로 이어지는 관계를 '논리적 부수의 관계(logical contingency)'라고 한다. 다시 말해서 주어지는 교육의 목적하에서, 가르치고 배우는 교수학습의 목표가 정해진다. 교수자는 교수학습 목표를 달성하기 위하여, 이와 논리적으로 부합하는 교수학습내용을 선정한다. 학습내용이 정해지면, 이를 효과적으로 수행할 교수학습방법이 선정되는 것이다.

3. 주요 교수학습방법의 유형

교수학습방법은 다양한 준거를 기반으로 나눌 수 있다. Joyce와 그의 동료들(Joyce, Weil, & Calhoun, 2015)은 학습목표에 따라서 ① 사회형, ② 정보처리형, ③ 개인형, ④ 행동체제형의 네 가지로 교수학습방법을 구분한다. 다음은 Joyce의 구분을 기본 틀로 하여 저자가 다시 정리한 교수학습방법이다.

1) 사회형 교수학습방법

사회형 교수학습방법은 여러 사람이 모여서 학습공공체를 구성하고, 집단의 시너지 효과를 내는 방법이다. 사회형 교수학습방법의 예시로는 집단조사(group investigation), 역할극(role playing), 법리적 탐구 교수학습방법(jurisprudential inquiry) 등이 있다.

(1) 집단조사

먼저, 학생이 연구주제를 정한다. 그다음 해당 문제의 다양한 측면을 연구하기 위하여 자료를 수집하고 가설을 세우고 분석, 평가하여 결론에 도달한 다음 보고서를 작성한다. 교수자는 이와 같은 활동을 지원하기 위하여 학습자들을 연구 소집단으로 나누어서 조직한다. 그리고 학자들이 연구를 수행하듯이, 학생들이 연구를 계획에 따라서 진행할 수 있도록 지원한다.

(2) 역할극

역할극은 갈등상황을 연출하고, (자신과 갈등을 일으키는) 다른 사람의 역할을 행동적으로 직접 경험해 보면서 문제를 해결하는 교수학습방법이다. 역할극은 정의적 영역의 과제에서 특히 효과적이며, 자유로운 놀이와 토의방법으로 진행된다. 역할극은 ① 준비, ② 시행(공연), ③ 공연 후 분석의 3단계로 이루어진다. 개인적 측면에서 보면, 역할극은 학생들이 갈등 상황을 행동적으로 직접 시연해 봄으로써 자신의 삶 속의 개인적 딜레마를 해결할 수 있도록 도와준다. 사회적 측면으로 접근하면, 역할극은 집단이 사회적 상황을 함께 분석하고 사회적 가치를 함께 생각하며, 인간관계로 인하여 발생하는 문제들을 민주적으로 해결하려고 시도하는 교수학습방법이다. 역할극에서 참여자와 관찰자는 서로의 느낌을 살펴보고 태도와 가치를 통찰하면서 문제해결방법을 경험적으로 습득한다. 역할극에서는 문제해결의 과정에서 나타나는 느낌의 표출이 가장 핵심이다. 이와 같은 과정 속에서 교과의 내용도 활용하고 학습한다. 역할극은 외향적인 교수자와 학습자에게 더욱 효과적이다. 그러므로 교수자는 역할극을 활용할 때에 적극적으로 놀이식 수업에 참여할 준비가 되지 않은 내향적인 학습자, 동료들 앞에서 자신의 느낌이나 감정을 표현하는 것이 부담스러운 학습자들을 충분히 고려할 필요가 있다. 구성원의 친밀도가 역할극의 성패에 핵심 변수이다.

(3) 법리적 탐구 교수학습방법

가치교육을 위하여 사회적 공공 문제를 분석하고 이에 대한 자신의 의견을 개진하며 개개인의 가치관 형성을 지원하는 교수학습방법이다. 법리적 탐구 교수학습방법은 다음과 같은 절차로 이루어진다.

① 사례 제시와 설명: 교수자가 사례 자료를 제시하고 설명하여 학습자들이 사회적 가치의 본질을 이해하도록 돕는다.
② 문제 분석: 학습자들이 사례자료에 나타난 사실에 기초하여 문제를 분석한다. 이 단계에서는 아직 학습자가 자신의 주장을 내세우지 않는다.
③ 학습자의 의견 개진: 학습자는 주어진 문제에 대한 자신의 합리적인 주장을 세우기 시작한다. 이때에 학습자가 자신의 견해를 노트에 기술할 수 있는 시간을 주는 것이 좋다.
④ 학습자의 입장 발표와 토론: 학습자는 각자 자신의 입장을 발표하고, 서로의 의견을 경청하면서 질의응답 과정을 거쳐서 토론을 한다.
⑤ 학생의 주장 재정리 및 확인: 학습자들은 자신의 입장에 약간의 수정을 하거나, 대폭 바꿀 수 있다. 이와 같은 과정을 통하여 학생들은 자신의 주장을 분명하게 재정리하고 확인한다.
⑥ 의견에 대한 평가: 학습자들은 자신의 주장에 대하여 스스로 평가하며 마무리한다.

2) 정보처리형

정보처리형 교수학습방법은 인지심리학에 뿌리를 두고 있다. 인지심리학은 인간의 마음의 과정, 지능, 정보적 표상과 그 작동 과정에 대한 다학문적 과학이다. 인지심리학은 심리학, 철학, 교육학, 신경과학, 언어학, 인류학, 컴퓨터 과학, 사회학, 생물학 등의 여러 학문과 밀접한 관련을 갖는다. 2010년대 이후에는 마음을 뇌와 몸과 환경의 통합체로 개념화하는 새로운 인지과학이 대두되고 있다.

정보처리형 교수학습방법과 관련 있는 개념으로는 비판적 사고(critical thinking), 문제해결(problem solving), 개념 획득(concept attainment), 과학적 탐구(scientific inquiry), 탐구 훈련(inquiry teaching), 지력 계발

(developing intellect), 선행조직자(advanced organizer) 등이 있다.

이 중에서도 선행조직자는 학습자의 인지구조를 강화하기 위하여 고안된 것으로서, 강의식 교수학습방법에서 매 수업마다 쉽게 활용할 수 있는 강점이 있다. 선행조직자는 1963년 David P. Ausubel이 제시한 교수학습방법으로서 학습자의 인지구조를 강화하기 위하여 고안되었다. Ausubel은 행동주의 학습이론이 주도적인 시대에 자극-반응 원리보다는 학습자의 내부에서 일어나는 '인지과정'을 중요시했던 몇 안 되는 학자였다.

Ausubel에 의하면 학습자는 자신이 이미 알고 있는 내용과 연결하여 새로운 내용을 받아들일 때에 '유의미 수용학습'이 가능하다. 그는 의미 있는 학습과제가 학습자의 인지구조와 '상호작용'하여 인지구조 속으로 포섭(subsumption)되는 것을 학습이라고 보았다. Ausubel은 학습자의 뇌 속에 이미 기존 개념들이 집합을 이루고 있어서, 이것이 새로운 정보나 개념을 받아들이는 개념적 정착지가 된다고 보았다. 즉, 새로운 정보가 기존 개념 집합체 속으로 들어오면 융화, 동화 등의 재조직화 작용이 일어난다. 재조직화된 정보는 새로운 의미를 생성하여, 인지체제 속에 남는다. 여기에서 학습자가 이미 가지고 있는 지식체제를 인지구조(cognitive structure)라고 한다.

다시 말해서 유의미 수용학습은 ① 지식이 어떻게 조직되는가, ② 새로운 정보를 처리하기 위하여 인간의 정신이 어떻게 작용하는가, ③ 교사가 새로운 내용을 학생들에게 제시할 때에 교육과정과 학습에 대한 개념들을 어떻게 적용할 것인가 등을 다룬다. Ausubel은 효과적으로 학습이 일어나기 위한 두 가지 조건으로 ① 학습과제 자체가 유의미할 것과 ② 학습자의 인지구조를 제시하였다. ① 학습과제의 유의미성은 학습과제 자체가 논리적으로 유의미가(logical meaningfulness)를 가짐을 가리킨다. 논리적으로 유의미성을 지닌 과제는 실사성(substantiveness)과 구속성(nonarbitrariness)을 갖는다. 실사성은 과제를 어떠한 방식으로 표현하여도 그 본질적 의미는 변하지 않는 것을 뜻한다. 구속성은 일단 자의적으로 맺어진 관계가 하나의 관습으로 굳어진 후에는 다시 자의적으로 변경되기 어려운 특성을 가리킨다. Ausubel은 실사성과 구속성을 지닌 과제가 학습자의 기존 인지구조에 적합하여, 기존 인지구조 속에 어떤 형태로든지 포섭될 수 있을 때에 의미를 가질 수 있다고 제안하였다. Ausubel의 학습과제의 의미성은 다분히 상대적인 것이었다. ② 학습자의 인지구조는 학습자의 선수학습기능과 통하는 개념(prerequisite capabilities)으로서 학습의 중요한 요소이다. 학습자의 의식 내부에 존재하는 조직화된 개념의 총합, 학습자가 기억하는 개념 혹은 경험의 조직이나 관계를 일컫는 가설적 구성개념(hypothetical construct)이다.

선행조직자는 수업의 앞부분에 제시되어서 학습자가 기존에 이해한 내용과 새로운 내용을 연결하여 준다. 이와 같은 연결을 통하여 앞으로 배울 내용에 새로운 의미가 형성된다. 선행조직자는 인지구조를 보다 안정성 있게 만들고 명료하게 해 준다.

3) 비지시적 자율학습

비지시적 교수법은 상담심리학자인 Carl Rogers의 상담이론에 배경을 둔다. 비지시적 교수학습방법에서 교수자와 학습자는 파트너십을 갖는다. 교수자는 학습자가 자기주도적으로 학습을 수행할 수 있도록 상담자 역할을 한다.

자율학습(self-directed learning or self-regulated learning)의 핵심은 학습자의 학습에 대한 자유와 책임을 중요하게 생각한다는 것이다. 학습의 모든 과정에서 학습자가 자신을 의사결정의 주체로 내세우는 것이다. 자율학습의 주요 원리는 다음과 같다. ① 자율학습은 학습에 대한 학습자 자신의 내재적 동기유발로부터 시작한다. ② 학습자가 스스로 계획을 세운다. ③ 학습자가 주도권을 쥐고 능동적으로 시작(self-initiation)한다. ④ 학습자가 스스로 선택한다. ⑤ 학습자는 자신의 목표와 능력에 비추어 스스로의 속도에 맞추어 학습을 주도해 나간다. ⑥ 학습자는 스스로를 가르친다(self-tutoring). ⑦ 학습자 스스로 자신의 학습을 평가한다. 스스로의 평가를 위하여 학습자는 자신의 행동을 상세히 기록하고 모니터링한다. ⑧ 학습자는 평가결과에 따라서 스스로에게 보상을 한다.

비지시적 자율학습을 위하여 교수자는 학습자와 함께 참여하되, 학습자가 자율적인 비지시적 학습을 할 수 있도록 도와주는 역할을 한다. 비지시적 자율학습에서 교수자는 학습의 조장자(facilitator), 혹은 자원인사(resource person)의 역할을 한다. 즉, 학습자가 어려움을 겪으면 대안을 제시하거나, 자료를 찾을 수 있는 방법을 알려 주거나, 학생들 간의 협업을 활성화시키는 역할을 한다. 그러나 교수자가 학습자를 끌고 나가는 역할을 하지 않는다. 학습의 과정에서 최종적인 선택과 결정은 학습자 자신이 한다.

4) 자율적 계약학습

자율적 계약학습은 교수자와 학습자 간의 학습계약을 통하여 이루어지는 교수학습방법이다. 자율적 계약학습은 중고등학교보다는 대학교육에서 활용되는 경우가 많다. 그러나 자율적 계약학습의 원리를 잘 살리면, 부분적으로라도 중고등학교에서도 유용하게 적용할 수 있다. 자율적 계약학습은 교수자와 학습자 간의 계약이 핵심이다.

자율적 계약학습의 절차는 다음과 같다(이성호, 2000). 첫째, 학습자의 계약학습에 대한 내재적 동기유발의 단계이다. 이를 위하여 학기 초 교수자는 학습자에게 교수학습계획서를 배부하고, 계약학습의 의미와 절차를 상세히 소개한다. 학생들의 자율성을 보장하여 내재적 동기를 향상시키기 위해서는 우선적으로 학생들이 자신에게 필요한 정보를 충분히 알고 있는 것이 필요하다(Reeve & Jang, 2006; Ryan & Deci, 2017). 둘째, 교수자는 학습목표를 명확하게 제시한다. 이때에 학습목표가 학습자의 요구를 충족시키는 것이면서 동시에 해당 교과목에서 학습해야 할 내용을 포함하고 있어야 한다. 셋째, 교수자와 학습자의 의무를 명확하게 기술한다. 교사는 학습자를 위하여 방향을 제시하고 적절한 자원을 제공하여야 한다. 넷째, 학생들이 과업을 완수하거나 보고서를 프레젠테이션하기 위한 현실적인 시간 계획을 짠다. 다섯째, 목표 달성을 위하여 합리적인 방법을 구축하고, 계약 불이행 시의 벌칙도 정한다. 여섯째, 교수자와 학습자가 합의하여, 계약을 재협상할 수 있다. 이에 따라서 학생들의 활동과 성적이 바뀔 수 있다. 일곱째, 계약학습과 관련한 모든 정보를 명확하게 기술하여 필요 없는 혼동을 최소화한다. 그러면서도 동시에 독립적 사고와 창의력은 충분히 허용한다. 여덟째, 목표에 충실하되, 학생들의 능력에 적절한 다양한 활동을 선정하여 학생들의 동기를 유지한다. 아홉째, 교수자와 학습자가 계약서에 서로 서명을 하여 계약학습을 공식화한다. 이와 같은 공식적인 계약 체결을 통하여 학생들이 해당 계약학습의 학습에 대한 책임감을 더욱 느끼게 해 주는 효과가 있다.

계약학습 계약서의 예시는 다음과 같다(Boone, Dickey, & Keller, 1979).

<자율 계약학습의 계약서 예시>

■ 학습자용 계약서 예시

하나, 학습자는 성적 "________"를 위하여 다음의 계약을 준수할 것에 동의합니다.

① 강좌에 성실하게 출석하고, 토론에 적극 참여한다.

② 학기 중 세 번의 시험에 참여하며, 최종 구두 시험에서는 최소한 A 학점을 받아야 본 강좌를 통과하는 것에 동의한다.

③ '도서관 연구 프로젝트'를 진행하기 위하여 교수자와 의논하여 연구주제를 선정한다.
④ 자신의 보고서를 구두로 두 번 발표한다(3~5분 소요). 해당 발표는 다음과 같은 형식을 갖춘다. i) 연구의 필요성, ii) 이론적 배경, iii) 연구방법, iv) 연구결과, v) 논의이다.
⑤ 두 개의 고찰 보고서를 제출한다. 해당 보고서는 10페이지의 분량과 최소한 10개의 참고문헌을 포함한다. 제출일을 엄수해야 한다. 제출한 보고서가 교수자가 요구하는 수준에 도달하지 못하면, 보고서를 다시 작성하여 제출한다.
⑥ 계약서는 필요한 경우에는 교수자와 학습자가 합의하였다는 전제하에 언제라도 다시 논의하여 재작성할 수 있다.
⑦ 추가 활동이 있는 경우에는 이를 적도록 한다.

■ 교수자용 계약서 예시

하나, 교수자는 다음의 계약을 준수할 것에 동의합니다.

① 교수자는 각 장마다 구체적인 교육목표를 제시한다.
② 교수자는 학습할 내용의 개념과 토론의 방향을 제시한다.
③ 문제점들과 질문들이 나올 때에 교수자와 상의할 수 있도록 한다.
④ 시험과 성적을 준비한다.
⑤ 구두 시험과 보고서를 평가한다.
⑥ 결석을 체크한다.
⑦ 학생들을 위한 학습자료들을 준비한다.
⑧ 학생들이 연구할 영역들을 선정하여 주고, 필요한 참고문헌들을 알려주거나 준비하여 준다.
⑨ 추가 활동이 있으면 명시한다.

학생 서명 날짜:

교수자 서명 날짜:

계약학습은 다음과 같은 이점을 갖는다. ① 계약학습은 학습자가 스스로의 학습에 책임감을 최대한 느끼도록 해 준다. ② 학습자가 학습목표 설정에서부터 관여하여 동기가 향상된다. ③ 교수자와 학습자, 학습자 간의 상호작용을 극대화해 준다. ④ 학습자가 스스로의 속도에 맞추어 발전할 수 있다. ⑤ 성적보다는 스스로 맺은 계약에 관심을 쏟게 되어 성적에 대한 과도한 관심이 줄어든다. ⑥ 창의성과 동기가 향상되어, 성적도 향상된다. ⑦ 성적보다는 학습에 더욱 관심을 갖게 된다.

5) 행동체제형

사회학습이론, 행동수정 등으로 알려진 행동체제형 교수학습방법은 학습자가 자신의 학습에 대한 정보를 바탕으로 스스로 행동을 개선해 나갈 수 있다고 보는 접근이다. 행동체제형 교수학습방법의 예시로는 완전학습, 프로그램 학습법, 개별화 교수법 등이 있다.

(1) 완전학습

완전학습(mastery learning)은 교육목표의 위계적 분류(taxonomy of educational objectives)를 제시한 시카고 대학교의 Benjamin Bloom(1968)이 제안한 교수학습방법이다. Bloom은 타고난 능력뿐 아니라, 교육과 양육으로 학생들의 잠재력이 발전되는 것이라고 주장하였다. Bloom의 완전학습은 학생의 타고난 능력에 상관없이, 대부분의 학생이 학교에서 배우는 것을 완전히 습득(90% 이상)하는 것을 강조한다. 완전학습의 핵심은 학습자에게 각자 학습에 필요한 '시간'을 충분히 허용하는 것이다. 서로 다른 능력을 가진 학생들이 똑같은 교재를 배워서 같은 수준의 성취를 나타내기 위하여 '충분한 시간'을 허용하는 것을 강조한다. 이는 전통적인 학습에서 모든 학생에게 거의 같은 양의 시간이 주어지는 것과는 매우 대조적이다. 완전학습은 학업의 책임을 교수자에게 둔다. 즉, 학습의 실패는 교수자가 학생들에게 충분한 시간을 허락하지 않았거나, 교수자의 교수 기술이 부족했거나 등의 교수자의 능력 탓이 우선이지 학습자의 탓이 아니라는 것이다. 그는 많은 학생에게 기회의 문을 열어 준 학자로 평가된다.

완전학습에서 제시하는 구체적인 학습의 과정은 다음과 같다. ① 학생들이 학습할 내용을 명확하게 제시한다, ② 학생들이 학습하는 동안 정확한 피드백을 준다, ③ 학생들이 배운 내용의 90%를 성취하지 못하였을 때에는 추가적인 학습이 이루어진다, ④ 추가 학습을 이해하였는지 재평가를 실시하여 확인한다, ⑤ 90% 이상의 내용을 학습할 때까지 이와 같은 과정을 반복하여 완전학습이 이루어지면 다음 단계로 나아간다.

(2) 프로그램 학습법

프로그램 학습법(programmed learning)은 행동주의 심리학의 다음과 같은 교수학습방법 원리를 적용한 교수학습방법이다.

① 학습목표는 행동적 용어로 명확하고 구체적으로 기술한다. 이를테면 학습목표는 '공부를 열심히 하는 학생이 되자'가 아니라 '하루에 적어도 3시간 이상 복습을 한다'는 구체적인 행동적 용어로 제시하는 것이 바람직하다.

② 학습의 성과 역시 종착행동(end behaviors)으로 기술한다.

③ 학습내용은 구체적으로 작은 단위의 내용으로 나누어 구성함으로써 학생들이 작은 성공들을 경험할 수 있도록 구성한다. 이를 위하여 해당 학습활동은 매 단위마다 학습자가 완전히 성취할 수 있도록 순차적인 과정으로 구성한다. 이때에 각 단위가 분량이 많아지거나, 어려운 내용이 많이 포함되어서 성취하기 어렵게 되지 않도록 유의한다.

④ 학습과정에서 각각의 작은 학습 단위를 성공적으로 마칠 때마다 적절한 보상을 제공한다. 위협이나 벌 등의 부정적인 피드백은 되도록 피한다. 이때에 물질적 보상을 사용하는 것보다는 '정확한 정보 피드

백(informative feedback)'을 주는 것이 바람직하다.

⑤ 학습자에 대한 피드백은 '즉시' 이루어지는 것이 효과적이다. 특히 어린 학습자일수록 즉시 피드백이 효과적이다. 즉시 피드백이 이루어지면, 정확한 정보 전달이 가능하다. 또한 학습자의 동기유발에도 유리하다.

이와 같은 행동주의 원리에 기반한 프로그램 교수법은 학습목표를 달성하기 위하여 학습자의 경험을 자극-반응 관계로 계열화시키는 교수학습방법이다. 프로그램 교수법은 다음과 같은 특성을 갖는다.

① 학습목표가 행동적으로 기술된다.
② 목표 성취를 위한 학습 자극들이 순차적으로 제시된다.
③ 학습자 개개인은 자신의 방식대로 학습 자극들에 반응한다.
④ 학습자의 반응에 대하여 즉각적인 피드백이 주어진다.
⑤ 학습자는 학습목표를 미세한 단위로 나누어서, 각 단계에 따라서 능동적으로 학습한다.
⑥ 학습자는 자신의 능력과 학습속도에 맞추어서 자신의 학습을 수행할 수 있다.

프로그램 교수법은 학습의 개별화, 능동적이고 적극적인 수업 참여 유도 등의 이점이 있다. 반면, 프로그램 학습 자료를 개발하기 위하여 시간과 노력 및 비용이 막대하게 투입된다는 제한점이 있다. 또한 주어진 프로그램에 반응하면서, 수업이 진행되다 보면 보다 적극적인 자기 표현이 제한되고 창의성 개발이 저하될 수 있다는 단점이 있다. 프로그램 교수법은 모든 형태의 교수학습방법에 보완적인 매체로 활용될 수 있다.

(3) 개별화 교수법

개별화 교수법(individualized instruction)은 학습자 개개인의 요구와 특성을 최대한 수용하기 위하여 계획적으로 고안된 교수학습방법이다. 개별화 교수학습방법은 다음과 같은 기본 가설을 전제로 한다.

① 모든 학습자는 서로 다른 학습 속도를 보인다.
② 학습자 개개인은 공부하는 기능이 서로 다르다.
③ 학습자 개개인은 같은 방법으로 문제를 해결하지 않는다.
④ 학습자 개개인은 각기 다른 흥미를 보인다.
⑤ 학습자 개개인은 서로 다른 학습동기를 보인다.
⑥ 학습자 개개인의 학습준비도는 다르다.

개별화 교수법의 예시로는 개별처방 교수법(Individually Prescribed Instruction: IPI), 개별지도 교수법(Individually Guided Education: IGE), 학습자 요구부응 교수법(Program for Learning in Accordance with Needs: PLAN), 수업 개별화 체제(Personalized System of Instruction: PSI) 등이 있다.

6) 액티브 러닝

능동적인 학습자는 모든 교수자와 학부모가 바라는 것이다. 학습자야말로 자신이 강의 시간에 들은 것과 자신이 이미 아는 것을 연결시켜서 자신만의 독특한 정보와 구조를 생성하여 자신의 지식을 만들어 내는 당사자이다. 액티브 러닝(active learning)이 필요한 중요한 이유는 이해에 대한 환상을 없애 주기 때문이다. 단지 내용을 설명하는 것으로 교육이 이루어졌다고 혼동하는 교수자, 단지 들은 것만으로 내용을 이해했다고 착각하는 학습자들은 액티브 러닝을 통하여 비로소 자신이 이전에는 수업의 내용을 미처 다 이해하지 못하고 있었음을 깨닫게 된다. 이를테면 우리는 교사의 설명을 듣고 나서, 자신이 해당 주제를 잘 이해하고 있다고 스스로 착각하기 쉽다. 그러나 해당 내용을 재생(replicate)하려고 하면 막상 잘 안 되는 경우가 많다. 사실은 제대로 이해하지 못하고 있었던 것이다. 액티브 러닝은 이해했다고 잘못 생각하고 있는 경우, 환상을 깨어 주고, 학습자가 실제로 제대로 학습할 수 있도록 도와준다.

궁극적으로 액티브 러닝은 동기유발을 촉진한다. 단순히 강의를 받아 적기만 하는 것보다 학생들이 활동에 참여하는 것은 동기를 유발한다. 학생들에게 질문하기, 성적에 포함시키지 않는 퀴즈 내기, 아이디어들을 실제 상황에 적용해 보기, 잠깐 강의를 멈추고 그 순간 학습내용에 대하여 생각나는 대로 간단히 적는 것 등은 수업 중 쉽게 활용할 수 있는 액티브 러닝의 예이다. 학생들이 내용에 더욱 집중할 수 있도록 돕기 위하여, 또한 학생들의 내재적 동기의 유지를 위하여 액티브 러닝 활동 중의 퀴즈, 적기 등에 대한 성적은 내지 않는 것이 낫다(Svinicki & McKeachie, 2014).

이와 같은 분류 이외에도 교수학습방법은 교수자 주도, 학습자 주도, 상호작용 강조에 따라서 구분할 수 있다. 이성호(2000)는 교수학습방법의 주체와 주 학습목표를 준거로 〈표 4-1〉과 같이 교수학습방법을 유형화하였다.

〈표 4-1〉 주요 교수학습방법의 유형

주체 / 목적 및 내용	교수자 주도	학습자 주도	상호작용
행동적 변화	강의식 지시적 교수법 수사학 교수	완전학습법 개별화 교수법 프로그램 교수 컴퓨터 보조수업	
인지적 사고	유의미 수용학습 과학 탐구 교수 사회 탐구 교수	개념 성취 교수법 개념 개발 교수법	인지적 도제 교수법 발문교수법 대화교수법 시넥틱스
사회적 관계 개발	법리적 교수	집단 조사 소집단 협동학습법 토의식 교수법 회의식 교수법	역할극
인본적 자아이해		비지시적 교수 자아이해	계약학습 생애개발

출처: 이성호(2000). 교수방법의 탐구. 서울: 양서원.

제5장

교수학습방법의 이해를 위한 주요 학습이론

교수학습에 대한 연구가 하나의 학문 분야로 자리잡은 것은 19세기 말 이후부터이다. 학습이론은 학습의 과정을 과학적으로 설명하는 이론이다. 학습이론은 학습이 이루어지는 요인들이 무엇인지 설명하는 데 초점을 맞춘다. 즉, 학생들이 어떻게 새로운 지식을 받아들이고, 전개하고, 지식을 저장하는지에 대하여 다루는 것이다. 학습이론은 연구방법과 대상에 따라서 크게 행동주의적 관점과 인지주의적 관점으로 나누어 볼 수 있으며, 이들의 대립과 조화가 학습이론의 역사이다.

학습은 경험에 따른 행동의 변화로 정의할 수 있다. 여기에서 행동은 가시적인 외현적 행동(overt behavior)과 비가시적인 인지적 차원의 내현적 행동(covert behavior)을 모두 포괄한다. 학습이론은 학습자를 보다 효과적으로 이해할 수 있는 이론적 틀을 제공해 주며, 향후 교수설계를 위한 이론적 기초를 제공하는 역할을 한다. 학습이론을 통하여 학습의 본질과 속성에 대하여 파악하는 것은 효과적인 교수학습방법의 전략을 세우기 위한 이론적 기초가 되어 준다. 이를테면 교수자들은 학습이론을 이해함으로써 학생들의 행동에 대하여 이론적 체계를 기반으로 진단/분석/평가할 수 있고, 교수학습의 성과를 체계적으로 측정/평가할 수 있는 기준도 마련할 수 있다. 학습이론은 다양하지만, 학습에 대한 강조점의 차이에 따라서 크게 행동주의 학습이론, 인지학습이론, 사회학습이론, 구성주의 학습이론 등으로 나눌 수 있다.

1. 행동주의 학습이론

행동주의 학습이론은 John Watson(1878~1958)이 제시한 학습이론으로, 20세기 초 미국의 지배적 학습이론이다. Watson은 행동주의적 이론의 목표는 행동을 예측하고 통제하는 것이라고 주장하면서 직접 다룰 수 있고 측정 가능한 외현적 행동만을 연구주제로 설정해야 한다고 제시한다. 이를테면 자기성찰이나 의식 등은 행동주의적 접근의 초점이 아니다. 행동주의 학습이론은 자극과 반응, 또는 반응과 강화의 연합, 조건화를 통한 행동의 변화, 보상 시스템 등을 학습의 본질적 속성으로 간주한다.

1) 연합주의 이론

행동주의 학습이론은 기본적으로 전통적인 연합주의 이론에 기초한다. 즉, 자극과 반응의 결합을 통한 행동의 형성을 강조한다. 다시 말해서 행동주의 학습이론에서는 행동을 자극과 반응이라는 단위 요소로 환원시켜서 다룬다. 새로운 행동 형성은 이들 요소들 간의 결합을 강화함으로써 발생한다. 이를테면 행동주의는 John Locke(1632~1704)의 백지설(blank slate, tabula rasa)과 같은 전통적인 연합주의를 바탕으로 발전해 왔다. 백지설에 따르면 인간은 내재적인 지식(innate knowledge)이 하나도 없는 백지와도 같은 상태로 세상에 태어난다. 그런데 단 하나, 정신적 힘(mental power)은 지니고 태어난다. 예를 들어, 아이가 세상에 태어나서 생물학적으로 어떻게 기능할지를 아는 것 등이 인간이 타고 태어난 생물학적 힘이다. 아이는 세상에 태어나자 마자 주변의 세상을 경험하면서 자신의 '석판(slate)'에 이들 경험을 새겨 넣는다. 이러한 경험들은 궁극적으로 복합적이고도 추상적인 아이디어들로 발전해 나간다. 즉, 단순 개념들이 연합하여 복합적인 개념을 형성한다. 이와 같은 Locke의 백지설 이론은 현재의 교사들에게도 학생들이 어떻게 학습하는지를 이해하는 데에 도움을 준다.

Locke의 연합주의 학습이론은 지속적으로 이어졌다. 교육심리학의 아버지로도 불리며 행동수정이론을 제시한 Edward Thorndike(1874~1949)는 연합주의에 기초하여 행동의 변화가 시행착오적인(trial and error) 반응을 반복하는 과정 속에서 자극과 반응이 결합하여 발생한다고 주장하였다. Thorndike에 따르면 자극과 반응은 시공간적으로 인접해야 한다. 일단 성공적인 반응행동이 발견되고 선택되면, 이들 행동은 빈번히 반복된다. 반복을 하면 성공의 확률은 더욱 높아진다. 성공적인 반응은 다시 자극과 더욱 강하게 결합되어서 새로운 행동이 이루어진다. 학습은 이와 같은 결합이 형성되고 강화되고 조직되는 과정이다. Thorndike는 자극-반응의 학습 원리 속에서, 학습자의 바람직한 반응행동을 강화하기 위한 학습의 법칙으로 효과의 법칙(Law of effect), 연습의 법칙(Law of exercise), 최신의 법칙(Law of recency)을 제시하였다.

(1) 효과의 법칙

효과의 법칙은 자극과 반응의 결합으로 인한 만족감이 클수록(satisfying state of affairs) 자극과 반응의 결합이 강화된다는 법칙이다. 반대로 자극과 반응의 결합이 만족스럽지 않을수록(annoying state of affairs) 결합은 약화된다. 향후 효과의 법칙은 조작적 조건화 이론을 제시한 Burrhus Frederick Skinner(1904~1990)에 의하여 강화의 법칙으로 발전하였다.

(2) 연습의 법칙

연습의 법칙은 빈도의 법칙(Law of frequency)이라고도 불린다. 연습의 법칙은 두 개의 영역으로 이루어진다. 연습의 빈도수가 많을수록 결합이 강화된다는 사용의 법칙(Law of use)과 연습의 빈도수가 적거나 연습하지 않을 때는 결합이 약화된다는 불사용의 법칙(Law of disuse)이다.

(3) 최신성의 법칙

흔히 정보를 제공하는 발표의 경우, 두괄식이 효과적이라는 연구들이 지배적이다. 즉, 강의의 제일 앞에 본 강의의 핵심 내용이 무엇인지를 개관하여 주면 뇌의 프라이밍 효과(priming effect)에 의해서 앞으로 배울 내용을 훨씬 효과적으로 이해한다는 것이다(Tulving, Schacter, & Stark, 1982; Bargh, Gollwitzer, Lee-Chai, Barndollar, & Trötschel, 2001). 프라이밍 효과는 하나의 자극에 노출되면 이후의 자극에 대해서 아무런 의식이나 의도 없이도 효과적으로 반응한다는 것이다. 또한 가장 최근의 반응이 가장 재발생하기 쉽다. 그러므로 교수학습방법에서 가장 중요하게 생각하는 행동은–맥락이 적절하다면–가장 뒤로 배치하는 것이 효과적이다. 혹은 가장 중요한 학습내용은 되도록 가장 뒤에 배치하는 것이 효과적이다. 그러므로 중요한 내용들은 강의의 앞부분과 뒷부분에 배치하는 것이 효과적이다.

2) 고전적 조건화 이론

고전적 조건화 이론은 러시아의 생리학자인 Ivan Pavlov(1849~1936)에 의하여 연구되었다. 이전의 연합주의처럼 단순한 행동의 형성보다 훨씬 더 복잡한 내용의 학습에 대한 설명은 Pavlov의 고전적 조건화 이론의 연구를 시작으로 가능하게 되었다. 그는 개에게 고기 가루를 준 다음 타액의 분비 속도를 측정하였다. 그런데 연구가 진행될수록 개는 고기를 들고 나타나는 실험조교만 보고도 침을 흘리기 시작하였다. 이와 같은 놀라운 현상에 영감을 얻어서 Pavlov는 고전적 조건화(classical conditioning) 이론을 제안하였다.

Pavlov의 실험에서 개의 초기 타액 분비는 고기 가루에 의한 무조건적 자극이다. 개는 처음에는 실험 조교에게 아무런 반응도 하지 않았다. 조교는 중립 자극이었다. 그러나 실험의 빈도가 증가하면서 실험조교는 고기 가루와 연결되어서, 개의 타액반응을 유발하는 조건자극이 되었다. 무조건자극(고기 가루)과 조건자극(빈도수 증가 후의 실험조교)이 연합하여 조건적 반응(실험조교 보고 침 흘리기)을 유발하게 되었다. 지금도 고전적 조건화 원리가 교육현장과 교수학습방법에 시사하는 바는 크다. 교수자들은 고전적 조건화 이론에 기반하여 학교를 긍정적 정서와 결합시키려고 노력한다. 즉, 학교를 학생들이 즐겁게 여기는 활동들이나 긍정적 피드백과 결합시키는 것이다.

3) 조작적 조건화 이론

인간은 외부의 자극이 없이도 자발적으로 행동하기 때문에 Pavlov의 고전적 조건화 이론은 인간의 행동을 설명하고 형성하는 데에 한계가 있다. Pavlov의 고전적 조건화 이론은 외부에서 오는 자극에 따라서 도출된 인간의 반응을 다루고 있기 때문이다. 조작적 행동(operant behavior)은 유기체가 특정 목적을 지니고 자발적이고 의식적으로 하는 행동을 가리킨다. 예를 들어, 인간이 음식을 보고 침을 흘리는 것은 대응적(respondent) 행동, 혹은 반사적(reflective) 행동이다. 반면에 거리에서 침을 뱉는 것은 의도적(operant) 행동이다. 인간의 행동은 대부분은 대응적인 것보다는 조작적 행동들로 이루어진다.

Skinner의 조작적 조건화 이론에서는 개인의 자발적이고 조작적인 행동을 강화함으로써 행동을 형성하거나 반응 빈도를 증가시키고자 한다. 조작적 조건화는 다음과 같은 두 가지 점에서 고전적 조건화와 차별점이 있다. 첫째, 자극과 반응의 순서가 다르다. 고전적 조건화는 자극이 있고 반응이 나타난다(S－R). 조작적 조건화는 반응이 먼저 일어나고 강화가 이후에 나타난다(R－S). 이때에 강화가 곧 자극이 되어, 강화자극이라고도 한다.

둘째, 고전적 조건화에서는 특정한 자극이 반응을 유발한다. 반면, 조작적 조건화는 반응이 먼저 있고, 그다음에 자극이 있다. 이때의 반응은 자발적인 것이다.

(1) 강화의 법칙

조작적 조건화의 핵심은 강화이론이다. 강화는 반응의 빈도를 증가시키는 절차나 상황이다. 조작적 조건화에서 강화는 반응 뒤에 뒤따른다. 강화는 긍정적 강화와 부정적 강화로 구분할 수 있다. 긍정적 강화(positive reinforcement)는 반응의 빈도를 증가시키는 모든 형태의 자극을 가리킨다.

(2) 강화계획

강화를 제시하는 전략적 방안이 강화 스케줄이다. 강화를 제시하는 방법에는 간격과 비율에 따른 방법이 있다. 간격강화(interval reinforcement)는 정해진 시간 간격에 따라서 강화가 주어지는 것이다. 비율강화(ratio reinforcement)는 일정한 수의 반응을 한 다음에 강화가 주어지는 것이다. 또한 Skinner는 간격과 비율을 고정시키는지 혹은 변동시키는지에 따라서 고정강화(fixed reinforcement)와 변동된 강화(variable reinforcement)로 구분한다. 그리하여 고정간격강화/변동간격강화/고정비율강화/변동비율강화로 나눌 수 있다.

이와 같은 강화를 교수학습방법에서 효과적으로 사용하여 학생들의 바람직한 행동을 형성하는 방법들로 다음과 같은 제안을 할 수 있다.

첫째, 학습자들의 목표, 즉 바람직한 행동의 도착점 행동(terminal behaviors)의 유형과 빈도를 구체적이고 관찰 가능한 용어로 기술하는 것이 필요하다. 즉, 목표가 행동 용어, 동사가 되는 것이 유용하다. 예를 들어서 포괄적으로 '공부를 열심히 한다'는 목표 행동이 아니다. '수업 이외에 하루 최소한 3시간 이상 공부한다'가 구체적인 목표행동이다. '준비성이 바른 학생이 된다'가 아니라 '매일 교과서와 숙제 및 체육복과 운동화를 등교 전날 준비하여 갖고 온다'가 행동 목표가 될 수 있다.

둘째, 목표로 하는 바람직한 행동의 형성을 위해서는 Skinner가 제안한 대로 강화(reinforcement)와 반복(repetition)을 활용하는 것이 효과적이다(Skinner, 1938; Staddon, 2016). 예를 들어서 하루 3시간 이상 공부를 하는 것이 목표인 경우에는 공부를 1시간 할 때마다 "열심히 하고 있구나."라고 강화를 주고, 3시간을 완수했을 때에는 학생이 좋아하는 책을 읽을 수 있는 강화를 제공할 수 있다. 또한 원하지 않는 행동의 소거를 위해서는 강화를 주지 않는 방법을 활용할 수 있다. 만약 교실에서 교사의 주의를 끌고 싶어서 교실에서 산만한 행동을 하는 학생이 있다면, 교사가 매번 산만한 행동에 주의를 기울이는 것보다, 도리어 모르는 척하는 것이 산만한 행동 소거에 도움이 될 수 있다. 이러한 경우, 교사가 학생의 행동의 원인을 정확하게 진단하는 것이 필요하다. 이를테면 학생의 산만한 행동이 교사의 주의를 끌기 위함이 아니라, 교수학습내용이 흥미롭지 않기 때문일 수도 있다. 이와 같은 경우에는 행동 소거를 위한 다른 조치가 필요하다.

셋째, 강화를 개별화(individualized)하는 것이 중요하다. 즉, 학생들 각각에게 적절한 강화자극은 학생마다 다르다. 그러므로 조작적 조건화의 방법이 모두에게 동일한 것보다는 학생 개개인의 요구에 부합되는 강화를 제공하는 것이 효과적이다. 이때에 학생들이 스스로 원하는 강화물을 선택하도록 하는 방법이 유용하다. 이는 자기결정성 이론(self-determination theory)의 자율성을 지지하는 전략과도 통하는 것이다(Deci & Ryan, 1985, 2000). 이를테면 자신의 과제를 완수한 학생은 교무실 심부름, 청소 면제, 제일 앞줄 앉기, 혹은 제일 뒷줄 앉기 등의 강화물 중에서 선택할 수 있도록 해 주는 것이다. 어떤 학생에게는 청소 면제가 강화물이지만, 어떤 학생에게는 교사와 친구들에게 인정을 받는 것이 더욱 효과적인 강화물이 될 수 있다.

행동주의 학습이론은 관찰과 객관적인 측정이 가능한 행동 용어로 목표 설정부터 평가까지 포괄하는 강점이 있다. 행동형성, 습관형성, 기계적 학습 등에 효과적이다. 이전의 사변적 접근의 교육을 교육과학으로 이끄는 역할을 했다는 평가도 받는다. 그러나 행동주의 학습이론은 몇 가지 제한점을 갖는다. 우선, 행동주의적 접근의 교수학습방법에서 교사는 지시자의 역할을 한다. 교사가 정하는 대로 학생들은 따르는 수동적인 존재일 뿐이다. 행동주의 학습이론에서 학습의 내면화, 학습 자체에 대한 숙고, 사고의 과정에 대한 탐색 등은 존재하지 않는다. 자칫하면 학습이 표면적, 기계적인 것에 머무를 수 있다. 교수자의 관심도 학습자의 외면적인 행동에 그친다. 행동주의 학습이론을 거치면서 교육 현장에서는 학습자의 학습에 대한 홍미, 사고의 과정, 학습의 내면화의 과정 등을 이해하는 것으로 보다 포괄적인 의미의 학습이론에 대한 요구가 생겼다. 하지만 행동수정, 행동형성, 습관형성 등 행동주의적 학습이론은 현재까지도 교육현장에서 유용하게 적용되고 있다.

2. 인지주의 학습이론

인지주의 학습이론은 지각, 인식, 기억, 추리, 판단, 개념형성, 사고과정, 지식의 획득 등의 인간의 능동적인 사고능력에 초점을 두는 이론이다. 20세기 초 행동주의가 미국의 지배적인 학습이론이었다면 유럽에서는 인지주의가 학습이론을 주도하였다. 인지주의 학습이론은 행동주의가 학습을 행동의 변화로 지나치게 좁게 다룬다고 비판하면서, 인간의 내적인 사고 과정에 초점을 둔다. 인지주의적 학습이론에서는 외적인 환경적 영향보다는 인간의 내면적인 사고, 즉 정보처리과정(information processing)에 초점을 둔다. 행동주의적 학습이론에서도 사고(thinking)의 존재를 인정하지만, 행동으로 표현되는 사고에 국한한다. 인지주의에서는 행동이란 사람들의 사고작용에 따라서 나타나는 것으로서, 행동 그 자체로서는 존재할 수 없다고 접근한다.

인지주의 학습이론의 주요 기본 가정은 다음과 같다. 첫째, 학습자는 능동적인 존재이다. 행동주의에서는 학습자가 환경에 반응하는 수동적인 존재이지만, 인지주의에서 학습자는 새로운 정보를 적극적으로 받아들이고 능동적으로 지식을 구성하는 존재이다. 학습자는 제시된 정보를 있는 그대로 부호화하는 존재가 아니라, 자신의 기존 지식과 새로운 지식을 연계하여 능동적으로 지식을 구성한다. 둘째, 인간의 경험은 사전 경험에 따라서 다양하다. 행동주의에서는 자극이 주어진 이후 반응이 나타날 때까지의 과정을 블랙박스라고 표현하며 알 수 없는 부분으로 접근한다. 그렇지만 인지주의 학습이론에서는 학습자의 개인차 특성에 따라서 학습의 고정이 다양하게 나타날 수 있다고 접근한다. 셋째, 인지주의 학습이론에서는 학습을 행동의 잠재력의 변화까지 포괄적인 것으로 정의한다. 즉, 인지주의 학습이론에서는 직접 경험뿐 아니라 행동의 잠재력의 변화까지 학습으로 포함한다.

특히 최근 들어 뇌과학의 발전에 힘입어서 인지주의 학습이론은 발전을 거듭하고 있다. 이를테면 이전에는 뇌를 컴퓨터에 비유하여 단기기억, 장기기억 등으로 구분하였다. 그러나 최신 뇌과학에서는 인간의 기억을 작동기억(working memory), 연결기억(binding memory) 등으로 설명한다. 인지주의 학습이론이 대표하는 정보처리과정의 기본 축은 주의집중과 기억이며, 이와 같은 과정을 통하여 획득된 지식은 전이(transfer)와 부화(incubation)를 통하여 확장된다. 인지주의 학습이론의 주요 개념을 살펴보면 다음과 같다.

1) 주의집중

주의는 우리의 감각과 저장된 기억 및 다양한 인지적 과정 등을 통하여 투입된 엄청난 양의 정보 중에서 제한된 양의 정보를 집중적으로 처리할 수 있도록 해 준다(Posner & Fernandez-Duque, 1999). 주의집중(attention)은 많은 이점이 있다. 우리의 정신적 자원도, 정신적 자원을 집중해서 처리할 수 있는 정보의 양에도 한계가 있기 때문이다. 우리는 주의를 통하여 외부와 내부로부터 주어지는 많은 자극 중에서 우리의 관심 대상인 자극에만 집중할 수 있다. 주의는 신호탐지(signal detection), 선택적 주의(selective attention), 분할된 주의(divided attention)의 세 가지 주요 기능을 갖는다. 첫째, 신호탐지는 경계와 탐색을 포함한다. 둘째, 선택적 주의는 특정 자극에 대하여 집중하고 다른 것들은 무시하는 것을 가리킨다. 셋째, 분할된 주의는 한번에 두 개 이상의 과제를 수행하기 위하여 가능한 주의 자원을 나누는 것을 가리킨다.

주의집중은 인지적 발달의 첫 부분이라고 할 수 있다. 의식은 개인이 조작하면서 동시에 지각하는 제한된 범위의 정보만을 포함한다면, 주의는 개인이 조작하는 모든 정보, 즉 인지과정에서 이용 가능한 모든 정보를 내포한다. 주의의 주요 기능은 환경에서 중요한 대상과 사건을 구별하는 것이다. 주의를 통하여 사람들은 인지자원을 효율적으로 사용할 수 있다. 또한 관심의 대상에 대하여 빠르고 정확하게 반응하고 기억할 수 있다. 사람들은 미처 자각하지 못한 전의식적(preconscious) 수준에서도 정보를 활발하게 처리할 수 있다. 이를테면 점화(priming) 현상은 특정 자극에 대한 처리가 그와 동일한 혹은 유사한 자극을 사전에 제시함으로써 촉진된다. 즉, 특정 자극과 관련한 후속 자극의 처리를 보다 쉽게 해 주는 것을 의미한다. 설단(tip-of-the tongue) 현상은 원하는 정보는 기억에서 인출되지 않지만, 원하는 정보와 관련된 정보는 인출되는 것을 가리킨다.

사람들은 선택적 주의를 통하여 하나의 메시지에 집중하고 동시에 다른 메시지들은 무시한다. 일찍이 Colin Cherry(1953)는 미행하기(shadowing) 과제를 통하여, 한 사람이 두 개의 메시지를 동시에 들으면서 하나의 메시지만을 정확하게 따라서 말해야 하는 과제를 제시하였다. 그는 사람들이 동시에 두 개의 메시지를 들으면서 하나의 메시지만을 따라 하는 것이 불가능하다고 결론지었다. 사람들은 자동적으로 다른 곳으로도 주의를 기울이기 때문이다. 사람들은 주의를 기울이지 않은 메시지의 음성이 바뀌거나 남자가 여자로 바뀌는 것 등의 물리적 변화는 잘 알아차렸다. 그러나 의미적 변화는 거의 알아차리지 못했다. 즉, 한 사람이 두 가지 메시지를 동시에 청취하면, 자신이 표적으로 삼은 메시지를 훨씬 더 효과적으로 따라하지만 나머지 다른 하나의 메시지에 대해서도 상당 부분 정확하게 미행한다. Cherry(1953)는 이와 같은 선택적 주의 현상을 칵테일 파티 사례(cocktail party problem)라는 용어를 사용하며 제시하였다. 즉, 사람들이 칵테일 파티에서 종종 겉으로는 자신의 옆에 앉은 지루한 수다쟁이와 대화를 하는 것처럼 행동하지만, 실제로는 더 흥미로운 왼쪽 사람들에게 귀를 기울인다는 것이다. 이와 같은 선택적 주의에 도움이 되는 세 가지 요인은 다음과 같다. 첫째, 표적의 말에 포함된 독특한 음 높이, 빠르기, 운율 등의 특성, 둘째, 말소리의 크기, 셋째, 소리가 나오는 위치이다.

주의에 대한 뇌과학 연구들도 활발하게 이루어지고 있다. 선행연구들에 따르면 전대상피질(anterior cingulate cortex: ACC)이 주의 기능과 밀접한 관련이 있는 것으로 나타나지만(Botvinick, Braver, Barch, Carter, & Cohen, 2001; Bush, Luu, & Posner, 2000; Posner & Rothbart, 1992; Raz & Shapiro, 2002), 뇌의 특정한 영역이 주의 기능을 담당하는 것은 아니다. 주의 기능은 뇌의 다양한 영역의 상호작용을 포함한다. Michael Posner 교수는 전두엽(frontal lobe) 내에 있는 전측 주의 시스템과 두정엽(parietal lobe) 내에 있는 후측 주의 시스템을 규명하였다. 이들은 다양한 과제에 대하여 주의를 증가시킨다(Posner, 1995). Posner와 Dehaene(1994)에 따르면 주의 시스템은 과제에 따라서 작동하는 뇌의 영역과 처리가 달라진다. 일반적으로 주의 기능의 결함은 전두엽과 기저핵(basal ganglia)의 손상과 연관되어 있다.

최근의 이론들은 기존의 주의에 대한 이론모형들이 지나치게 단순하고 기계적이라고 지적하면서 과제의 종류와 개인차에 따라서 주의 기능이 다르게 나타남을 제안한다. 이를테면 특질로서의 불안과 상황 관련 불안의 두 가지 불안이 모두 주의에 영향을 주는 것으로 나타난다. 또한 다음과 같은 다섯 가지 맥락과 과제의 성격이 주의에 영향을 준다. 첫째, 전반적인 각성(arousal)이다. 즉, 피로나 졸림은 주의를 감소시킬 수 있고, 약물 등은 주의를 증폭시킨다. 둘째, 표적 과제나 자극에 대한 흥미이다. 과제에 대한 흥미가 주의를 증가시키거나 방해할 수 있다. 셋째, 과제의 특성이다. 즉, 매우 어렵거나 복잡한 과제는 쉽고 단순한 과제에 비하여 주의 자원을 더 많이 필요로 한다. 또한 새로운 과제는 친숙한 과제에 비하여 더욱 많은 주의를 요구한다. 넷째, 주어진 과제를 수행하는 동안 투입되는 연습의 양과 주의자원을 활용하는 기술이다. 많은 연습과 높은 기술은 주의를 증폭시킨다. 다섯째, 정보처리단계에서 주의가 요구되는 시점이다(Sternberg & Sternberg, 2012). 즉, 학습자의 흥미와 노력의 개인차, 과제의 개인차, 과제를 수행하는 동안의 연습의 양과 기술의 수준 등이 주의집중과 깊은 관련을 갖는다.

학습에서는 학습자가 교수자의 설명에 주의를 집중할 때 비로소 학습이 시작된다고 본다. 살펴본 바와 같이 주의집중은 다양한 외부적 자극과 연결되는 적극적인 과정이다. 학습자들은 초기에 선택적으로 주의집중을 하게 되는데, 흔히 자신의 개인적 목표와 관련 있는 자극에 대하여 집중하는 경향을 보인다. 그러므로 교수학습방법의 초기 단계에서 학생들의 개인적 목표와 관련이 있는 교수학습내용을 제시하여 학생들의 주의를 집중시킴으로써 보다 효과적인 교수학습방법을 수행할 수 있다. 또한 역으로 학생들은 교수자들의 개인적 관여(personal involvement)가 있는 사건에 대하여 주의집중을 하는 경향이 있으므로, 교수자들도 교수학습내용과 자신의 개인적 관여를 연결시키는 것이 효과적이다. 이를테면 다중지능 이론을 다룰 때에 지난번 미국교육학회에 참석했을 때에 Howard Gardner 교수의 다중지능이론 특강을 들은 것을 들려준다면, 학생들의 주의집중이 더욱 향상될 것이다.

주의자원(attentional-resource) 이론도 교수학습방법에서 효과적으로 활용할 수 있다. 주의자원 이론은 사람들의 주의의 양이 한정되어 있으므로 주의를 어떻게 할당할지를 선택해야 한다는 이론이다. 즉, 과제가 여럿이라면 주의는 분할될 수밖에 없다. 그러나 최근에는 경쟁 관계의 과제들이 서로 다른 감각 양식을 요구한다면, 사람들이 주의를 훨씬 잘 분할할 수 있으므로 반드시 주의를 할당해야 하는 것은 아니라고 제시한다. 예를 들어, 글을 쓰면서 음악을 듣는 일은 요구하는 감각 양식이 쓰는 것과 듣는 것으로 다르기 때문에 주의의 분할이 상대적으로 용이하다. 그러나 책을 읽으면서 동시에 신문을 읽는 것은 동일한 감각 양식을 요구하므로 서로가 서로에게 방해가 된다. 교수학습방법에서 오페라 동영상을 틀어 놓고, 동시에 교수자의 실시간 설명을 넣는 것은 동일한 감각 양식을 요구하는 작업이므로 효과적이지 않다. 그러나 화면만 나올 때에 교수자가 설명을 넣는 것은 방해 요인이 되지 않을 것이다.

2) 기억

기억은 자신의 과거를 현재의 사실로 표상하는 내적 경험이다. 일반적으로 기억은 부호화(encoding), 저장(storage), 인출(retrieval)의 3요소로 이루어진다. 첫째, 부호화는 물리적, 감각적 입력 정보를 기억에 저장할 수 있는 표상으로 전환하는 것을 가리킨다. 둘째, 저장은 부호화된 정보를 기억에 담아 두는 것을 가리킨다. 셋째, 인출은 기억에 저장되어 있는 정보에 접근하는 것을 가리킨다. 이들 세 과정은 순차적이면서 동시에 서로 상호 의존적인 유기적 순환관계를 갖는다. 이 절에서는 기억을 단기기억 또는 작동기억과 장기기억으로 나누어서 살펴보도록 하겠다.

(1) 단기기억 또는 작동기억

단기기억(short-term memory) 혹은 작동기억(working memory)은 흔히 혼용되어 사용되는데 정보처리과정에서 유용한 정보를 일시적으로 저장하는 제한적인 기억 저장을 가리킨다(Miyake & Shah, 1999). 작동기억과 단기기억을 구분하기도 하는데, 작동기억은 저장된 정보를 조작하는 것을 포함하는 반면, 단기기억은 단기간 정보를 저장하는 것만을 가리키는 것이다(Cowan, 2008). 예를 들어, 우리가 바다를 바라보는 동안 바다의 모양과 색에 관련한 뇌의 뉴런들이 활성화되어 있는 상태를 작동기억이라고 한다. 이러한 활성화는 오래가지 못한다. 작동기억은 약 5~9개의 정보가 약 20~30초의 짧은 시간 동안 저장된다고 알려져 있다. 작동기억은 흔히 '마법의 숫자 7'이라고 불리는 제한적인 용량을 갖는다(Miller, 1956).

단기기억에 저장된 정보의 부호화는 대체로 청각적인 자료이다. Conrad(1964)는 일찍이 여섯 개의 알파벳을 각각 0.75초 동안 제시하고 이를 순서대로 적도록 하는 실험 연구를 수행하였다. 이 실험을 통하여 기억의 오류가 청각적 혼동에 따라 발생함을 보였다. 즉, 단기기억에서는 시각 부호보다 청각 부호가 더욱 중요했다. 그러므로 소리가 유사하면 단기기억의 오류가 종종 발생한다. 즉, 단기기억은 의미 부호보다 청각 부호에 주로 의존한다. 그러나 단기기억의 일부 정보들은 이차적으로는 의미적으로도 부호화된다. 또한 때로는 일시적으로 단기기억을 위하여 시각적인 부호화를 사용하기도 한다. 시각 부호화는 약 1.5초 동안 지속되는 것으로 청각 부호에 비하여 더욱 짧다(Posner, Boies, Eichelman, & Taylor, 1969).

작동기억은 인지심리학과 뇌신경과학 이론의 핵심적인 역할을 한다. 작동기억의 가장 큰 기능은 정보의 양과 지속 시간을 통제하는 점이다. 작동기억의 과정에서 묶음(chunking)의 기능이 작동기억의 수용량을 증가시키는 데에 매우 유용하다. 묶음은 항목들을 보다 의미 있는 단위로 조합하는 것을 의미한다. 이를테면 'e, a, t'는 작동기억 속에서 세 개의 단위로 존재하지만, 이들이 'eat'이라는 단어로 묶이면 한 개의 단위로 전환된다. 묶음을 통하여 작동기억의 양이 증가한다. 묶음을 활용하여 기억력 향상 훈련을 통하면 단기기억의 용량이 증가할 수 있다.

(2) 작동기억의 장기기억으로의 전환

작동기억에서 잠시 활성화(fire-together)되어 있던 뉴런들이 서로 영구적으로 연결되면(wire-together: synaptic consolidation) 장기기억(long-term memory)으로 넘어간다. 그러므로 작동기억은 추론과 의사결정 및 행동의 지침으로서 중요한 역할을 한다. 작동기억에서 처리된 결과는 되뇌기와 의미덩어리 만들기 등의 처리를 통하여 장기기억에 저장될 수 있다. 장기기억은 무한한 정보를 영구적으로 저장하는 장으로 작동기억과 대비된다. 장기기억에 저장된 정보의 대부분은 의미적으로 부호화되지만, 시각적 부호화도 일부 발생한다. 제한된 범위에서 청각 정보가 장기기억으로 부호화되기도 한다. 즉, 오랜 기간 동안 정보를 저장하는 방법은 상당히 융통성이 있다. 장기기억은 명시적 기억(explicit memory), 선언적 기억(declarative memory), 암시적 기억(implicit memory), 의미적 기억(semantic memory) 등으로 다양하게 불린다.

기억이론이 연구되기 시작한 초기에 Richard C. Atkinson과 Richard Shiffrin(1968)은 이중저장기억모형(dual store memory model)에서 단기기억이란 장기기억으로 가기 위한 임시 저장소에 머물러 있는 상태라고 제시하였다. 이들 단기기억에서 뉴런들의 연합이 강화되면, 단기기억은 장기기억으로 저장된다. 그러므로 작동기억의 용량이 클수록, 학습의 양이 늘어날 수 있다. 작동기억이 장기기억으로 넘어가면 이들의 용량은 무한대이다. 작동기억이 장기기억으로 저장되기 위해서는 다양한 처리 과정이 필요하다. 이처럼 새로운 정보를 이미 저장된 정보와 연결하여 통합시키는 과정을 공고화(consolidation)라고 한다. 공고화 과정을 거친 기억은 장기간 지속된다(Squire, 1986). 공고화 과정 동안 기억을 향상시키기 위해서는 상위 기억(metamemory) 전략을 활용할 수 있다. 상위 기억 전략을 통하여 사람들은 자신의 기억과정 자체를 성찰한다. 상위 기억 전략은 상위인지(metacognition)의 여러 요소 중 하나이다.

작동기억을 장기기억으로 전환하기 위해서 활용하는 주요 방법 중 하나가 암송(rehearsal)이다. 암송은 특정 항목을 반복해서 되뇌어서 장기기억으로 전환하는 것이다. 암송은 겉으로 소리를 내서 할 수도 있고, 속으로 할 수도 있다. 1800년대에 이미 Hemann Ebbinghaus가 주장하였고, 이후의 연구들이 지지하듯이(Glenberg, 1979; Bahrick & Phelps, 1987)

암송은 한번에 몰아서 하는 집중학습(massed practice)보다는 분산학습(distributed practice)이 더욱 효과적이다. Kenneth R. Leicht와 Rendall Overton(1987)은 분산학습에서 학습자가 다양한 부호화 전략을 사용하게 되어 정보의 도식이 더욱 정교하게 되기 때문에 기억이 더욱 오래 지속되는 것으로 설명한다. 즉, 여러 날에 걸쳐서 학습을 분산시킬수록 사람들은 학습 내용을 더욱 오래 기억한다.

장기기억으로의 전환은 기억술(mnemonic devices) 활용으로도 향상된다. 모든 저장된 정보는 조직화되어 있다. 기억술은 단어 목록을 학습할 때에 도움을 주는 구체적인 기법을 가리킨다. 기억술은 아무런 의미가 없거나 임의로 만들어진 학습 자료에 의미를 부여하는 방법이며, 주로 학습할 항목들을 범주화하여 기억을 향상시키는 전략을 활용한다. 기억술은 다양한데 주로 사용되는 기억술 전략은 다음과 같다(Sternberg & Sternberg, 2012).

첫째, 범주 묶기이다. 범주 묶기는 목록에 있는 학습 항목들을 몇 개의 범주로 조직화하는 것을 가리킨다. 예를 들어, 장보기 목록을 기억할 때에 식품을 채소, 과일, 어류, 육류 등의 범주로 자료를 구분하여 조직화하는 것을 말한다.

둘째, 상호작용 이미지 만들기이다. 상호작용 이미지는 기억해야 하는 자료들에 해당하는 실제적인 물체들이 능동적으로 상호작용하는 모습을 생생하게 심상화하여 학습자료에 의미를 부여하는 방법이다.

셋째, 쐐기 단어법이다. 이는 이전에 학습한 단어를 새로이 학습하는 단어와 연합시켜서 이들 두 단어 간에 상호작용하는 심상을 형성하는 방법이다. 예를 들어, '박쥐'라는 단어를 새로이 학습한다면, 이전에 학습한 '쥐'라는 단어와 연결시켜서 학습하는 방법이다.

넷째, 장소법이다. 이는 자신이 매우 잘 파악하고 있는 장소를 다니면서 눈에 띄는 표식 등을 이용하여 기억해야 할 항목을 연결하는 방법이다. 이를테면 파란색 지붕이 있는 집을 지나서 노란 차양을 한 건물에서 우회전

한다는 식으로 기억을 향상시키는 방법이다.

다섯째, 머리글자로 단어 만들기이다. 어떤 단어나 개념을 의미하는 글자를 하나씩 가져다가 새로운 단어나 표현을 만드는 방법이다. 예를 들어, United Nations에서 머리글자를 따서 UN을 만드는 것이다.

교수학습방법을 통하여 교수자는 암송과 기억술 등의 이론을 활용하여 장기기억으로의 정보 전환과 파지를 오랫동안 유지할 수 있도록 도울 수 있다.

(3) 장기기억의 분류와 수면 효과

장기기억을 분류하는 방식은 다양하지만, 흔히 의미적 기억(semantic memory)과 일화적 기억(episodic memory), 절차적 기억(procedural memory)으로 나눈다(Tulving, 1972; 1984). 절차적 기억은 Tulving이 의미적 기억과 일화적 기억을 제시한 이후 따로 제시한 독립된 기억체계이다. 의미적 기억과 일화적 기억이 서로 다른 방식으로 작동하기는 하지만, 사실상 이 둘의 구분은 경계가 모호하다는 논란이 계속되고 있다. 일부에서는 일화적 기억이 의미적 기억의 한 형태일 뿐이라고 주장하기도 한다. 또한 의미적 기억과 일화적 기억의 내용 구분은 명확하지만, 기능의 구분은 모호하다는 학자들도 여럿 있다. 이를테면 만성적 알코올 중독에 기인한 Korsakoff 증후군 환자들은 일화적 기억뿐 아니라 의미적 기억에서도 모두 역행성 기억장애를 나타낸다. 순행성 기억장애 환자들은 일화적 기억과 의미적 기억 모두에서 새로운 정보를 획득하는 데 어려움을 나타낸다. 그러나 이 둘의 개념을 대비하여 구분하는 것은 장기기억을 이해하는 데 유용하다. 첫째, 의미적 기억은 대상 간의 관계 또는 단어 의미들 간의 관계, 개념, 규칙 등과 같이 일반적인 사실이나 지식에 대한 기억이다. 의미적 기억은 자전적 경험이나 기억, 특정한 시간적 맥락과 연합되지 않는다. 예를 들어, "삼각형의 세 각의 합은 몇 도인가?"라는 질문에 대답을 하기 위해서는 의미적 기억을 참조해야 한다. 우리가 학습하는 내용의 대부분은 장기기억 중 의미적 기억에 저장된다. 의미적 기억에 저장되는 정보들은 서로 관련을 맺으면서 체계적인 연결망을 갖는다. 장기기억의 정보들이 연결망을 구성한다는 의미는 학습자가 정보를 수동적으로 받아들이는 것이 아니라, 능동적으로 정보를 이해하고 조직한다는 의미이다. 둘째, 일화적 기억은 개인의 경험, 즉 자전적 사건을 저장하는 기억이다. 일화적 기억은 사건이 일어났던 시간과 장소 및 상황 등의 맥락을 함께 포함한다. 이를테면 엊그제 치과에서 Hardimanowitz라는 사람을 만났다는 사실을 기억할 때에는 일화적 기억을 활용하게 된다. 왜냐하면 '어제' 그를 치과에서 만났다는 것은 시간적 맥락과 관련된 기억이기 때문이다(Sternberg & Sternberg, 2012).

이와 같은 분산학습의 장기기억 효과에 대한 연구들은 수면의 효과와도 통한다(Sternberg & Sternberg, 2012). 수면은 기억 및 학습과 밀접한 관련을 갖는다. REM 수면이 제대로 이루어지지 않으면 복잡한 사고를 요하는 주제에 대한 기억의 공고화(consolidation)가 잘 이루어지지 않는다. REM 수면(rapid eye movement sleep)은 복잡한 사건의 의미적 기억을 향상시키고, 새로운 문제해결 전략을 세우는 데 도움을 주며, 새로운 운동기술 습득을 돕는다. 즉, REM 수면을 잘하면, 수면을 잘하지 못한 사람보다 새로이 배우기 시작한 트램펄린 점핑을 더욱 잘하게 된다(Rasch & Born, 2013).

잠을 자는 동안 사람의 뇌 안에서 어떠한 일이 일어나서 기억이 더욱 공고화되는지에 대하여 다양한 연구가 이루어지고 있다. 연구에 따르면(Scaggs & McNaughton, 1996; Wilson & McNaughton, 1994) 쥐의 해마 세포는 학습을 할 때에 활성화되었다가, 수면을 취하는 동안 다시 활성화되었다. 연구자들은 마치 학습 경험을 반복 재생하여 장기기억에 공고화하듯이 수면 동안에 해마세포가 다시 활성화되는 것이 발견되었다. Vecsey와 그의 동료들이 네이처지에 발표한 논문에 따르면(Vecsey et al., 2009) 수면이 부족하면, 해마에 의존하는 학습 패러다임에서 기억 결핍이 발생한다. 이들은 수면의 부족이 해마의 기능을 저해함을 분자 메커니즘으로 규명하였다. 그러므로 교수자들은 교수학습방법의 수행 속에서 학생들의 수면의 질을 확보할 수 있는 방법들을 체계적으로 강구하는 노력이 필요하다. 또한 학교 내 교수학습방법적인 접근을 넘어서서, 수면의 양과 질을 확보할 수 있는 교육환경의 조성을 위한 커리큘럼의 제시 및 가정과의 연계를 통한 청소년들의 체계적인 수면의 질 관리 등의 다양한 노력도 유용할 것이다.

(4) 전이

인지주의 학습이론에서 강조하는 이해를 통한 학습은 기계적인 암기학습보다 상대적으로 더욱 파지가 잘되고 전이가 잘 일어난다. 전이(transfer)는 특정 상황에서 학습한 지식을 다른 맥락이나 조건에서도 적용할 수 있음을 의미한다. 즉, 하나의 유형의 문제를 해결하는 데 사용한 지식과 전략을 다른 문제를 해결하는 데에도 적용할 수 있는 것을 전이라고 한다(Detterman & Sternberg, 1993; Gentili, 2000; Schunk, 1991). 이해력은 규칙, 개념, 변별화 등의 형식을 통하여 지식으로 구성된다. 지식이 기억으로 저장되는 것은 중요하지만, 이와 같은 지식을 활용하는 것 또한 매우 중요하다. 사전 지식은 그 자체와 새로운 정보 간의 유사점과 차이점을 규명하면서 더욱 명확해진다(Duffy & Jonassen, 1991).

학습의 주요 변인들을 고려하여 수업을 어떻게 조직할지를 설명하는 Robert Gagne의 학습조건이론에서 학습의 전이는 핵심 요인이다. Gagne에 따르면 전이는 동일 요소 또는 매우 유사한 요소가 존재할 때에 발생한다. 전이를 수직 전이와 수평 전이로 나눌 때에 수직 전이는 하위의 학습위계에서 학습내용을 학습함으로써 능력이 발전되어서, 이후 상위 학습내용의 학습을 촉진시켜 주는 것을 가리킨다. 또한 Gagne는 수평전이도 다루는데 수평전이는 하나의 영역에서 학습된 능력이 같은 위계 수준의 학습내용의 학습을 촉진시켜 주는 것을 의미한다. Gagne는 학습의 단계를 크게 세 개의 장으로 나누고 총 9단계를 제시한다. 전이는 그중 세 번째

장에 해당한다. Gagne가 나누는 학습의 장은, 첫째, 학습을 위한 준비, 둘째, 학습내용의 획득과 수행, 셋째, 재생과 전이이다(Gagne, 1970; Gagne, Briggs, & Wager, 1988).

3. Bandura 사회학습이론

스탠퍼드 대학교의 Albert Bandura(1977)는 사회학습이론을 제시하였다. 사회학습이론은 인간의 행동이 환경에 의하여 영향을 받는다는 것을 인정하는 점은 행동주의 심리학과 통한다. 그러나 사회학습이론은 인간의 행동이 환경적 영향도 받지만, 인간의 인지적 능력, 인지적 처리 과정, 신념과 태도 등의 내적인 요소들과 상호작용하여 결정된다고 주장한다. 즉, 인간의 행동은 환경에 의하여 동기화되지만, 여기에 인지적 요인 등의 내적인 요소에 의하여 중재되면서 학습이 이루어진다고 본다. 행동주의 이론은 인간을 수동적인 존재로 여기지만, 사회학습이론은 인간이 본인의 의지로 사고할 수 있는 능동적인 존재라고 전제한다. 즉, 인간은 능동적인 정보처리자로서, 인간의 행동은 자기효능감을 달성하는 방향으로 나아간다. 새로운 행동의 학습은 외적인 강화가 없어도 발생할 수 있다.

Skinner의 조작적 조건화 이론은 학습자의 직접 체험을 통하여 학습이 이루어짐을 강조하지만, Bandura는 본인이 직접 체험하지 않아도 사회적 상황에서 타인을 관찰하는 것만으로도 학습이 이루어질 수 있음을 강조한다. Bandura는 아동들이 능동적으로 주변 사람들의 행동을 다양하게 관찰하고 모방하는 과정을 통하여 학습한다고 제시한다. 이와 같이 학습자가 관찰하는 대상을 '모델'이라고 부르며, 아동들에게 영향을 주는 모델은 다양하다. 이를테면 아동들은 부모, TV 출연자들, 또래 친구들, 교사들의 영향을 받는다. 학습자들은 이들 모델들을 관찰하고 모방하면서 학습한다.

관찰학습의 과정은 다음의 4단계를 거친다(Bandura, 1977).

① 주의(attention): 모델의 행동을 관찰하기 전에, 해당 행동에 주의를 기울이는 단계. 일상의 많은 행동 중에서 우리가 주의를 기울이는 행동을 모방하여 학습하게 되므로, 주의 과정은 매우 중요함

② 파지(retention): 주의 단계에서 얻은 정보를 어떻게 잘 기억하는가의 단계. 학습자가 특정 행동에 주의를 기울이거나, 모방하여 곧바로 따라 했다고 해도 이를 모두 기억하는 것은 아님. 기억은 시간을 두고 이루어지며 사회적 학습이 일어나기 위한 핵심적인 단계임

③ 재생(reproduction): 내면에 기억하는 것들을 행동으로 옮기는 단계. 우리는 일상에서 많은 행동을 관찰하게 되고, 모방하고 싶어 함. 그러나 우리는 자신의 능력에 비추어서 재생 가능 여부를 판단하고, 행동에 옮김. 반복하고 연습할수록 반응 패턴으로 조직화될 확률이 높음

④ 동기화(motivation): 특정 행동을 수행하려는 의지, 욕구. 강화를 통해서 특정 행동을 실제로 하게 되는 단계. 강화는 직접강화와 대리강화로 분류할 수 있음. 직접강화는 행동에 대한 직접적인 결과로 해당 행동이 강화되는 것. 대리강화(vicarious reinforcement)는 타인의 강화를 관찰하여 본인도 해당 행동을 하게 되는 것. 이를테면 타인의 강화를 관찰할 때에, 해당 강화의 유인가가 충분하면 학습자는 해당 행동을 모방하여 실제로 하게 됨

Bandura의 사회인지이론(social-cognitive theory)은 관찰학습을 강조하며, 또한 학습자의 환경을 중요하게 다룬다. 사회학습이론은 사회적인 목표 행동이라고 불리는 공격성, 성역할, 친사회적 행동 등이 어떻게 학습되는지의 과정을 제시하였다. 특히 아동들은 주요 타인들의 행동으로부터 강한 영향을 받고 모방하므로, 성인들의 본보기가 매우 중요하다고 강조한다. Bandura의 사회인지이론은 자기효능감(self-efficacy) 이론을 통하여, 동기와 학습의 예측자를 밝혀내는 데 초점을 두었다.

자기효능감은 주어진 과업을 해결하기 위하여 요구되는 일련의 행동

들을 조직하고 실행할 수 있다는 스스로의 능력에 대한 믿음(belief)이라고 정의할 수 있다. 다시 말해서 자기효능감은 자신의 유능성에 대한 스스로의 지각(perceived competence)과 인과귀인을 연결하는 개념이다(Baudura, 1993; 1997). 자기효능감은 영역과 과제에 대하여 구체적이다. 이를테면 같은 사람이 특정 영역에서는 매우 우수하지만, 다른 영역에서는 부족할 수 있다. 자기효능감은 행동에 영향을 줄 뿐 아니라, 환경의 영향을 받기도 한다(Schunk & Meece, 2006). Bandura(1982)에 따르면 우리가 역경과 위험을 뛰어넘을 수 있다고 스스로에 대해서 확신하면 할수록 우리는 더욱 강하게 도전(challenge)을 하게 된다. 동시에 역경에 의해서 위협을 받거나 위협에 굴복하지 않게 된다.

자기효능감은 사람들이 자신의 목표를 추구할 때에 발생하는 동기적이고 자발적(volitional) 과정이다(Pajares, 2002). 특히 학습자가 지지적인 환경을 지각하면 동기, 관여, 성취 등의 학습성과가 향상된다. 이를테면 학생들이 교사가 지지적이라고 지각하면 학생들의 자기효능감이 높아진다. 학생들의 향상된 자기효능감은 다시 학생들의 정서적, 인지적 관여(engagement)를 높이고, 학교에서의 성취도 향상시킨다(Skinner, Kindermann, Connell, & Welborn, 2009). 자기효능감은 자기조절(self-regulation)과 밀접한 정적 관련을 갖는 것으로 보고되고 있다. 다시 말해서 자기효능감이 높을수록 자기조절력이 증가한다(Anderson, Wojcik, Winett, & Williamsn, 2006; Schunk & Ertmer, 2000). 자기효능감은 자기조절(self-regulation) 과정 중 목표설정(goal setting)에서 핵심 기능(Locke & Latham, 2002)을 한다. 자기효능감이 높은 사람들은 과제 수행에 더욱 적극적이고, 과제에 더욱 강한 끈기를 보인다. 학업상황에서 자기효능감, 즉 학업적 자기효능감은 학업성취도의 강력한 예언자로 연구되고 있다(Judge & Bono, 2001; Pajares, 1996; Zimmerman, 2000).

제6장

주요 교수학습방법 개관

이 장에서는 교수학습방법과 관련한 뇌과학과 동기이론 및 학습이론들을 기반으로 주요 교수학습방법들을 살펴본다. 다양한 교수학습방법이 있지만, 성공적인 교수학습방법이 되기 위해서는 다음을 고려해야 한다.

1. 강의식 교수학습방법

1) 강의식 교수학습방법의 흐름

흔히 가르친다(teaching)고 하면 강의한다(lecturing)로 받아들일 만큼 강의식 교수학습방법은 보편적인 교수법이다. 강의식 교수법은 동서양을 막론하고 가장 오래된 고전적인 교수방법이다. 우리의 서당에서 이루어졌던 교수법도 강의식 교수법이고, 기원전 플라톤의 아카데미아에서부터 활용되어 온 방법도, 고대 희랍의 웅변도, 로마시대의 수사학 교수법도 모두 강의식 교수법과 통한다. 수사학 교수법의 교화적이고 기계적인 교수법에 대하여 대안으로 제시된 것이 소크라테스식 변증법적 교수법이다. 소크라테스 교수법은 지식이란 행동하는 지식이어야 한다고 주장하면서 수사학 교수법의 맹목적인 암송과 습관화를 비판하였다. 소크라테스는 '나는 아무것도 모른다. 나는 단지 내가 모른다는 것을 알 뿐이다.'의 '무지의 지혜'를 바탕으로 문답법식 교수법을 제시하였다. 소크라테스의 문답법은 권유법(exhortation)과 대화법(conversation)을 통하여 변증법적 자기 검증(dialectical self-examination)을 할 수 있도록 구성된다. 변증법적 자기 검증은 개념에 대한 정의와 개념들 간의 관계를 학습자가 논리적으로 스스로 검증하게 하는 방법이다. 교수자는 학습자가 배워야 할 특정 개념에 대하여 끊임없이 질문을 던지면서 수업을 진행한다. 소크라테스 문답법 교수법의 전통은 지금까지도 대학원의 학생들 연구지도 등에 남아 있다.

2) 강의식 교수학습방법의 가치와 제한점

강의식 교수법의 오랜 전통에도 불구하고 강의식 교수방법에 대한 평가는 다분히 부정적이다. 많은 경우에 강의식 교수법은 비교육적인 것으로 여겨진다. 특히 우리나라의 경우, 교육의 문제점들이 입시위주의 강의식/주입식 일변도의 교육이 수십 년 동안 비난의 대상이 되어 왔다. 실제로 일부에서는 강의식 교수학습방법이 토의식 교수법에 비하여 높은 수준의 인지적 목표를 달성하지 못한다거나, 정보의 파지(retention)가 짧다거나, 지식의 전이(transfer)가 약하다거나, 문제해결능력이나 태도의 변화 등에서 뒤진다고 제시한다(Cashin 1985; Svinicki & McKeachie, 2014). 또한 강의식 교수법은 능동적 학습에 비해서 유의미한 배움, 상호작용, 내용의 숙고 등에서 뒤처진다고 비판을 받는다(Meyers & Jones, 1993). 반면, 일부 연구들은 실제로 실증적인 분석을 해 보면 토의식 수업이나 문제해결학습이 강의식 교수법에 비하여 통계적으로 유의미한 효과가 나타나지 않는다고 제시한다. 이를테면 의치간호대 교육에서 많은 주목을 받고 있는 문제해결학습(Problem Based Learning: PBL) 강의식 교수법의 효과를 비교한 연구에 따르면, 비만에 대한 개념을 강의식과 문제해결학습으로 학습한 경우를 비교하였을 때에 성취도에서 통계적으로 유의미한 차이가 없었다(Beers, 2005).

강의식 교수법의 효과 혹은 부작용에 대한 논쟁들이 이어진다고 해도,

여기에서 중요한 점 한 가지는 강의식 교수학습방법이 다른 교수학습방법들의 기반이 되어 준다는 것이다. 이를테면 교수자가 토의식 교수학습방법을 실시한다고 해도 토의식 수업의 앞과 뒤에는 교수자의 강의가 들어가게 된다. 즉, 토의식 수업의 앞부분에서는 학습자들이 어떠한 맥락에서 왜 토의를 하는지에 대한 교수자의 강의가 들어간다. 또한 토의의 진행방식, 각자의 역할, 규정 등에 대하여 교수자가 강의를 하게 된다. 토의를 마치고 나면 학생들의 의견을 수렴하고 종합적으로 정리하면서 강의를 하는 것도 교수자의 몫이다. 우리가 어떠한 교수학습방법을 선택하든지 해당 교수법을 수행하기 위하여, 부분적으로라도 강의식 교수학습방법이 필요하다. 그러므로 이 절에서는 강의식 교수법의 강점과 제한점을 살펴보고, 강의식 교수법의 장점을 더욱 강조할 수 있는 방법에 대해서 생각해 보겠다.

강의식 교수학습방법의 주요 강점은 다음과 같다. 첫째, 강의식 교수법은 효율적이다. 강의식 교수법은 복잡한 체계를 지닌 지식, 방대한 양의 지식을 전달하는 데에 특히 효과적이다. 경험이 많은 교수자가 내용을 잘 요약/정리하여 한 시간 강의를 해 주면, 학습자 혼자서 며칠 동안 책을 읽어도 파악하기 어려운 내용을 일목요연하게 이해할 수 있게 된다. 만약 체험학습으로 배우면 하루 종일 혹은 혹은 여러 날이 걸릴 내용을 강의식 교수법으로는 한 시간에 정리할 수도 있다. 강의식 교수법은 어려운 내용을 쉽게 풀어서 체계적으로 가르치는 데에 효과적이다.

둘째, 학생들이 책이나 유인물을 스스로 읽어 방대한 양의 지식을 이해하는 것보다, 교수자의 강의를 듣고 읽어 보는 것이 훨씬 이해가 빠르다. 강의를 들으면 학생들이 자신의 읽을 자료에 대하여 구조와 기대를 가지게 되어, 책을 더욱 효과적으로 읽게 된다. 우리가 책을 읽으면서 무엇인가를 이해하는 정도는, 우리가 읽을 자료에 대해서 얼마나 기대를 하는지에 따라 좌우되기 때문이다(Svinicki & McKeachie, 2014). 그러므로 강의와 책 읽기는, 강의를 통하여 책에 기대를 갖게 되고, 책을 읽음으로써 강의가 더욱 흥미로워지는 유기적 상호관계를 갖게 된다.

셋째, 강의식 교수법은 최신의 정보를 담을 수 있다. 강의가 없었다면 학생들은 교재를 사용하여 공부하게 될 것이다. 그런데 아무리 최근에 발간된 책이라고 해도, 학습자들이 책을 읽을 때에는 이미 해당 책에 수록된 논문들이나 내용들은 이미 저널에 발표한 지 상당 시간이 지날 수밖에 없다. 2019년에 발간된 책에 포함되어 있는 연구들 중 가장 최신 논문들이라고 해도, 수개월~1년 전의 연구이다. 그러나 강의식 교수법은 최신의 자료, 최신의 지식을 실시간으로 포함할 수 있다는 이점이 있다.

넷째, 강의식 교수법은 학습자들에게 특정한 가치나 태도를 고취시키는 데에 효과적이다. 교수자가 학생들의 얼굴을 바라보면서 열정적으로 강의를 할 때에 교수자의 강의는 설득력을 갖는다. 강의의 내용도 중요하지만, 교수자의 얼굴 표정, 눈빛, 몸 동작, 목소리 등도 학생들의 동기를 유발한다. 교수자와 학습자가 열정적인 강의를 통하여 만날 때에, 순간적으로 영혼과 영혼이 만나는 순간, 영혼의 공명(resonance)의 순간이 오기도 한다. 교수자의 기대를 넘어서는 엄청난 교육의 효과가 나타나기도 한다.

다섯째, 교수자의 강의를 통하여 학생들은 정교화된(elaborated) 언어와 커뮤니케이션 기술, 과학적이고 합리적인 사고방식, 인격적인 만남 등의 경험을 갖게 된다. 특히 열악한 교육적 환경, 롤모델이 거의 없는 지역의 학생들에게 교수자의 긍정적인 영향력은 엄청나다. 일부에서는 협동학습의 다양한 긍정적 효과를 인정하면서도, 협동학습의 동료 간 학습(peer instruction) 시간 때문에, 교수자의 정교한 언어를 접하는 시간이 줄어드는 것이 협동학습의 결정적인 제한점이라고 지적한다. 그만큼 교수자의 다듬어진 강의는 학생들에게 영향력을 갖는다.

강의식 교수법이 이와 같은 강점들을 갖는 반면, 다음과 같은 몇 가지 제한점들도 있다. 첫째, 강의식 교수법의 가장 큰 단점은 '수동적인 학습'이 이루어지기 쉽다는 것이다. 가장 흔한 강의식 수업의 형태는 교수자는 설명하고 학습자는 받아 적고 외운다. 능력 있는 교수자가 조직적으로 잘 정리해 주는 방대한 지식을 학생들은 비판의식 없이 그대로 받아들여서 외운다. 수동적인 학습이 이루어지므로 강의식 교수법은 단순한 지식을 이해하는 데에 유용하며, 고차원적인 사고력을 향상시키는 데에는 적절하지 않다.

둘째, 강의식 교수법은 권위적 분위기가 형성되어 교수자와 학습자가 수직적인 관계에 놓이기 쉽다. 이러한 분위기에서는 비판과 반론, 논쟁을 통한 고차원적 사고의 발달, 창의성 발달이 어렵다.

셋째, 강의식 교수법은 교수자의 역량에 성패가 달려 있다. 다른 교수학습방법들도 교수자의 역할이 중요하지만, 교수자 중심의 강의식 교수법은 특히 교수자의 역할이 절대적이다. 그러므로 교수자 한 사람의 교수능력이 낮거나, 의욕이 저조하면 해당 수업 전체가 실패한다는 단점이 있다.

넷째, 토의식 수업이나 협동학습 등에 비하여 강의식 교수법은 정보원이 교수자 하나로 단일하다. 교수자가 참고자료들을 제시한다고 해도, 이 역시 교수자로부터 나온 정보이다. 또래의 학생들 여럿이 정보원이 되어주는 수업에 비하여 교육내용의 다양성이 낮다.

3) 강의 준비

강의를 준비할 때에는 다음과 같은 점들을 유의한다. 첫째, 강의의 핵심기능은 가르치려는 지식의 구조(structure of knowledge)와 학습자의 마음에 이미 알고 있는 것을 연결하는 다리 역할이다. 그러므로 강의를 준비할 때에 학습자가 이미 알고 있는 것이 무엇인지 파악하고 이를 가르치려는 내용과 연결하는 것이 필요하다. 즉, 학생들이 이미 학습한 지식에, 새로운 지식을 제대로 연결하여 한 차원 더 높은 수준의 학습으로 발전할 수 있도록 이끄는 것이 중요하다. 그러므로 강의를 준비할 때에 해당 주제와 관련하여 학습자가 이미 배운 개념들이 어떠한 것인지를 제대로 알아보는 것이 필요하다.

둘째, 효과적인 강의 준비를 위하여 이번 학기, 이번 학년에 본 과목을 배울 학생들이 어떠한 학생들인지 파악한다. 학생들의 교육문화적 배경들을 알아보고, 어떠한 다양성과 공통점 및 특성이 있는지 파악한다. 학생들의 장래 커리어 개발에 대한 계획이나 열망, 두려움 등에 대해서도 파악하면 큰 도움이 된다. 학생들을 다면적으로 이해하고 있으면, 해당 강좌에서 가르치려는 내용을 정할 때에 큰 참고사항이 된다. 커리큘럼의 틀과 교재 등이 정해져 있는 중등교육에서도, 강의의 세부 항목이나 예시를 들 때에 직접적인 도움을 받을 수 있다. 이러한 준비 과정을 통하여 교수자는 학생들과 '상호작용'하는 수업을 위한 기초를 쌓게 된다. 학생들이 해당 수업을 통하여 기대하는 바가 무엇인지를 이해하려고 노력하면서 강의를 준비하는 것과, 교수자 자신이 전달하여야 한다고 생각하는 바를 일방적으로 전달하는 것은 수업의 효과 측면에서 큰 차이가 나타난다.

셋째, 강의의 핵심, 해당 주제의 지식의 구조를 중심으로 강의 핵심노트를 준비한다. 강의의 핵심 파악을 위해서는, 본인이 가르치고 싶은 내용을 다 쏟아 놓고 해당 강의 내용을 ① 핵심(essential) 내용, ② 중요한 내용, ③ 도움이 되는 내용으로 분류한다. 그다음은 '핵심' 내용만 남기고 나머지는 과감하게 제외한다. 그러면 핵심 내용, 지식의 구조(structure of knowledge)가 되는 내용을, 형태를 바꾸어 가며 반복하여 가르칠 수 있는 시간이 나온다. 가장 근간이 되는 내용들을 확실하게 가르치면, 나머지 세세한 내용들의 가지치기는 학생들이 스스로 할 수 있다. 지식의 전이(transfer)가 일어날 수 있도록 해 주는 강의가 가능한 것이다. 그런데 중요한 내용, 도움이 되는 내용들을 같이 강의록에 넣으면, 핵심내용을 가르칠 수 있는 시간이 자동적으로 줄어들어서, 도리어 학생들의 깊이 있는 내용 이해가 이루어지기 어렵게 된다. 잘 가르치는 교수자들은 핵심내용이 무엇인지 제대로 파악하여, 핵심 위주로 가르친다.

강의의 핵심을 요약할 수 있다는 것은 강의 준비가 거의 마무리되었다는 의미이다. 이를테면 학생들의 논문도 준비가 다 되면, 비로소 자신의 논문의 핵심을 이야기할 수 있다. 아직 한창 논문 준비 중인 학생들은 자신의 논문임에도, 지금 열심히 작성 중임에도 논문의 핵심들을 제대로 말하지 못한다. 마찬가지로 교수자도 강의에서 다룰 내용을 다 쏟아 놓고 강의가 다 준비한 다음이라야 강의의 핵심 사항을 조직적으로 정리한 강의노트를 준비할 수 있다. 핵심 사항 강의노트로 강의 준비를 마무리한다.

효과적인 강의를 위한 준비 전략을 다시 정리하면 다음과 같다. 첫째, 명강의는 학생과의 '상호작용'을 향상시키려는 노력 속에서 이루어진다. 항상 학생과의 효과적인 상호작용을 적극적으로 갖도록 강의를 조직하고 실시한다. 둘째, 강의는 학생들의 주의력 유지, 집중유지가 관건이다. 학생들의 주의력을 계속 끌 수 있도록 강의를 준비해야 한다. 셋째, 강의는 어려운 내용을 쉽게 풀어서 전달하여 학생들이 이해하기 쉽도록 하는 과정이다. 그러므로 간단 명료하게 강의를 할 수 있도록 준비하는 것이 필요하다.

4) 효과적인 강의의 실시

효과적인 강의의 실시를 강의의 시작, 강의 중 내용 전달, 강의 실시전략, 강의 마무리로 나누어서 살펴보면 다음과 같다.

(1) 강의의 시작

① 강의 10분 전, 강의는 이미 시작되었다. 강의를 시작하기 전에 강의의 시작부터 마무리까지 머릿속에 한번 그려 보고 강의를 시작하는 것이 효과적이다. 교수자가 강의를 자신감 있게 시작하면 전체 강의가 성공적으로 전개될 가능성이 매우 높아진다.

② 강의 시작 전부터 교수자는 강의실에 도착해서 학생들의 질문을 받아 주거나 대화를 나누기를 권한다. 교수자가 강의 시작 전에 강의실에 와서 질문을 받는 것을 한두 학생이 알게 되면, 학생들 중에 일부러 일찍 도착하는 학생들도 생긴다. 대화를 나누는 학생들은 물론이고, 이러한 상호작용을 바라보기만 하는 학생들까지도 교수자와의

상호작용이 향상된다. 교수자의 강의에 열의가 있다고 느낀다. 학생들이 교수자의 열의를 느끼면 이미 이 강의는 성공하기 시작한 것이다.

③ 강의의 시작은 중요하다. 강의의 시작은 강의에 대한 흥미와 기대감을 높여 주면서, 해당 강의를 통하여 학생들이 무엇을 얻어 갈 수 있는지에 대한 청사진을 제시하여야 한다. 강의의 시작은 한 마디의 말일 수도 있고, 예화, 시사 이슈, 사진 등일 수도 있다. 첫 학기 강의의 시작에서 강의의 시작에서 교수자는 긍정적 자기제시를 통하여 학생들의 존경과 호감을 이끌어 간다. 한 차시 강의의 시작은 학생들의 주의를 끄는 기능을 하여야 하고, 오늘 다룰 내용에 대한 개관을 포함하여야 한다.

④ 첫 강의를 하는 날, 강의를 짧게 끝내거나 이름만 부르고 마치는 것 등은 바람직하지 않다. 학생들이 해당 강의를 쉬운 강의로 여기도록 만들기 때문이다. 첫인상은 영향력이 크다. 첫 강의를 하는 날, 해당 과목, 해당 강좌의 가장 본질적인 주제에 대해서 설명하여 준다. 우리가 한 학기, 한 학년 동안 배우는 내용이 어떠한 학문적 배경 속에서 생겨난 것인지를 알도록 해 준다. 최신 연구동향이나 학회 등에 대한 이야기도 해 준다. 이와 같은 내용 속에서 교수자의 개인적 관여(personal involvement)를 최대한 넣어 준다. 예를 들어, 지난 여름에 교수자가 다녀온 학회, 워크숍, 거기에서 다룬 학자들의 이론, 최신 연구결과, 혹은 직접 만난 학자들의 이야기를 섞어 가면서 교재의 내용과 연결하여 설명하여 준다. 학생들의 강좌에 대한 기대와 흥미는 높아져 간다.

(2) 강의 중 내용 전달

① 복잡하고 어려운 내용을 쉽게 풀어서 학생들이 이해하기 쉽도록 전달한다. 어려운 내용을 쉽게 설명하기, 이것이 학습자와의 가장 훌륭한 상호작용이다. 교수자가 아무리 다른 것들을 잘해 준다고 해도,

본인의 과목을 잘 가르치지 못한다면 기본이 흔들리는 것이다. 학습자가 기존에 알고 있는 것과 새로이 전달하는 지식을 효과적으로 연결하여, 어려운 내용을 이해하기 쉽게 설명한다.

② 강의식 교수법은 기본적으로 연역법이 효과적이다. 강의를 시작할 때에 주요 개념을 세 개 정도로 나누고 각 개념에 대하여 핵심 내용을 개관하여 준다. 연역적으로 핵심 내용을 제시하면, 학습자들이 하위 개념들을 학습할 때에 프라이밍(priming) 효과에 의하여 내용의 이해가 훨씬 쉽다.

③ 강의식 교수법에는 최선의 법칙(primacy effect)도 적용된다. 최선의 법칙은 사람들이 특정 사건의 가장 앞부분을 오랫동안 기억한다는 것이다. 그러므로 중요한 사항들은 강의의 앞부분에 투입하는 것이 효과적이다. 가장 중요한 개념들, 혹은 핵심 개념들의 요약 등을 제일 앞부분에 넣는 것이 바람직하다.

④ 강의식 교수법에서 중요한 내용에 대한 설명은 아무리 반복해도 지나침이 없다. 교수자에게는 해당 내용이 일종의 제2의 천성(second nature)이 되어 버릴 만큼 당연한 것이어도, 학생들은 이해하기 어려울 때가 많다. 오랫동안 가르치는 생활을 해 온 교수자는 때때로 새로운 것을 배우는 일에 도전하기 권한다. 본인이 학생이 되어서 몇 시간씩 의자에 앉아서 강의를 듣다 보면, '이제부터 어떻게 강의할 것인가'에 대한 답이 술술 나온다.

(3) 강의 실시전략

① 쉽게 설명하기 위해서는 보통 빠르기보다 약간 느리게 강의하는 기분으로 속도를 잡는다. 목소리가 높아지면 빨라진다. 말하기가 빨라지면 목소리가 높아지기 쉽다. 그러므로 보통의 높이 보다 약간 낮은 톤으로 강의를 하는 것도 전략이다. 목소리 톤을 낮추면, 목소리 크기도 커진다.

② 목소리의 변환(variation)을 활용한다. 이를테면 계속 낮은 톤으로 강의했다면 중요한 내용을 강조할 때에 목소리 높이를 높이면 효과적이다. 반대로 목소리 톤이 높은 편이라면, 중요한 내용에서 갑자기 목소리 높이를 낮추는 것이 효과적이다.

③ 교수자의 목소리와 몸짓도 강의의 전달력에 영향을 준다. 중요한 내용을 강조할 때에는 목소리를 크게 한다든지, 몸짓도 크게 한다. 평상적인 내용을 강의할 때에도 몸짓을 크게 한다거나, 목소리를 높이면 학습자가 혼동할 수 있다. 평상적인 내용은 몸짓을 하지 않는다. 한 번씩 몸짓을 크게 해야 강조가 제대로 된다. 목소리 크기도 마찬가지이다. 계속 매우 크게 강의하는 것보다, 보통의 목소리 크기보다 약간 큰 정도로 강의를 하다가, 정말 강조할 부분에서 큰 목소리를 내는 것이 효과적이다.

④ 얼굴 표정도 강의의 전달력에 중요하다. 중요한 내용을 전달할 때, 비장한 내용, 행복한 내용에 따라서 표정을 다양하게 하면 강의가 훨씬 활기차게 되고, 학생들의 강의 이해도도 높아진다. 무표정한 강의, 딱딱한 표정의 강의 등은 금물이다.

⑤ Bob Pike의 90/20/8 법칙에서도 제시하듯이, 학습자들은 90분의 강의를 들으면 정작 제대로 집중하는 것은 20분 정도이다. 약 8분에 한 번 정도는 장면의 전환이 필요하다. 계속 책만 읽거나, 판서만 하거나, ppt만 보여 주는 것보다는 학생들의 활동을 한번씩 바꾸어 주는 것이 도움이 된다. 책을 읽다가 ppt를 보는 것도 장면의 전환이고, ppt를 보다가 4인 1조로 소집단 토의를 하는 것도 장면의 전환이다.

⑥ 강의의 전달력을 높이기 위하여 각종 매체나 보조도구를 활용하는 것은 권장할 만하다. 다만, 한 가지 주의할 점은 이들은 보조도구일 뿐이라는 점이다. 본인의 ppt가 본인의 강의를 압도하거나 방해하는 경우들이 생기지 않도록 유의할 필요가 있다. 이를테면 지나치게 많은 양의 ppt, 화려한 ppt, 빠른 속도의 ppt 등은 자신의 ppt가 강의를

방해하는 예이다.

(4) 강의 마무리

① 강의는 정시에 마쳐야 한다. 강의의 끝 종이 울림과 동시에 학생들의 영혼은 더 이상 교실에 있지 않다. 학생들의 영혼은 복도로, 운동장으로, 친구 곁이나 도시락으로 이미 날아갔다. 강의는 정시에 마쳐야 한다. 학생들은 해당 수업이 끝난 후, 100미터를 달려가 운동장 끝에 모여야 할 수도 있고, 미처 다 못한 수학 숙제를 마무리해야 할 수도 있다. 너무나 배가 고파서 삼십 분 전부터 끝 종 울리기만 기다리고 있었을 수도 있다. 1분만 더해도 학생들에게는 한 시간처럼 길게 느껴질 것이다. 강의는 정시에 마쳐야 한다.

② 강의의 마무리도 준비해야 한다. 많은 교수자가 강의의 시작은 준비하면서 강의의 마무리는 준비하지 않는다. 강의의 시작처럼 마무리도 중요하다. 강의의 마무리에는 본 강의에서 다른 핵심사항들의 요약 정리와 다음 시간에 대한 예고와 읽기 과제 등이 담겨 있어야 한다.

③ 강의는 자신감 있게 마무리한다(Speak up!). 강의를 잘해 놓고, 마무리를 하지 않으면 효과가 반감된다. 오늘 전달한 내용의 핵심 내용으로 힘 있게 강의를 마친다. 그러면 학생들이 강의 내용을 훨씬 잘 기억한다.

④ 이 모든 노력을 쏟아부으면 학생들은 교수자의 강의를 '상호작용이 살아 있는 열의 있는 강의'라고 기억할 것이다. 그것이 명강의이고 성공적인 강의이다.

5) 어려운 내용을 쉽게 강의하는 전략

(1) 간단한 문장을 사용하라

간단한 문장은 귀에 잘 들린다. 간단할수록 좋은 문장이다. 장황한 문장은 금물이다. 수동태보다는 능동태의 자연스러운 문장이 바람직하다.

(2) 구어체로 말하라

강의는 귀로 듣고, 글은 눈으로 읽는다. 그러므로 강의를 할 때에는 귀에 잘 들리도록, 이야기하듯 자연스럽게 '구어체'로 강의해야 잘 들린다. 교재 연구를 하다가, 좋은 문장들을 그대로 외워서 강의하면 훌륭한 강의가 될까? 그렇지 않다. 문어체를 그대로 외워서 말로써 강의하면 어색하다.

(3) 익숙한 단어를 사용하라

평상시에 사용하는 짧고 간결한 단어를 사용하는 것이 강의에 적절하다. 낯선 전문적인 용어를 사용하여야 할 때에는, 일상용어로 바꾸어서 사용하는 것이 바람직하다.

(4) 추상적인 단어보다는 구체적인 단어를 활용하라

구체적인 단어는 강의의 방향성을 명확하게 해 준다. 구체적인 단어는 효과적인 이미지를 만들 수 있도록 도와준다. 청중은 추상적인 단어보다 구체적인 단어에 더욱 관심을 나타낸다. 추상적인 단어는 특정 개념을 설명할 때에 필요하지만, 구체적인 단어보다 이해하기 어렵다.

(5) 진부한 표현보다 참신한 표현을 활용하라

'삼천리 반도 금수강산', '설상가상' 등의 진부한 표현은 강의를 지루하게 만든다. 이보다는 일상적인 용어이면서도 참신한 단어들로 바꾸는 편이 낫다. 예를 들어서 '자연이 인상적인 우리나라', '안 좋은 일이 연속하여 생기다 보니'로 표현하는 것이 바람직하다(임태섭, 2004).

2. 유의미 수용학습

유의미 수용학습은 David P. Ausubel(1963)이 제안한 교수방법으로서 선행조직자(advanced organizr)를 활용한 교수법이다. 행동주의 심리학이 주류이던 1960년대에 Ausubel은 인지심리학적인 학습을 다루었다. 유의미 수용학습은 ① 지식이 어떻게 조직되는가(교육과정내용), ② 새로운 정보를 처리하기 위하여 인간의 정신은 어떻게 작용하는가(학습), ③ 교사가 새로운 교육내용을 학생들에게 제시할 때에 교육과정과 학습에 대한 개념들을 어떻게 적용할 것인가 등을 다룬다(Joyce & Weil, 1996).

유의미 수용학습은 학습자가 자신이 이미 알고 있던 지식과 새로이 배우는 내용을 연결하여, 학습자의 기존 인지구조에 새로운 내용이 포섭될 때 일어난다. 즉, 유의미 수용학습을 통하여 학습자의 인지구조는 더욱 강화된다. 흔히 강의식 교수방법은 기계적인 학습이다, 수동적인 학습자를 양산한다는 비판을 받는다. 유의미 수용학습은 강의식 교수법이 보다 능동적인 학습이 가능하도록 고안된 것이다.

1) 선행조직자 기본 이론

Ausubel이 제시한 선행조직자는 학습에 앞서 제시되는 자료로서, 학습자가 기존에 알고 있는 내용과 앞으로 배울 내용을 연결시키는 일종의 다리 역할을 한다. 즉, 선행조직자는 새로운 지식의 통합을 촉진할 개념적 구조를 학습자의 인지구조 내에 형성한다. 선행조직자가 기존의 지식과 새로운 지식을 통합해 주어서, 학습자가 새로이 배우는 새로운 내용에 '의미'가 생기게 된다. Ausubel에 따르면, 선행조직자는 학습자가 배우는 내용보다 포괄성, 일반성, 추상성이 높은 자료이다. 선행조직자는 단순히 앞으로 배울 내용을 요약하거나, 개관한 것이 아니다. 보다 높은 수준의 상위개념을 제시하면서, 앞으로 배울 새로운 내용과의 연결을 통하여, 새로운 내용을 유의미하게 포섭하는 것이다. 즉, 선행조직자는 인지구조의 안정성과 명료성을 높여서 학습을 촉진한다. 선행조직자를 제시하면 학습은 촉진되고 망각적 포섭은 느려진다. 그러므로 선행조직자를 제시하면 사실적 내용에 대한 재생의 양이 증가하고, 학습과 파지도 오래 유지된다.

Ausubel이 제시한 선행조직자의 예시는 다음과 같다. 그는 1960년 12명의 대학생을 대상으로 선행조직자의 효과를 연구하였다. 그가 제시한 교재는 '탄소철의 야금술적 성질'이라는 내용이었다. 실험군에 제시한 선행조직자는 500단어로 된 짧은 글로서 다음과 같은 내용을 포함한다. ① 금속과 합금의 유사점과 차이점, ② 합금의 이점과 단점, ③ 합금을 만들게 된 이유 등을 포함했다. 반면에 통제집단도 500단어로 된 같은 분량의 글을 읽었다. 통제집단이 읽은 글의 내용은 단순히 탄소철 제조의 역사적 배경을 서술한 문장으로 선행조직자가 포함되어 있지 않았다. 즉, 이 글은 해당 학습과제의 내용와 관련한 상위개념을 제시하지 않았고, 직접적인 관련성이 없는 같은 분량의 서술형 글이었다. 실험집단과 통제집단의 학생들은 새로운 내용을 학습하기에 앞서서 각기 주어진 글을 읽었다. 즉, 실험집단은 선행조직자를 읽었고, 통제집단은 같은 분량의 직접 관련성 없는 글을 읽었다. 학습 후, 사후검사를 하여 성적을 비교한 결과, 실험집단의 학생들이 통계적으로 유의미하게 높은 성적을 얻었다(Ausubel, 1960). Ausubel의 주장대로 새로운 학습 내용과 관련한 포섭개념을 사전에 도입하여 학습과 파지(retention)가 향상된 것이었다.

2) 선행조직자 관련 선행연구들

이후 1960년대부터 1970년대 말까지 Ausubel과 비슷한 연구설계로 선행조직자에 대한 많은 후속연구가 이루어졌으며 선행조직자의 효과를 입증하였다. Ausubel이 제시한 추상적, 포괄적 수준의 선행조직자뿐 아니라 구체적인 선행조직자도 학습을 촉진한다는 연구결과들도 나타났다. 구체적인 정보를 담고 있는 그림 조직자의 효과를 보인 연구(Bernard,

Petersen, & Ally, 1981), 구체적인 문장의 효과(Royer & Cable, 1975) 등이 보고되었다. 구체적인 선행조직자가 학습을 촉진하는 이유는 학습자가 사전 지식이 없는 경우, 추상적인 선행조직자보다는 구체적인 포섭개념이 더욱 효과를 나타내는 것으로 추정된다. 선행조직자는 학습능력이 높은 학생에게서 효과가 더욱 두드러지게 나타났다(Grotelueschen & Sjogren, 1968).

1970년대 말에 들어서 선행조직자의 구성, 제시방법, 사후검사 등이 더욱 다양하게 변화하였다. 비언어적 선행조직자, 즉 사진과 도표, 컴퓨터 프로그램 등으로 구성된 선행조직자도 시도되었다. 선행조직자를 제시한 후, 어느 정도 시간이 지연된 후 학습내용을 제시하는 것이 더욱 효과적이라는 주장도 제기되었다(Glover, Bullock, & Dietzer, 1990). 이는 반복가설(rehearse hypotheses)과 지연가설(delay hypotheses)의 논의 속에서 나온 주장이다. 반복가설은 선행조직자를 제시한 후, 교재가 제시될 때까지 선행조직자를 반복해서 연습하면 선행조직자의 효과가 증가한다는 주장이다. 반면에 지연가설은 선행조직자를 제시한 다음, 어느 정도 시간을 두고 학습할 내용을 제시하면 정보가 단기기억에서 피상적으로 처리되는 것을 막을 수 있다는 주장이다. 즉, 선행조직자를 제시한 다음, 지연하여 학습할 새로운 내용을 제시하여야 보다 깊은 수준의 정보처리가 가능하다는 것이다.

반면, 한편에서는 선행조직자의 효과에 대하여 의문을 제기하는 연구들이 나타나기 시작하였다. 일부 학자들은 선행조직자가 애매모호한 추상적인 개념이고, 선행조직자의 구성은 연구자의 직관에 의존한다고 비판하였다(Hartley & Davies, 1976). Barnes과 Clawson(1975)은 32개의 선행조직자 연구들을 분석하여 12개의 연구는 유의미하지만 20개의 연구들은 무의미하다고 보고하였다. 이들은 32개의 선행연구들을 메타분석하여 선행조직자는 학습을 촉진하지 못한다고 결론지었다.

이와 같은 비판에 대하여 Ausubel(1978)은 Barnes와 Clawson이 자

신의 선행조직자 논문을 제대로 읽었다면, 이와 같은 비판을 하기 어렵다고 반박하였다. Ausubel은 자신이 제시한 선행조직자의 조작적 근거(operational criteria)는 정확하다고 논박하였다. 선행조직자의 구성은 새로이 학습할 내용의 성격에 따라서, 학습자의 연령에 따라서, 새로이 배울 내용에 대한 친숙도 등에 따라서 달라진다고 제시하였다. Lawton과 Wanska(1977) 역시 Barnes와 Clawson의 연구에 대하여 반박하였다. Lawton과 Wanska는, 첫째, Barnes와 Clawson이 선행조직자 자체에 대한 이해가 불명확하고, 둘째, 그들이 사용한 선택기법(voting technique)에 문제가 있다고 지적하였다. 즉, Barnes와 Clawson은 긍정적이지만 유의미하지 않은 연구결과들을 모두 부정적인 연구결과에 포함시켰다. 그러므로 일반적인 효과의 경향이 왜곡될 수 있다는 것이다. Mayer(1979) 역시 Barnes와 Clawson이 선행조직자 연구를 제대로 이해하지 못한다고 비판하였다. 또한 선행조직자는 개념의 회상과 원전이(far transfer)를 향상시키지만, 근전이(near transfer)에서는 별다른 효과가 나타나지 않는데 Barnes와 Clawson이 이러한 점을 구분하지 못했다고 반박한다. 또한 Barnes와 Clawson이 메타분석 과정에서 상이한 연구결과들을 교정 없이 합해 버리는 연구방법론적인 결함을 지닌다고 비판하였다.

선행조직자의 효과에 대한 논의는 메타분석 연구를 통하여 한층 더 발전하였다. 메타분석은 효과크기(effect size) 통계 기법을 활용한다. 효과크기 통계 기법은 다양한 연구에 걸친 실험처치의 효과들을 비교하는 데 활용된다. 메타분석은 하나의 현상에 대하여 독립적으로 이루어진 다양한 연구의 일관된 처치효과를 규명할 수 있는 강점이 있다. Michael James Kozlow(1978)의 메타분석 연구에서는 선행조직자 연구 77개를 분석하여 선행조직자의 효과를 분석하였다. Kozlow는 선행조직자 연구들에서 수행된 실험들을 비교하기 위하여 99개의 t 통계를 활용하였다. 그중 68개가 선행조직자가 통제집단보다 학습을 촉진하는 경향을 나타냈다. 반면, 29개의 연구는 부정적인 효과를 보고하였다. 그런데 긍정적 결과를 나타낸 68개의 연구 중에서 22개의 연구가 통계적으로 유의미하게 긍정적인 성과를 나타낸 반면, 29개의 부정적인 연구 중 통계적으로 유의미한 결과는 하나도 없었다. Kozlow는 이 메타분석을 통하여 선행조직자는 학습을 촉진하는 효과가 있다고 결론지었다. Carol Leth Stone(1983)도 112개의 선행조직자 연구들을 메타분석하여 일부의 변인들은 Ausubel의 모형처럼 작동하지 않았지만, 전체적으로 Ausubel의 선행조직자가 학습과 파지를 촉진한다고 보고하였다.

국내의 선행조직자 초기 연구로는 1970년 김언주의 「인지구조의 개인차에 따른 선행조직자의 효과」 연구, 조시화(1982)의 「지능과 선행조직자의 추상수준 및 그 상호작용이 국민학습의 학습과 파지에 미치는 영향」 등이 있다. 이들의 연구는 선행조직자의 초기 연구임에도 불구하고, 선행조직자의 전체적인 효과가 아닌 개인차에 따른 효과를 분석하며 선행조직자의 효과를 입증하였다는 데에 의미가 있다. 조시화는 Ausubel이 추상적, 보편적, 포괄적 선행조직자를 제시하였으나 추상적 사고가 어려운 초등학생의 경우에는 구체적 선행조직자가 더욱 효과적임을 제시하였다. 또한 선행조직자의 효과가 지능에 따라서 차이가 있음을 보고하였다. 홍경숙(1989)의 연구에서는 추상적 선행조직자보다 구체적 선행조직자가 학습에서 더욱 효과적임을 보고하였다. 반면, 학습능력에 따라서는 학습에서의 차이를 나타내지 않았다. 이후 이신동(1996, 1999)도 인지적 적성을 중심으로 적성-처치 상호작용 효과를 분석하여, 선행조직자의 효과에 개인차의 효과가 나타남을 보고하였다.

이와 같은 선행조직자 선행연구들을 종합하여 보면, 선행조직자는 항상 긍정적인 효과가 있는 것은 아니지만, 일반적으로 학습이나 파지를 촉진하는 효과가 있는 것으로 나타난다. 그리고 학습자의 지능 등 인지적 개인차에 따라서 선행조직자의 효과가 다르게 나타날 수 있다.

3) 선행연구들에 대한 논의

선행조직자를 설계하고 활용할 때에는 다음과 같은 요인들에서 결함이 생기지 않도록 유의하는 것이 필요하다. 소수이지만 일부 연구들에서 선행조직자의 효과가 낮은 것은 크게 다음과 같다.

첫째, 실험 설계에서의 결함
둘째, 선행조직자의 설계와 구성에서의 결함
셋째, 선행조직자에 의한 효과측정에서의 결함
넷째, 학습자의 인지구조와 새로운 학습내용을 연결하는 선행조직자 간 조화가 안 이루어지는 결함

이들 이유를 하나씩 살펴보면 다음과 같다. 실험설계에서의 결함은 ① 대상의 독립성 유지, ② 대상의 임의배정, ③ 선행조직자가 직접적으로 학습을 돕지 못하는 것, ④ 사전 검사로 인하여 이후의 학습이 영향을 받는 것 등을 들 수 있다. 특히 실험자가 포섭자의 존재 여부를 제대로 알 수 없는 것이 선행조직자 실험설계에서의 결함이다. 어떠한 연구나 수업도 학습자의 인지구조에 적절한 포섭자가 존재하는지를 증명하면서 연구가 이루어지지는 못하기 때문이다(Lawton & Wanska, 1977). 그러므로 선행조직자 자체는 효과적이지만, 포섭자의 통제 여부로 인하여 실험연구의 결과가 긍정적이지 않을 수 있다. 마찬가지로 연구자들이 학습자의 인지구조에 대한 지식이 부족한 것을 들 수 있다. 이와 같은 사항을 사전에 치밀하게 고려하여 선행조직자를 구성하고 교수학습방법에 적용하면 학습에서 유의미한 효과가 나타날 것이다.

3. 토의식 교수학습방법

천재학자들이 범하는 가장 큰 오류는
학생들이 들은 것을 다 이해할 것이라고 기대하는 것이다.

그러나…
말하는 것은 가르치는 것이다.
학습은 단순히 듣는 것 그 이상이다.

By Edward. L. Thorndike(1921~) 재구성

토의식 수업은 학생들이 상호 간 상호작용을 통하여 자신의 의견을 주장하고, 반박하고 재반박하여 최선의 결론을 이끌어 내는 교수학습방법이다. 토의식 수업에서 학생들은 논리를 기반으로 자신의 의견을 제시하고, 반박을 당하고, 이를 재반박하는 등의 과정을 경험한다. 토의식 수업을 통하여 학생들은 일반적인 법칙이나 원리를 보다 구체적인 자신의 의견으로 제시하는 과정을 거친다. 서로의 의견에 대하여 반박과 재반박을 거치면서 학생들의 비판적인 사고 능력은 급격히 향상된다. 강의식, 토의식 수업을 통하여 다른 학생들과 긴밀히 의견을 나누고 상호작용을 거치면서, 학생들은 자신의 사고의 타당성, 합리성을 검증할 수 있는 기회도 갖는다. 다른 학생들과 힘을 합해서 의견을 모으기도 하고, 공격을 받기도 하고 이를 해결하거나 갈등을 겪으면서 사회적 기능을 학습한다. 이 절에서는 토의식 수업의 의미와 가치, 준비와 실행에 대해서 살펴보도록 한다.

1) 유태인 vs. 한국인, 그리고 토론

미국에서 가장 성공적인 이민족으로 유태인을 꼽을 수 있다. 유태인 총인구는 약 1,500~1,600만 명으로 추산된다. 현재 유태인의 약 80%는 미

국과 이스라엘에 살고 있다. 유태인은 세계 인구의 0.2%에 지나지 않지만, 역대 노벨상 수상자의 약 25%를 차지한다. 미국은 가장 많은 노벨상 수상자 배출 국가이다. 미국 노벨상 수상자의 반 이상은 유태인이다. 미국 하버드 대학교의 입학생 중 유태인의 비율은 약 30%이다. 1920년 당시 전 국민의 약 3%였던 유태인은 하버드 입학생의 20%를 차지하였다. 유태인의 비율은 이후로도 끊임없이 증가하여 1950년대에는 50%에 이르렀다. 이에 당시 하버드 대학교 총장이었던 Lawrence Lawell은 시험성적 이외에 리더십, 예술, 특기, SAT 점수, 학회활동, 에세이 등의 다양한 요소를 포함하는 입학전형을 고안하여 제시하였다. 이는 현재 대부분의 미국 대학의 입학전형으로 자리 잡았다. 현재는 1950년대에 비해서는 유태인의 입학률이 낮아졌지만, 여전히 유태인의 명문대 입학률은 단연 최고이다.

유태인 교육의 가장 특징적인 전통은 '토론'이다. B.C. 10세기를 전후하여 사울-다윗-솔로몬으로 이어지던 왕국은 북쪽 이스라엘, 남쪽 유다로 분단되었다. 북쪽의 이스라엘은 B.C. 722년 아시리아에 의하여 멸망하였다. 남쪽의 유다는 B.C. 596년에 칼데아(신 바빌로니아)의 네부카드네자르에게 멸망하였다. 이후 히브리인들은 이산(diaspora)이 되었다. 히브리인들은 세계 각지로 흩어져 갔고, 그들 나름의 공동사회를 구성하였다. 유럽에서는 국가 정책으로 히브리인들을 격리하여 공동체를 이루게 하였고, 이를 게토(ghetto)라 불렀다. 세계 대부분의 나라가 다신교를 믿던 시절에 히브리인들은 유일신 야훼를 믿었다. 야훼는 우주를 창조하고 우주 속 모든 곳에 존재하는 분으로서, 하나의 개념(concept)으로 존재하였다. 히브리인들은 신의 명령을 성경, 즉 그들의 탈무드를 통하여 듣는다. 그들은 성경을 읽고 이해하기 위하여 자녀들을 교육시켰다. 유태인 공동체에서 글을 가르치던 교사를 랍비라고 부른다. 랍비들의 주 교육방식은 '토론'과 '질문'이었다. 유태인의 토론은 장시간 지속된다. 토론 참여자 모두가 지쳐서 도저히 더 계속할 수 없을 때까지 지속하는 것이 통상이었다. 다른 종족들이 인공 구조물을 신으로 섬길 때에 유태인은 '토론과 질문'을 통하여 야훼의 개념을 상상으로 구성하여야 했다. 유태인의 논리와 상상력은 토론을 통하여 경이롭게 발전하였다.

1789년 프랑스 혁명 이후 유태인에 대한 격리조치가 해제되었다. 놀랍게도 1세기가 지나기 전에 유럽의 거의 모든 지적 분야의 활동에서 유태인은 정상을 차지하게 되었다. 유럽의 국가 수반들은 유태인들을 자신의 브레인으로 활용하였다. 제2차 세계대전 직후, 전쟁의 폐허에서 국가를 재건해야 하는 위급한 상황에서 종족을 막론하고 유태인의 지혜를 빌린 국가 정상들은 이후로 유태인을 대체할 인물을 찾지 못했다. 누구도 유태인의 창의력과 우수성을 따라가지 못했다. 유태인을 학살하고 포로로 만들고 이산시켰던 제국들, 로마, 아시리아, 바빌로니아, 페르시아는 역사의 무대에서 사라져 갔다. 그러나 나라도 없이 이산되어서 3천 년 가까이 유랑한 유태인은 생존하였다. 그 비결은 다양하지만, 무엇보다도 '토론'을 통한 강한 교육의 힘이었다. 지칠 때까지 계속되었던 토론, 그 토론이 유태인을 독창적이고 창의적인 사람들로 키워 냈다. 토론은 유태인을 유랑자에서 정상으로 끌어올렸다.

한국인은 유태인들도 인정하는 성실하고 우수한 민족이다. 한국인의 성실성과 추진력을 보여 주는 일화가 있다(문휘창, 2013). 미국 이민자 유태인들은 성실함을 무기로 주로 식품업계에 종사하였다. 주로 유럽에 정착하여 부를 쌓았던 유태인들은 1920~1930년대 나치와 소비에트연방 공산당의 등장으로 미국으로 이민을 가기 시작하였다. 그러나 한동안 잘나가던 유태인들은 한국인 이민자들이 나타나면서 한국인들에게 밀리기 시작하였다. 왜냐하면 한국인 이민자들은 유태인들보다 식품점을 30분 일찍 열었기 때문이었다. 유태인들이 시간을 한 시간 더 앞당겨 보았지만 소용이 없었다. 왜냐하면 한국인 이민자들은 곧 24시간 영업을 시작하였기 때문이었다.

예일 대학교 법대 교수인 에이미 추아(Amy Chua)의 저서 『타이거 마더(Battle Hymn of the Tiger Mother)』는 미국 내에서 엄청난 교육 논쟁을 불러일으킨 베스트셀러이다(Chua, 2011). 중국계 미국인인『타이거 마더』의 저자도 한국인의 우수성과 성실성을 의식하는 대목이 여러 번 나타난다. 이를테면 여름 휴가 여행 중에도 바이올린 연습을 강요하는 엄마에게 둘째 딸이 싫다고 반항하자, 에이미 추아 교수는 다음과 같이 딸을 다그친다. "옆집 김 씨네는 올해도 여름 휴가를 안 떠났어! 너는 휴가라도 왔잖아. (안 그래도 잘하는 그 한국 아이들은) 오늘도 쉬지 않고 연습을 한다고!"

이처럼 한국인은 유태인도 인정하는 우수하고 성실한 민족이다. 그러나 우리의 교육을 자세히 들여다보면, 안타깝게도 우리에게는 유태인 교육의 핵심인 '토론교육'이 빠져 있다. 유교적 문화에 뿌리를 두고 있는 우리의 교육에서 토론교육은 싹트지 못했다. 우리의 학생들이 국제무대에서 세계의 시민으로, 리더로서 활동하기 위해서는 토론 역량을 키우는 것이 필수적이다. 우리의 학생들에게 토론교육이 더해진다면 우리 학생들은 글로벌 리더로서 더욱 발전할 것이다. 최근의 교육과정들은 토론교육들을 투입하고 있지만, 실제 교육현장에서는 아직 제대로 토론교육이 자리잡고 있지 못하다. 이 절에서는 토론교육에 대해서 살펴보고, 교육현장에서의 구체적인 적용점을 생각해 본다.

2) 토의식 교수학습방법의 의미와 가치

토의식 교수학습방법은 능동적 교수학습방법의 가장 대표적인 수업이다. 토의식 수업은 교수자와 학습자 간 그리고 학습자 상호 간의 상호작용을 전제로 한다. 효과적인 교수학습방법을 위한 가장 중요한 요인을 '교수자와 학습자 간 상호작용'으로 꼽는다. 하지만 우리의 교육현장에서 교수자와 학습자의 상호작용이 효과적으로 이루어져 왔다고 하기는 어렵다. 교수자와 학습자의 진정한 만남이 얼마나 제대로 이루어져 왔는지도 의문이다. 토의식 수업은 교수자와 학습자 간, 또한 학습자 간의 상호작용을 적극적으로 촉진하여 주는 교수학습방법이다. 교수학습방법에서 말하는 상호작용의 본질은 다음과 같다(이성호, 2003).

첫째, 상호작용은 학습자와 교수자 모두 간의 관계형성을 의미한다. 관계의 형성은 구성원 간의 깊이 있는 친밀감, 사회적 응집성, 도덕적 책무의식, 시간적인 지속성 등으로 나타난다. 교실 내에서의 사회적 상호작용은 교수자와 학습자의 의사소통으로부터 시작한다. 상호작용을 통하여 구성원들은 심리적으로 소속감을 느끼며 하나의 공동체를 형성하게 된다.

둘째, 교실 내에서의 상호작용은 교수자와 학습자 사이의 상호작용, 학습자 상호 간의 상호작용뿐 아니라, 개인내(intrapersonal) 상호작용도 촉진한다. 다른 학생들과 의사소통하고 심리적으로 교류하면서, 자연스럽게 인지적, 정의적 영역들이 통합되며 발전한다.

셋째, 교실 내 상호작용은 사회적 기능을 학습하는 행동적 교육을 가리킨다. 교실 내에서 학습자들은 상호작용을 통하여 협동의 의미, 경쟁의 의미, 전체 집단의 기준에 적응하는 기능 등을 학습한다. 사회적 상호작용은 일종의 재사회화 역할도 한다.

흔히 토의식 수업을 인문/사회과학 분야의 교과목에서 주로 활용할 것으로 생각한다. 그렇지만 사실 토의식 수업은 모든 과목, 모든 사이즈의 수업에서 활용할 수 있다. 심지어 물리 수업에서도 토의가 가능하다. 즉, 본인의 문제풀이 방식과 다른 문제풀이 방식의 강점과 약점에 대하여 토론할 수 있다. 어떠한 개념이나 공식을 대입하여 문제를 해결하였는지에 대하여 토론할 수 있다. 토의식 수업의 가치는 다음과 같다.

첫째, 토의식 수업은 '사고를 촉진'하여 준다. 학습자들은 토의를 통하여 자신들의 의견을 스스로 검증하는 기회를 갖게 된다. 또한 학생들이 서로 의견을 주고받는 과정을 통하여, 보다 새로운 관점으로 자신의 생각을 바라보게 된다. 사람들이 소리를 내어서 자신의 의견을 제시할 때에 부분 요소들 간의 새로운 관계에 대하여 새로운 관점을 갖게 되기 때문이다(Bargh & Schul, 1980). 또한 다른 학습자들에게 자신의 주장을 세우고, 반박을 받고, 재반박을 하는 과정을 통하여 학습자들은 '사고'하게 되고, 보다 깊이 있는 학습의 내면화가 일어난다.

둘째, 토의식 수업은 일반적인 법칙들을 구체적인 상황에서 체계적으로 적용시켜 보는 기회를 갖도록 해 준다. 강의식, 지시적 수업에서는 일반적인 법칙들을 배우고, 기계적으로 외워서 시험을 통과할 수 있다. 그러나 토의를 하게 되면, 일반적이고 추상적인 법칙을 구체적인 상황에 적용하게 된다. 토의를 거치는 동안 이전에는 몰랐던 개별 요소들의 관계가 다양하게 보이기 시작한다. 그리하여 토의식 수업은 독서나 강의를 통하여 얻은 정보를 실제에 적용하여 활용할 수 있도록 해 준다.

셋째, 토의식 수업은 조별로 이루어지며, 구성원들은 해당 조에 소속감을 느낀다. 학생들은 조별 토론을 통하여 사회적인 기능과 태도를 학습한다. 즉, 집단적인 사고와 문제해결능력, 협력과 참여의 기능을 배운다. 토의식 수업은 사회적인 기능을 지니며, 학습자들의 자발성과 창의성 및 인내심을 필요로 하는 고도의 수업방법이다.

3) 교수자의 토의식 수업 준비와 실행

토의식 수업에서는 준비가 중요하다. 사전에 철저하게 준비하지 못하면, 자칫 토의식 수업이 비효율적이 될 수 있다. 종종 토의식 수업은 시간만 낭비하는 비효율적인 수업으로 비난받는다. 실제로 토의식 수업을 자칫 잘못 운영하면 학생들끼리 토의를 하도록 하고 교수자는 쉬는 시간이 될 수도 있다. 그러므로 토의식 수업이 제대로 이루어지기 위해서는 사전계획과 준비가 특히 중요하다. 사실 토의식 수업을 제대로 수행하기 위해서는 강의식 수업만큼 혹은 그 이상의 노력이 필요하다. 교수자는 효과적인 토의식 수업을 위하여 다음의 사항들을 특히 유념하여 준비한다.

첫째, 토론의 주제와 방식을 구체적으로 정하여 적어도 토의식 수업 이전에 학습자들에게 알려 주어야 한다. 그러면 학생들은 미리 해당 주제와 방법에 대하여 준비를 할 수 있다.

둘째, 교수자는 토의식 수업을 위하여 주제와 관련한 학습자료들을 충분히 준비해 두어야 한다. 컴퓨터를 활용하는 과제들은 컴퓨터에 대한 학생들의 접근성에 대하여 파악해 둘 필요가 있다. 만약 집으로 귀가한 후에는 컴퓨터 활용이 불가능한 학생들이 있다면, 소수라고 하더라도 이들에 대한 대책을 반드시 미리 마련해 두어야 한다. 이를테면 이들 학생들이 학교의 컴퓨터를 자유롭게 활용할 수 있는 방법들을 강구한다든지, 수업 시간에 자료 검색한 것을 프린트로 뽑아서 귀가 시 이를 활용할 수 있도록 배려하는 것 등이다. 귀가 후에는 인터넷에 접속이 어려운 환경의 학생들이 있는데, 인터넷 검색만을 통하여 준비할 수 있는 자료 준비를 과제로 주는 등의 무신경함은 학생들의 학습동기를 현저하게 낮추게 된다.

셋째, 학생들이 토의를 마치고 난 다음, 해당 토의의 결과를 어떻게 활용할지에 대한 계획을 미리 세워 놓는 것이 필요하다. 그리하여 학생들이 토의를 해 본 후, 토의의 의미와 가치에 대해서 스스로 느낄 수 있도록 해준다.

이와 같이 토의식 수업을 준비한 후, 교수자는 수업 진행을 위하여 다음과 같은 역할을 한다.

첫째, 교수자는 토의의 주목적과 내용을 명확하게 설정하여 설명한다. 이때에 교수자는 토의의 규칙과 방법에 대해서도 제시한다. 이때에 규칙과 방법을 명확하고 구체적으로 설명하는 것이 관건이다(이성호, 2003). 토의의 방식을 지나치게 구조화되면 토의가 경직되어 좋은 아이디어가 나올 확률이 낮아진다. 반면, 토의의 방식이 지나치게 자유로우면 주제에서 벗어나 불필요한 입씨름만 하면서 시간을 버릴 수도 있다. 그러므로 적절한 범위에서 토의의 규칙을 제시하는 것이 필요하다. 그리고 일단 정한 토의의 규칙에 대해서는 엄정한 것이 효과적이다.

둘째, 교수자는 정보제공자로서 역할을 수행한다. 즉, 교수자는 토의식 수업에서 학생들이 답을 구할 수 있는 방법과 방향을 제시하는 자원인사로서의 역할을 한다. 이를테면 학생들이 특정 지점에서 논리가 막혀서 토론이 진행되지 않을 때에, 교수자가 해답을 주는 경우가 생긴다. 토론이 너무 정체되거나 방향을 잃고 있을 때에 한번씩 교수자가 논지를 명확하게 해 주는 해답을 줄 수 있다. 그러나 학생들이 스스로 해답이나 의미를 탐색하기 전에 교수자가 학생들에게 해답을 주는 것은 바람직하지 않다. 대신 교수자는 토론이 막힐 때에 적절한 수준에서 '관련 자료가 무엇인지, 어떻게 구할 수 있을지'에 대한 정보를 제공하는 자문 역할을 하는 것이 바람직하다. 교수자가 해답을 제시하는 것은 '학생들의 비판적 사고를 향상'시켜 주는 토론의 의미도 감소시킨다. 교수자가 해답을 제시하기 시작하면, 학생들은 기발한 새로운 의견을 생각해 내거나, 기존의 고정관념에 도전하기보다는 교수자가 원하는 해답이 무엇인지 찾으려고 노력하게 된다.

셋째, 교수자는 논쟁과 갈등의 해결사 역할을 한다. 어떠한 토론에서도 갈등은 발생한다. 훌륭한 토론들도 마찬가지이다. 갈등을 애매하게 해결하고 미해결과제로 남겨 두면, 갈등이 계속하여 발생한다. 갈등을 제대로 해결하는 과정 자체가 학생들에게 중요한 경험이 된다. 교수자는 갈등에 초점을 맞추어 갈등이 학생들의 학습에 기여할 수 있도록 해 주는 논쟁 해결사 역할을 해야 한다. 중요하고도 어려운 역할이다(Svinicki & McKeachie, 2014).

① 갈등 해결이 특정 사실에 기반하는 것이면, 교과서나 권위 있는 자료를 참고하는 것이 좋은 해결방법이 된다.
② 논쟁으로 인한 갈등을 '과제'로 만들어서 도서관에서 자료를 찾아서 객관적으로 해결해 보도록 한다.
③ 실험적으로 입증된 해답이 있다면, 해당 해답을 제시하고 학생들이 자신들의 갈등을 객관적인 시각에서 바라볼 수 있도록 도와준다. 또한 해당 실험의 과정을 살펴봄으로써, 학생들이 갈등을 과학적 접근으로 해결하도록 도와준다.
④ 학생들이 논쟁이 붙어서 해결이 나지 않을 때에는, 찬반 의견 모두를

칠판에 나열한다. 이때에 교수자는 중재자의 역할을 해야 하므로, 학생들 중에서 서기 자원자를 받는다. 자신의 의견이 칠판에 적히는 것만으로도 학생들은 교수자가 자신의 관점에 대하여 이해하고 수용한다고 받아들인다. 또한 칠판에 의견들을 나열하면 동일한 논쟁을 반복하는 것을 어느 정도 방지할 수 있다.

⑤ 교수자의 갈등 해결 노력 자체에 대하여 학생들이 논쟁을 걸 수도 있다. 교수자도 사람이므로 학생들과 논쟁을 하다 보면 자칫 자신의 권위로 논쟁을 해결하려고 하기 쉽다. 그러나 이는 금물이다. 이때에도 찬반 의견 모두를 칠판에 나열하는 것이 좋은 해결책 중 하나이다. 학생들의 반대 의견을 수용하고 이해하려고 노력하는 자세를 보인다. 그야말로 토론을 통하여 해결하는 과정을 보여 준다. 이것이 산 교육이다.

넷째, 교수자는 '토론 독점자'에 대하여 적절한 대처를 해야 한다. 실제로 토론 수업을 하면, 흔히 한두 명의 학생들이 토론 시간의 대부분을 독점하는 현상이 나타난다. 토의식 수업에서 교수자의 중요한 역할 중 하나는 이와 같은 토론 독점자를 개인 차원이 아니라, 보다 체계적으로 방지하는 일이다. 다음과 같은 방지책을 제안할 수 있다.

① '토론의 참여는 왜 중요한가?', '어떻게 토론의 참여가 공정하게 이루어질 수 있도록 할 것인가?' 등의 주제로 학생들이 토론하도록 한다. 토론 과정을 통하여 좋은 방법이 제안될 수 있다. 더 좋은 점은 이와 같은 토론을 거치면, '토론 독점'에 대한 학생들의 감수성이 높아진다. 스스로 자각하는 것이 가장 좋은 해결책이다.

② 한두 명의 관찰자를 자원받아서, 토론 시간의 활동 사항을 관찰하고 보고서를 작성하도록 한다. 관찰자를 맡은 학생(들)은 토론을 마칠 때에 간단하게 토론 보고서를 발표하도록 한다. 이때에 '토론독점'에

대해서 주의 깊게 살펴보도록 교수자가 관찰자 학생에게 공개적으로 제안한다.

③ 이러한 방법을 통해서도 여전히 토론독점자가 나올 것이다. 이 경우에는 교수자가 독점자에게 개인적으로 따로 짧지만 단호하게 "독점은 안 돼!"라고 이야기하여 주는 것이 필요하다. 이와 같은 메시지를 전할 때에도 교수자의 태도가 정중하고 자신감에 차 있다면 대부분의 학생은 이를 교육적으로 받아들인다. 이러한 경우에, 교수자가 해당 학생을 경멸하거나 위협적인 태도로 의사소통하지 않도록 유의한다.

다섯째, 교수자는 토의식 수업 중간 중간에 관련 내용들과 토론의 중간 결론을 요약해 준다. 토의식 수업의 가장 큰 장애물은 많은 학생이 '토의를 통해서 배우는 것이 없다'고 느끼는 것이다. 토의식 수업이 보다 충실하게 이루어지기 위해서는 교수자가 중간 요약과 마무리 강의를 체계적으로 잘하는 것이 필수적이다. 토의식 수업에서의 가장 효율적인 요약은 토론에서 해결된 부분과 미해결된 부분을 명확하게 정리해 주는 것이다. 교수자가 칠판에 학생들의 아이디어, 질문, 향후 탐색해야 할 핵심사항들을 명확하게 기록해 두는 것도 도움이 된다.

여섯째, 토론의 가장 큰 장애 중 하나는 소극적으로 토론에 참여하는 학생들이다. 토론에 참여하기를 주저하는 학생들의 이유는 다양하지만, 가장 큰 이유는 발표를 했다가 혹시 어리석게 보일까 하는 근심, 공포 때문이다. 또한 원래부터 발표불안이 높은 학생들도 다수 섞여 있다. 그러나 교수자가 적절하게 개입하면 이와 같은 학생들이 함께 토론할 수 있도록 포용할 수 있다. 즉, 어떤 학생이 토론 중에 주제에 벗어나거나, 타당하지 않은 의견을 제시할 때에도 비난을 받지는 않는 '안전한 토론 분위기'를 조성해 주어야 한다. 이와 같은 토론 분위기를 만들어 주기 위한, 학생들의 토의 참여에 대한 오리엔테이션 내용을 다음 절에서 소개한다.

4) 토의식 수업, 어떻게 참여하는가

학생들이 토의에 적극적으로 참여하도록 하기 위해서는 다양한 노력이 필요하다. 이를테면 교사가 '누구나 공평하게 발표'할 수 있는 토론의 규칙을 제시하는 것도 하나의 방법이다. 예를 들어, 학생들에게 색종이를 세 장씩 나누어 주고, 모든 학생이 토론을 마치기 전에 이 색종이를 다 사용하도록 한다. 색종이를 다 쓴 사람은 더 이상 발표하지 못한다. 토론의 독점을 막기 위함이다. 색종이를 남겨서도 안 된다. 소극적 참여를 방지하기 위함이다. 이와 같은 토론의 규칙들을 통하여 보다 체계적으로 학생들이 토론에 참여하도록 권장하는 것이 가능하다.

하지만 이와 같은 규칙들 이전에 더욱 중요한 것은 근본적으로 학생들의 토론에 임하는 바람직한 자세를 교육하는 것이다. Barbara Gross Davis는 미국 버클리 대학교의 교육개발센터 소장(Dean of Educational Development)을 역임하는 등 다양한 교육 행정 책무를 담당해 왔다. Davis의 저서 『가르침의 도구(Tools for Teaching)』는 교육방법 분야의 스테디 베스트셀러이다. 이 책에는 '토의에 참여하는 학생들의 태도 교육'의 내용이 잘 제시되어 있다(Davis, 2009). 다음은 Davis가 제시하는 사항에 저자의 추가 설명을 더하여 다시 정리한 내용이다.

① 나는 다른 사람의 아이디어나 의견에 대해서 반박하는 것이지, 사람에 대하여 공격하거나 인격을 공격하지 않는다. 역으로 다른 사람이 나의 의견에 대하여 반박하여도 이를 나 자신에 대한 공격으로 받아들이지 않는다. 누구라도 자신의 의견이 반박을 당하면 기분이 좋지 않다. 그러나 단지 '의견'에 반대하는 것이지 '자신'에 대한 공격은 아니라고 미리 교육받으면 훨씬 원활한 토론을 진행할 수 있다. 또한 더 중요한 것은 서로가 이러한 교육을 받았음을 알고 있으면 '인신공격'에 대한 불안감을 훨씬 최소화하고 토론을 진행할 수 있다.

② 나는 가능한 한 최선의 결정을 위하여 노력할 뿐, 이기려고 토론하는 것은 아니다. 양쪽 패널이 서로 이기기 위하여 토론에 임한다면, 정의 상(by definition), 아무도 이길 수 없다. 우리는 '최선의 결정'을 위하여 열심히 논쟁하는 것이고, 상대방의 논리가 나의 논리보다 우세하다면 언제라도 '타협'할 수 있어야 한다. 이것이 토론의 본질이다. 이러한 과정을 통하여 학생들의 논리력은 성장한다. 토론을 마치고 승패에 상관없이 상대편 패널이 나의 토론 자세에 박수를 보낼 수 있도록 토론에 임하는 것, 페어 플레이 정신, 그것이 존경받고 사랑받는(love and respect) 사람이 되는 과정이다.

③ 나의 아이디어가 완벽하지 않아도 발표할 수 있다. 완벽한 아이디어만 발표하려고 하다가는 끝까지 토의에 참여하지 못할 수 있다. 교수자는 학생들이 자연스럽게 이러한 생각을 가질 수 있도록 해 주는 것이 중요하다. 교수자가 학생들의 발표에 대하여 늘 학생들을 격려하고 지지하여, 학생들이 발표를 하는 것에 대하여 '심리적 안전감'을 갖도록 하여 준다. 이를테면 주제에서 크게 벗어나거나, 다른 학생들에게 해가 가는 발언을 하기 전에는 되도록 개입을 삼가는 것도 하나의 방법이다. 심지어 학생의 발언을 중간에 끊고 자신이 해답을 제시하거나 학생에게 면박을 주는 일은 금물이다. 해당 학생은 물론, 이를 관찰했던 학생들도 토론에 참여할 심리적 안전감을 놓칠 것이다. 교실 내에서 심리적 안전감이 있으면 학생들은 자유롭게 적극적으로 토론에 임할 것이다.

④ 나 자신만 토론에 적극 참여하는 것이 아니라, 다른 학생들도 모두 토론에 열심히 참여할 수 있도록 분위기를 북돋는 역할도 한다. 교수자의 지지에 더하여, 토론에 임하는 학생들 하나하나가 옆의 친구들을 격려한다면 토론 분위기는 크게 활성화될 것이다. 함께 토론하는 학생들과 서로 격려하며 협업하는 학생들, 우리의 교육이 나아갈 방향이다.

⑤ 다른 사람들의 의견에 동의하지 않을 때에도, 다른 사람의 의견을 경청한다. 익히 알듯이 경청은 쉽지 않다. 생방송 토론 프로그램을 보면, 상대방 패널이 의견을 개진할 때에 눈살을 찌푸리고 짜증스러운 표정을 하거나, 제대로 듣지 않는 태도를 하는 패널을 발견할 수 있다. 이와 같은 태도는 토론의 흐름에도 방해가 되지만, 토론 참여자나 방청객들에게 매우 부정적인 인상을 준다. 설령 해당 패널의 반박이나 재반박의 내용이 우세하다고 해도 그는 '유능해 보이지만 같이 일하고 싶지는 않은(competent jerk)'이 된다. 만약 내용까지도 미비하다면 그는 '무능하고 비호감(incompetent)', 즉 구제불능이 된다. 상대방의 말은 경청하는 것이 기본이다.

⑥ 토의가 흐름을 타고 잘 진행되고 있을 때에, 불쑥 새로운 토의 주제(issue)를 꺼내어 토의를 끊지 않는다. 대신에 토의가 자연스러운 결말(natural end)을 맺을 때까지 기다렸다가 새로운 주제를 제안한다.

⑦ 토론 주제의 모든 측면을 다 이해하려고 노력한다. 예를 들어, '모병제'가 토론의 주제라면 모병제의 강점과 약점 모두를 파악하여야 한다. 그래야 확고한 논리를 가지고 토론에 임할 수 있다. 실제로 토론대회에 나가면 제비를 뽑아서 오전에는 모병제 찬성 측이었다가, 오후에는 모병제 반대 측 패널이 될 수도 있다.

⑧ 토의 주제에 충실하게 입론한다(stick to the subject). 토의에서 의견을 개진할 때에는 간단하게 한다. 토론을 실시할 때 보면 토론의 주제에 집중하지 못하고, 산만하게 다른 주제를 끌고 들어오는 경우가 종종 생긴다. 즉, 토론 주제에 맞추어서, 논리적으로 한 단계씩 토론을 발전시켜야 하는데, 중간에 주제에 벗어난 의견을 제시하는 경우들이 생긴다. 교수자는 학생들이 토론 주제에서 벗어나지 않고, 주제에 집중하도록 사전에 지도한다. 그리고 일단 토론이 진행된 이후에는 학생들이 토론 주제에서 크게 벗어나서 헤매고 있을 때에만 적절히 개입하여 방향성을 잡아 준다.

⑨ 토론에서는 이야기를 길게 늘어놓거나, 일화나 예시를 소개하지 않는다. 일화나 예시 등은 강의식 교수법에 적절하다. 학생들의 이해를 돕고, 흥미를 끄는 데 유용하기 때문이다. 그러나 토론에서는 짧고, 간단하면서도 강력하게 의견을 제시하는 것이 핵심이다. 이를테면 '주택난, 문제와 해결책은?'이라는 주제로 토론을 한다고 가정하자. 주택난 토론의 시작은 '주택의 공급량 자체는 문제가 없다, 쏠림 현상이 문제이다. 쏠림 현상, 어떻게 해결할 것인지를 논의하자'는 식으로 논리가 이어질 수 있다. 그런데 패널이 '집, 집이란 무엇인가'로부터 시작하여 강의식으로 길게 이야기를 늘어놓는 것은 토론에 맞지 않는다. 혹은 60대 패널이 30대 초반 시절, 자신이 집을 구하느라고 고생한 일화를 구구절절 소개하는 것도 적절하지 않다.

⑩ 토론이 진행되면서, 본인의 주장이 논리적으로 맞지 않음이 명확하게 밝혀지면, 언제라도 자신의 주장을 바꿀 수 있어야 한다. 어린 학생 시절부터 토론을 통하여, 자신의 의견이 맞지 않는다고 판단하면 인정하는 법을 배우는 것은 토론 수업의 강점 중 강점이다.

이와 같이 학생 시절에 토론에 참여하는 태도를 교육받는 것과 그렇지 않은 것은 향후 토론에 임하거나 다른 사람들과 협업을 수행할 때에 태도의 차이가 클 것이다. 따라서 토론에 임하는 자세에 대한 교수자들의 교육이 꼭 필요하다.

5) 실제 토론 방식 예시: CEDA

1971년 태동한 교차조사방식의 토론인 CEDA(Cross Examination Debate Association)는 현재 미국에서 가장 많이 활용되는 토론 방식으로서 주로 정책토론을 다룬다. 현재 미국의 대학 간 아카데미 토론대회에서도 CEDA 방식을 주로 사용한다. 미국은 해마다 CEDA 방식으로 전국에서 60여 개의 토론대회가 열린다. 특히 전국 챔피언 토론대회(National Championship Tournament)에는 전국에서 최종적으로 선발된 175개의 팀이 대결한다. CEDA 토론은 논제와 관련된 자료 조사와 제기된 주장을 입증하는 증거 제시에 큰 비중을 둔다.

(1) CEDA 토론 패널 구성과 방식

CEDA는 긍정팀과 부정팀의 각 2인으로 구성하여 진행한다. CEDA 방식에서 패널들의 총 발언 시간은 48분+각 팀 5분 작전타임을 합하여 총 토론시간 58분이다. 각 토론 참가자들은 모두 발언 기회를 3회 갖는다. 3회의 발언은 다음과 같이 진행된다.

① 입론
② 교차조사: 상대방의 논리에 나타난 문제점을 부각시키는 심문 과정
③ 반박

(2) CEDA 토론 순서와 진행

토론의 순서와 제한 시간 및 진행은 다음과 같다.

① 긍정측 첫번째 토론자의 입론(6분)

- 토론은 논제에 등장하는 주요 개념들을 정의하면서 시작
- 논제가 등장한 배경과 역사, 논제의 현상 및 문제점에 관한 분석을 명시하고 자신의 주장을 펼침
- 긍정측 첫 번째 입론은 토론의 핵심 요소들을 필수쟁점으로 제시함
- 긍정측 첫 번째 입론은 토론의 전체적 방향을 좌우
- 논제를 과거와 현재의 자료를 통해 설득력 있게 분석하고, 본인이 입론에서 제시한 문제해결 방안이 가장 합리적인 해결책임을 논리적으로 입증해야 하는 증명의 부담을 안고 있음

② 부정측 두 번째 토론자의 교차조사(3분)

- 긍정측의 첫 입론을 주의 깊게 듣고 해당 입론에서 주장된 내용만을 토대로 날카로운 질문을 하여 긍정측 논리의 허점, 오류 등을 부각시킴
- 부정측 교차조사 과정 중 상대방 긍정측 입론자가 인용한 자료의 출처 혹은 제시한 사실의 근거 등에 대하여 무엇이든지 질문할 수 있음
- 질문을 하는 교차조사 측이 제한된 3분 내에 대화를 이끄는 통제권을 가짐

③ 부정측 두 번째 토론자의 교차조사(3분)

- 상대방 긍정측의 첫 입론에서 주장된 내용만을 토대로 상대방 논리의 허점, 오류 등을 부각시키거나 자신의 팀의 주장과 배치되는 부분을 찾아내어 날카로운 질문을 함으로써 토론을 유리하게 끌고 가야 함
- 이 과정에서 상대방 긍정측이 인용한 자료 출처의 신뢰성, 또는 제시된 사실의 근거 등 입론자가 앞서 한 말에 대해서는 무엇이든지 질문할 수 있음
- 질문을 하는 교차조사 측이 제한된 3분 내에 대화를 이끄는 통제권을 가짐

④ 부정측 첫 번째 토론자의 입론(6분)

- 토론을 생산적으로 만드는 데 매우 중요한 역할을 함. 즉, 긍정측 첫 입론의 연장선상에서 이 입론과 관련하여 교차조사한 결과 드러난 상대방 논리의 가장 취약한 문제들을 중심으로 긍정측이 제시한 개념의 정의나 필수쟁점 등을 부정하는 입론을 펼침
- 긍정측의 핵심쟁점 중 부정측이 견해를 달리 하는 부분을 명확히 제시해야 함. 즉, 근본적으로 긍정측의 개념 정의에 대해서부터 이견을 제시하거나, 긍정측이 제시한 필수 쟁점이 본 토론의 논제에

서 벗어났다고 주장할 수 있음
- 혹은 긍정측의 필수쟁점을 그대로 받아들인 가운데 긍정측이 제시한 문제해결 방안이 오히려 더 심각한 불이익을 초래한다고 주장하거나, 해결성이 더 높은 대체 방안을 제시하여 심사위원들에게 자신들의 입장이 더 설득력 있음을 밝힐 수도 있음

⑤ 긍정측 첫 번째 토론자의 교차조사(3분)
- ②번 과정에서 긍정측과 부정측의 역할을 바꾼 것
- 부정측 주장 중에서 증거가 불충분하다고 판단되거나 나중에 문제삼을 부분에 대해 부정측의 분명한 입장을 들어 볼 기회로 삼아야 함

⑥ 긍정측 두 번째 토론자의 입론(6분)
- ③번의 교차조사에서 드러난 부정측 논리의 허점을 지적하면서 첫 번째 입론자가 하지 못한 나머지 주장을 설득력 있게 제시해야 함
- 첫 번째와 두 번째 입론자의 역할 분담이 필요함
- 두 번째 입론자는 부정측 첫 입론을 논리적으로 재논박하고, 논박되지 않은 주장은 수용된 것으로 인정하므로, 긍정측 첫 입론 가운데 부정측이 논박하지 않은 부분들을 마무리 정리하여 심사위원과 청중에게 인지시킬 필요가 있음
- 또한 추가적 근거나 자료를 통해 논박되지 않은 자기 팀 첫 입론을 보강해야 함
- 긍정측은 필수쟁점의 제시를 통해 토론 범위를 제한할 수 있는 이점이 있는 반면, 부정측의 반대 주장 중 하나라도 재논박을 못하면 그 주장을 수용한 것으로 인정되므로 부정측 주장에 빠짐없이 반론을 펴야 함
- 두 번째 입론은 자기 팀의 주장을 할 마지막 기회이므로 가장 극적이고 결정적인 주장으로 마무리해야 함

⑦ 부정측 첫 번째 토론자의 교차조사(3분)
- ②에서 긍정측과 부정측의 역할을 서로 바꾼 것에 해당함

⑧ 부정측 두 번째 토론자의 입론(6분)

- 자기 팀 첫 입론 주장 중 긍정측이 논박하지 않은 것들을 정리
- ⑥의 교차조사에서 드러난 긍정측 주장의 논리적 오류나 문제점을 지적해야 함
- 긍정측과 마찬가지로 부정측도 일정한 역할 분담이 필요함. 이를테면, 부정측 첫 토론자가 긍정측이 제시한 쟁점 사례의 적절성 여부를 문제시한다면, 다음 토론자는 문제해결 방안에 대해 집중적으로 이견을 제시하는 방식도 가능함

⑨ 긍정측 두 번째 토론자의 교차조사(3분)

- ②에서 제시한 방법에서 긍정측과 부정측의 역할을 바꾼 것에 해당함

⑩ 부정측 첫 번째 토론자의 반박(3분)

- 앞서 부정측 팀(자신의 팀)의 두 번째 교차조사와 입론의 연장선상에서 전개되는 것임
- 즉, ⑧의 긍정측 교차조사를 제외하고는 ⑥과 ⑦과 ⑨에서 토론의 중간 부분을 부정측이 장시간 장악하므로 부정측은 이 기회를 적극적으로 활용하여 우세한 위치를 점해야 함
- 부정측의 처음 주장에 대한 긍정측의 답변을 다시 공박할 수 있음
- 두 번째 부정측 입론에서 미처 다루지 못한 부분을 첫 번째 토론자의 반박에서 만회할 수 있으므로, 이 기회를 충분히 살려야 함

⑪ 긍정측 첫 번째 토론자의 반박(3분)

- 앞서 부정측이 ⑦과 ⑨에서 제시한 모든 주요 주장을 효과적으로 반박해야 함. 왜냐하면 긍정측은 ①에서 언급한 논제의 필수쟁점에 대한 '증명의 부담' 원칙으로 인해 부정측의 주된 주장의 하나라도 효과적으로 반박하지 못하면 토론에서 불리한 입장에 놓이게 됨

⑫ 부정측 두 번째 토론자의 반박(3분)

- 부정측의 마지막 발언 기회임

- 긍정측의 허점을 명료하게 요약함
- 대체 방안이 이미 제시된 경우, 부정측 팀(자신의 팀)의 문제해결 대체 방안을 요약하면서, 자기 팀이 왜 승리했는지 이유를 말해야 함

⑬ 긍정측 두 번째 토론자의 반박(3분)

- 전체 토론의 마지막 발언임
- 긍정측이 제시한 필수쟁점의 논리성과 방안의 실행을 통해 얻을 이익을 상기시키면서, 부정측 최후 반박에서 제시된 주장을 공박하고, 왜 긍정측이 토론에서 이겼는지 말해야 함
- 즉, 부정측의 입론과 반박 내용을 종합적으로 재반박하여 긍정측 필수 쟁점들이 성공적으로 방어되었음을 확인시키는 것임

CEDA는 체계적으로 발언 기회를 공정하게 주고, 토론 주제에 대해 깊이 파고들 수 있는 강점이 있다. 특히 숙의시간을 통해 파트너와 협업을 하는 대화형 토론이라는 장점도 있다. 교수자들은 CEDA 방식 전체를 교수학습방법에 적용하는 것이 현실적으로 어렵다면, CEDA의 일부라도 수업에 적용하여 토의식 수업을 진행해 보는 것이 도움이 될 것이다.

4. 협동학습 교수학습방법

경쟁을 일삼는 자, 스스로 패배자가 되거나 패배자에 둘러싸이지만

협력하는 자, 친구들에게 둘러싸이리니!

"회사에 입사하면 강의를 듣고, 시험범위를 알려 주고, 시험공부를 해서 점수를 받는 일이 없지요. 그런데 우리는 학교에서 내내 시험보는 연습만 하다가 졸업하는 것 같아요. 사회생활을 하면서 정말 필요한 '협업'에 대한 것은 정식으로 배운 기억이 없어요. 협업은 사회에 나와서 개별적으로 배

우고, 익히고 시행착오의 연속이에요. 왜 학교에서는 시험만 보는 것이지요?" 어느 졸업생이 학교에 던진 질문이다.

협동학습(cooperative learning/collaborative learning)은 학습자가 공동의 목표를 이루기 위하여 소집단을 구성해서 소집단의 동료들과 상호의존성(interdependency)을 가지고 과제를 해 나감으로써 자신의 학습뿐 아니라 같은 소집단 동료들의 학습효과까지 극대화할 수 있는 교수학습방법이다(Johnson & Johnson, 1991, 2000; Cohen, 1994). 상호의존성에는 목표의존성, 보상의존성, 자원의존성, 역할의존성, 과제의존성 등이 있다(Johnson & Johnson, 1991). 소집단 협동학습 과정에서 구성원들은 일반적인 집단학습에서보다 과제 수행에 대한 책임감을 강하게 느낀다. 소집단 내의 다른 구성원들을 위해서 자신의 책무를 성실하게 수행하여야 한다고 느끼는 것이다. 구성원들은 상호 간에 책임감을 느끼고 격려와 애착도 느낀다. 자신의 과업 만이 아니라 집단의 과업을 중시한다. 따라서 집단과정이 필수적이고 그 속에서 다양한 사회적 기능을 배운다.

1) 협동학습의 배경

협동학습은 동료 간 학습(peer learning), 소집단학습(small group learning) 등으로 불린다. 협동학습은 1920년대 이후 전통적인 교수방법, 획일적인 교사의 강의 위주의 수업에 대한 대안으로서 연구/적용되어 왔다. 협동학습의 효과에 대한 연구는 전통적 교수방법, 경쟁학습, 개별화학습과 비교분석하여 이루어져 왔다. 거슬러 올라가면 협동학습은 1700년대 후반 영국에서 동료 간 학습을 강조하는 학교들이 생기면서 나타나기 시작했다. Joseph Lancaster와 Andrew Bell의 학교가 이 무렵 협동학습을 실제 학교에 적용한 학교의 대표적인 예이다. 미국에서는 1800년대 전반에 영국으로부터 협동학습이 보급되었다. 특히 Colonel Francis Parker는 미국의 매사추세츠에 소재한 공립 학교에 협동학습을 도입하면서(1875~1880).

민주주의와 관련하여 협동학습의 중요성을 역설하였다(Campbell, 1965, Johnson & Johnson, 1991).

그러나 한편으로 미국에서는 1929년 경제대공황을 극복하기 위하여 교육이론과 실천에서 경쟁을 강조한 교수학습방법이 지배적이 되었다. 진보주의 교육사조의 John Dewey(1963)는 교육에서의 경쟁적인 전통이 수월성(excellency)를 추구한다는 미명하에 인간성을 파괴한다고 매우 날카롭게 비판하였다. 그는 학교를 사회의 축소판으로 비유하면서 사회생활에 필요한 협동적 사고를 강조하였다. 그는 시카고 대학교에 실험학교를 세우고, 학교를 하나의 협동적 삶의 터전으로 만들어 보려고 시도하였다. 협동학습은 특히 1970년대 미국의 존스 홉킨스 대학교의 학교사회 조직 센터에서 본격적으로 적용/발전되었다(Slavin, 1980). 존스 홉킨스 대학교는 학교에 다양한 인종의 학생들이 속해 있으므로 이들을 팀으로 구성하여 서로를 격려하며 배우고 보상을 받도록 교수학습방법을 구성하였다.

1960년대 후반부터는 Benjamin Bloom(1968)의 완전학습(mastery learning)으로 대표되는 개별화 학습(individualized learning)이 대두되었다. 이후 1970년대까지는 교수학습방법에 대한 연구들이 학생들의 흥미유발, 학습과제의 참여를 효율적으로 유도하는 교사의 교수행동에 초점을 두었다. 1970년대 말부터는 연구의 초점이 교사가 아니라 학생의 학습활동으로 전환되었다. 그러나 전통적인 대집단 수업에서의 교사, 수업의 주체로서의 설명지향적인 교사의 위치는 여전하였다. 학생은 수업의 객체로서 수동적인 존재로 간주되었다. 그러나 한편에서는 Lev Vygotsky의 사회문화적 구성주의 이론(Crain, 2015), Gordon Willard Allport의 접촉의 사회심리학 등의 이론이 나타나면서 학습자를 능동적인 참여자로 간주하는 촉매자가 되었다. 협동학습은 이와 같은 이론들을 실제 수업에 적용시켜서 학습자를 능동적인 참여자로 끌어들인 교수학습방법이다.

2) 동료 간 학습의 효과

학습자들이 소집단으로 함께 공부하면 학습의 효과가 크게 증가한다. Kurt Lewin의 장이론(field theory)에서도 나타나듯이 개인이 집단이라는 장을 형성하면, 집단에서 발생하는 집단현상은 집단을 구성하는 부분들의 단순한 총합보다 훨씬 크다(Lewin, 1997). 집단역학에서는 개인의 차원을 넘어선 집단 특유의 역동성을 다룬다. Lewin의 장이론은 여러 분야의 조직에서 널리 적용되고 있다. 단체 경기 선수들의 합숙 훈련이 갖는 성과나 영국, 독일, 일본의 육군이 고향을 중심으로 부대를 편성하는 방식 등이 그것이다. 교육 분야에서 협동학습 교수학습방법은 집단 역학의 시너지 효과를 겨냥하는 방식이다.

O'Donnell(2006)은 동료 간 학습(peer learning)은 동료 간 상호작용을 통하여 상호 지지와 자극을 주고받아서 ① 동기적인 강점이 있다고 제시한다. 즉, 자신과 한 팀이면서 상호작용하는 동료가 기대하는 바를 알기 때문에 더욱 동기가 유발되어서 열심히 과제에 집중한다는 것이다. 또한 그녀는 동료 간 학습이 ② 인지적 강점도 있다고 강조한다. 교수자의 강의만을 듣는 것보다, 동료들과 상호작용을 하면서 다양한 정보 공유는 물론, 동료들의 사고하는 방법도 자연스럽게 접하게 된다. 특히 동료 간 학습을 통하여 학생들은 자신의 생각을 정교화하고 한 차원 깊은 수준으로 이해하고 조망할 수 있게 된다. 누군가를 가르친다는 것은 '객관적인 내용'을 지식의 재구조화(restructurisation/recontextualization)를 통하여 '가르칠 수 있는 지식'으로 전환하는 것이기 때문이다(Geddis, 1993; Shulman, 1987). 가르치기 위하여 준비를 한다는 것은 가르칠 내용에 대해서 적극적으로 사고하고, 주요 개념을 선정하고 분석하고, 이들 주요 개념을 교수자 자신의 생각과 말로 전환하여 자신의 것으로 만드는 과정을 뜻한다. 동료 간 학습을 언어적 상호작용에 초점을 두고 연구한 결과에 따르면 학습자는 '말하거나 설명'할 때에, '듣는' 상황보다 학업성취도 측면에서 훨씬 유

리하다(Johnson, Johnson, Roy, & Zaidman, 1985; Webb, 1991). 그 이유들 중 하나는, 사람들은 소리를 내서 가르치는 과정을 통하여 “이전에는 생각도 안 해 보았던 구체적인 요소들 간의 새로운 관계를 생각해 봄으로써 가르칠 주제에 대하여 새로운 관점을 갖게 되기 때문이다(Bargh & Schul, 1980, p. 595)”. 다른 연구에서도(Annis, 1983) 동료 간 학습에서 동료를 가르친 사람(tutor)과 가르침을 받은 사람(tutee)의 성취를 비교하니, 가르친 사람의 성취도가 더욱 높았다. 이러한 연구결과는 가르치는 일도 학습에 도움을 준다는 것이지, 배우는 일 자체가 소용이 없다는 것은 아니다. Hartman(1990)은 동료 간 학습은 집단 단위로도 가능하며, 반드시 일 대 일 학습일 필요는 없다고 제시하였다.

3) 교수자의 협동학습 사전준비

교수자는 소집단 협동학습을 위하여 ① 다양한 역할 규명과 사회적 기능 규명, ② 소집단 구성, ③ 집단보상방법의 강구 등 세 가지를 준비한다.

(1) 다양한 역할 규명과 사회적 기능 규명

교수자는 학습자들에게 다양한 역할을 줄 수 있어야 한다. 소집단 협동학습에서 학습자들이 수행할 수 있는 역할은 다양하다. 협동학습의 구조에 대하여 다양한 연구를 발표한 Kagan(1992)에 따르면 교사의 역할은 다음과 같다.

① 격려하는 역할
② 칭찬하는 역할
③ 축하하는 역할
④ 문지기 역할: 집단 내 모든 구성원의 평등한 참여 보장
⑤ 코치 역할

⑥ 질문관리 역할
⑦ 확인 역할
⑧ 과제 감독 역할
⑨ 기록 역할
⑩ 검토 역할
⑪ 소음 예방 역할
⑫ 자료 수급 역할

Noreen Webb과 Annemarie Sullivan Palincsar(1996)는 소집단 협동학습과정에서 학습자들이 해야 할 역할을 다음과 같이 제시한다.

① 요약과 적극적 경청: 요약은 인지적 재구성을 가능하게 해 주어 내용에 대한 이해를 한층 더 정교하게 해 준다.
② 자기시험식 발문과 상호작용적 발문: 발문은 사고력을 향상시켜 준다. 자기시험식 발문은 초인지전략을 조장해 주는 효과가 있다(Doctorow et al., 1978). 상호작용적 발문은 상대에 대한 새로운 통찰을 가능하게 해 준다. 또한 논리적으로 서로 대립하는 과정에서 스스로 잘못 이해하였던 것을 발견하고 수정하는 기회를 가질 수 있다.
③ 논쟁 탐색: 논쟁은 사고력을 높여서 학습에 긍정적인 효과를 가져온다. 논쟁은 사고력을 높이는 데 매우 효과적이며 학습에 긍정적인 효과를 가져온다.
④ 도움 요청: 협동학습은 다른 사람에게 도움을 요청하는 경험을 자연스럽게 익히도록 해 준다. 세상을 살아가는 데에는 남을 도와주는 일과 도움을 요청하는 일 모두가 중요하다. 도움을 요청할 때에는 다음의 순서를 거치는 것이 효과적이다.
  • 본인이 어떠한 도움이 필요한지를 스스로 명확하게 파악하고
  • 나에게 도움을 줄 수 있는 사람이 누구인지 생각하여 찾아내고

- 그 사람에게 어떠한 도움을 요청할 것인지를 구체적으로 생각하고
- 그 사람으로부터 도움을 받기 위한 효율적인 전략을 생각하고
- 도움을 받을 때에 상대에게 충분히 긍정적인 피드백을 표현하고
- 도움을 받는 전체 과정을 점검하여 효율성을 검토하고 평가한다.
- 도움을 받은 경험을 잘 기록하여 향후 타인을 도울 때에 기초자료로 활용한다. 예를 들어서 도움을 받고도 도움이 되지 않았다거나, 도움은 받았지만 불쾌하여 도움을 준 사람과의 관계를 망친 경우가 있다면 무엇이 문제였는지 점검한다. 또한 같은 도움을 받았어도 기분이 좋거나, 크게 감사한 경우는 그 이유가 무엇이었는지 분석하여 기록에 남긴다.

⑤ 중재: 집단과정의 역동성을 저하시키는 과정은 다양하다. 그중 대표적인 것은 다음과 같다. 이와 같은 저하의 요인들을 제거하여 학생들이 이러한 어려움을 잘 해결해 나갈 수 있도록 돕는 것이 교수자의 중요한 과제 중 하나이다.

- 무임승차(free rider)
- 속임회피(sucker)
- 소수지배
- 핑계쟁이

(2) 소집단 구성

협동학습의 기본 단위는 소집단이며, 협동학습의 성과를 좌우하는 가장 큰 단일 요인은 '조구성(grouping)'이다(Cohen, 1994). 일반적으로 협동학습의 소집단 구성원은 2~6명으로 이루어지며, 4명을 가장 효과적이라고 제시하는 학자들도 있다. 또한 12명이 넘으면 소집단으로 보지 않는다(Johnson, Johnson, & Maruyama, 1983).

소집단을 구성할 때에 이질적 소집단이 바람직한지, 동질적 소집단이 바람직한지는 Piaget의 인지발달 접근과 Vygotsky의 인지발달 접근에 따

라서 달라진다. Piaget의 인지발달이론에 따르면 인지 수준이 비슷한 또래 사이의 상호작용이 사회적/인지적 갈등이 발생하여 평형화를 깨뜨리고 내적인 인지적 재구성을 일으켜서 발달이 촉진된다. 그러므로 Piaget의 관점에 따르면 협동학습에서 학업성적이 비슷한 동질적 집단으로 조를 구성하는 것이 더욱 효과적일 수 있다. 반면에 Vygotsky의 인지발달이론에서는 근접발달영역(Zone of Proximal Development: ZPD)을 제시한다. 근접발달영역이란 아동이 독립적으로 과제를 수행할 수 있는 실제적인 발달 수준과 교사나 학업성적이 높은 또래의 도움을 얻어서 과제를 수행할 수 있는 잠재적인 발달 수준 간의 차이를 가리킨다. 그러므로 Vygotsky의 근접발달영역 관점에 따르면 학업성적이 다른 이질적 소집단을 구성하는 것이 바람직하다. 동료 간의 다양한 상호작용을 통한 학습을 근간으로 하는 협동학습 교수방법은 대체적으로 이질적 소집단 구성이 더욱 효과적임을 받아들이고 있다.

협동학습에서 소집단을 구성할 때에는 일반적으로 다음의 세 가지 기준을 활용한다.

① 학생의 능력: 고능력 학습자와 저능력 학습자가 이질적으로 조를 구성하면 근접발달영역 내에서 다양한 도움을 주고받을 수 있다. 가르치는 일이 제2의 천성(second nature)이 되어 버린 교수자는 미처 알아차리지 못하는 학생들의 어려움을 또래의 고능력 학습자는 쉽게 알아차린다. 그러므로 협동학습을 통하여 저능력 학습자들이 효과적인 도움을 받을 수 있다(Azmitia, 1988; Vygotsky, 1978; Webb, 1980). 일부 연구는 저능력 학습자는 고능력 학습자보다 중간 능력의 학습자와 협동학습을 할 때에 더욱 많은 도움을 받는다고 한다(Mugny & Doise, 1978).

② 성별: 성별(gender)을 섞어서 조를 구성하면 학생들이 같은 남자끼리 혹은 여자끼리 조를 구성할 때보다 더욱 긴장하며 조활동에 집중하

는 경향을 보인다. 많은 연구에서 여성들이 남성들보다 높은 관계성을 나타내므로, 남자들끼리 조를 구성할 때보다 조화로운 분위기에서 조활동을 진행할 확률이 높다. 일부 연구에 따르면 남녀를 섞어서 조를 구성하면 남자들끼리 조를 구성할 때보다 남자들이 학습에 더욱 적극적으로 변한다(Lockheed, Harris, & Nemceff, 1983). 이성과 함께 조를 구성하면 남자가 여자보다 더욱 많은 것을 배우게 된다는 연구도 있다(Webb, 1984). 그러나 이들 연구들은 수십 년 전의 연구들이므로, 이를 그대로 받아들이는 것은 무리가 있을 수 있다. 도리어 교수자들이 협동학습 과정에서 남녀 학생들의 관계의 역동성을 면밀하게 관찰하며 필요하다면 조치를 취하는 것이 필요하다. 한 가지 확실한 것은 동성으로 조를 구성하는 것보다는 성별을 섞는 것이 학생들의 학습에 더욱 효과적인 경우가 많다는 점이다. 또한 학생들이 세상에 나아가면 남녀가 섞여서 일을 하며 살게 될 것이므로, 남녀가 함께 소집단을 이루어서 활동을 하고, 갈등을 겪고 이를 해결하는 경험을 하는 것은 필요한 일이다.

③ 사회경제적 변인: 학습자의 성장 지역, 가정배경, 출신학교 등을 기준으로 가능한 한 이질적으로 집단을 구성하는 것이 협동학습에서 상호작용을 하면서 도움을 주고받는 데에 효과적이다(Miller & Harrington, 1990). 이때에는 한 학습자가 특정한 사회경제적 지위를 갖고 있어서 다른 학생들로부터 고립적인 지위를 갖지 않도록 고려하는 것이 바람직하다.

학생들의 관계성, 학교에서의 적응 등 교수자가 판단하기에 적절한 변인들도 고려하여 이질적으로 소집단을 구성하는 것이 바람직하다. 이를테면 김은주(2004)는 학습자의 사전성취도의 의사소통불안(communication apprehension) 수준의 개인차가 협동학습 수업만족도에 미치는 효과를 분석하였다. 연구결과, 의사소통불안 수준이 낮은 학습자의 협동학습 수업

만족도가 의사소통불안 수준이 높은 학습자에 비하여 더욱 높았다. 학습자의 의사소통불안 수준이 낮은 경우 내에서는, 사전성취도 수준이 높은 학습자의 협동학습 수업만족도가 사전성취도 수준이 낮은 학습자보다 더욱 높게 나타났다.

또한 교육현장에서 많은 교수자가 학생들끼리 알아서 소집단을 구성하도록 한다. 혹은 일부 학생들이 스스로 조를 짜기를 강력히 원하면, 학생들끼리 조를 구성하여 오라고 허락한다. 그러나 이와 같이 학생들끼리 조를 짜는 것은 바람직하지 않다. 왜냐하면 첫째, 학생들이 조를 구성하여 오면 비슷한 친구들끼리 조를 구성할 확률이 높다. 앞에서도 살펴보았듯이 동질적 집단은 활발한 상호작용이 저해되고, 다양한 의견이 개진되기 어려운 부분이 있다. 둘째, 일부 학생들은 동료들과의 관계가 원만치 않아서 조를 구성하는 것이 매우 어렵다. 그러므로 이러한 학생들은 소집단 협동학습이 학습에 도움이 되는 것이 아니라, 도리어 학습을 방해할 수 있다. 외톨이가 아닌 학생들도 네 명이 친하게 지내는데, 3인 1조로 조를 구성해야 한다고 정해지면 조구성의 과정에서 친구들끼리 불필요한 갈등이 발생할 수 있다. 셋째, 따돌림을 당하거나, 경계선에 있는 학생들은 조 구성 과정에서 이와 같은 특성이 두드러지게 나타날 수 있다. 즉, 일종의 외톨이 낙인 효과(labeling effect)와 같은 부정적인 결과를 초래할 수도 있다. 교수학습방법에서 학생들의 어려움을 모두 제거하자는 것은 아니다. 그러나 학습에 도움이 되지 않는 불필요한 갈등이나 낙인 효과를 발생시키는 일은 제거하는 것이 바람직하다.

(3) 집단보상방법의 강구

소집단 학습의 난제는 평가이다. 협동학습은 흔히 집단 보상으로 평가를 한다. 집단보상을 하는 방법은 크게 두 가지가 있다. 하나는 개인의 성취를 합하여 전체 집단의 성취로 삼는 것이다. 둘째는 집단의 결과물을 평가하여 해당 집단 전체의 성취로 삼는 것이다. 이 두 경우 모두, 같은 소집단의 각 개인이 받는 보상은 모두 똑같다. 이와 같은 경우, 협동의 본질은 살릴 수 있지만, 개별 학생은 평가가 공정하지 않다고 느낄 수 있다. 이를테면 1등을 한 소집단에서 가장 노력을 하지 않은 학생은, 꼴등을 한 소집단에서 가장 노력을 많이 한 학생보다 성취도 노력도 낮음에도 불구하고 더욱 높은 점수를 받을 수 있다.

이러한 우려에 대하여 Johnson 형제는 ① 학생의 개인별 성과와 ② 소집단별 성과를 합하여 각 학생의 성적을 산출하자고 제시한다(Johnson et al., 1983). 각 학생의 성적은 이들 둘의 합이다. McKeachie 교수는 실제로 모든 학생들이 각 학생들이 기여한 바를 서술하도록 한다. 그러면 전체적으로 각 학생들의 기여도의 강점과 약점 및 의견이 일치하는 내용들이 나온다(Svinicki & McKeachie, 2014). 여러 학생의 의견이 모아지면, 학생들의 평가는 대체로 신뢰롭다. 협동학습은 많은 강점을 지닌 교수학습방법이지만 평가의 신뢰도와 공정성이 확보되지 않으면 대대적인 확산이 어렵다. 협동학습을 수행할 때에 교수자들은 평가의 공정성에 대한 부분을 늘 신중하게 접근할 필요가 있다.

4) 소집단 협동학습 실시

소집단 협동학습의 방식은 다양하다. 소집단 협동학습의 유형은 Jigsaw, 성취과제 분담학습(Student Team Achievement Division: STAD), 집단조사학습(Group Investigation: GI) 등이 있다. 협동학습의 기본 특성을 살린 일반적인 협동학습 실시 방법을 제시하면 다음과 같다.

(1) 협동학습 사전준비

① 교수자는 이질적 소집단을 구성하여 학생들을 소집단 편성으로 배치한다.

② 교수자는 이번 협동학습에서 다룰 핵심 내용에 대하여 짧은 강의를

한다. 학생들이 자신들의 과제가 무엇인지를 명확하게 알도록 해 준다. 어떠한 맥락에서 해당 협동학습이 이루어지는지를 학생들이 이해할 수 있도록 도와준다.

③ 교수자는 학생들에게 공동의 과제를 부여한다. 과제를 부여할 때에는 같은 조의 학생들이 조 개인별로 과제를 분담할 수 있도록 고려하여 과제를 구성한다. 특히 과제가 순서(sequence) 혹은 위계(hierarchy)가 강하여 서로 앞부분의 쉬운 과제를 담당하기 원하는 등의 문제가 발생하지 않도록 공동의 과제를 배정한다.

(2) 협동학습 실시

① 학생들이 해당 협동 과제를 달성하기 위하여 소집단에서 각각 자신들이 어떠한 기여를 할 수 있는지 서로 토의하도록 한다.

② 학생들이 자신들의 과제가 무엇인지 명확하게 아는지 서로 확인하도록 해 준다.

③ 학생들이 자신이 맡은 과제를 개별적으로 학습하고 수행하는 시간을 갖도록 해 준다.

④ 조원 전체가 참여하는 소집단 토의를 통하여 개별 학생들이 수행한 각각의 과제에 대한 결과를 공유한다.

⑤ 교수자는 조별토론이 활발하지 않은 조를 돕는다. 또한 학생들의 질문에 답하여 주거나, 힌트를 알려 준다.

⑥ 같은 조의 구성원들끼리 서로 설명하고 토의하도록 교수자가 분위기를 이끌어 준다.

⑦ 교수자는 소집단 학습 과정에서 혹시 학생들이 주제에서 벗어나서 다른 방향으로 진행하고 있지는 않은지 확인한다.

(3) 협동학습 마무리

① 교수자는 조별토론의 종료를 알리고, 각 조의 토론 결과를 발표하는

시간을 갖도록 해 준다.

② 교수자는 오늘의 협동학습 교수학습의 내용에 대하여 전체적인 정리 및 강의를 해 주어 마무리한다. 특히 학생들이 잘못 이해하고 있거나, 부족한 부분에 대하여 보충 설명을 한다. 많은 경우, 협동학습 앞부분과 뒷부분에 교수자의 핵심체크 강의가 없이 진행된다. 그러나 반드시 교수자가 강의를 해 주어서 학생들이 내용을 잘못 이해하거나 부족하게 학습하지 않도록 하는 것이 중요하다.

협동학습은 사회적 관계개발을 주 목표로 하여 학습자가 주도하는 교수학습방법이다. 협동학습을 통하여 학생들은 향후 사회생활에서 필요한 기능들을 실제적으로 경험하고 배울 수 있다. 이를테면 학교에서는 흔히 강의를 듣고, 받아 적고, 시험을 치르고 성적을 받는다. 하지만 학생들이 졸업을 하고 세상에 나가면 상사의 말을 받아 적고 이를 외워서 시험을 치는 일은 없다. 대신 동료들과의 협업을 통하여 문제를 해결하는 일의 연속이다. 그래서 전 세계 인사권자들이 가장 원하는 인재는 늘 '협업'을 잘하는 사람이다. 아무리 똑똑한 사람이라도 협업을 못하여 직장 내에 갈등을 야기한다면, 도리어 조직의 해가 되는 것이다. 똑똑한 사람이 약간 업무성과를 더 올린다 하더라도, 협업을 잘못하여 갈등을 야기하면, 그로 인한 갈등해결비용이 훨씬 더 많이 든다. 하지만 현실적으로 한국은 협동학습 선호도가 OECD 가입국들 가운데에 가장 하위권에 속한다([그림 6-1] 참조).

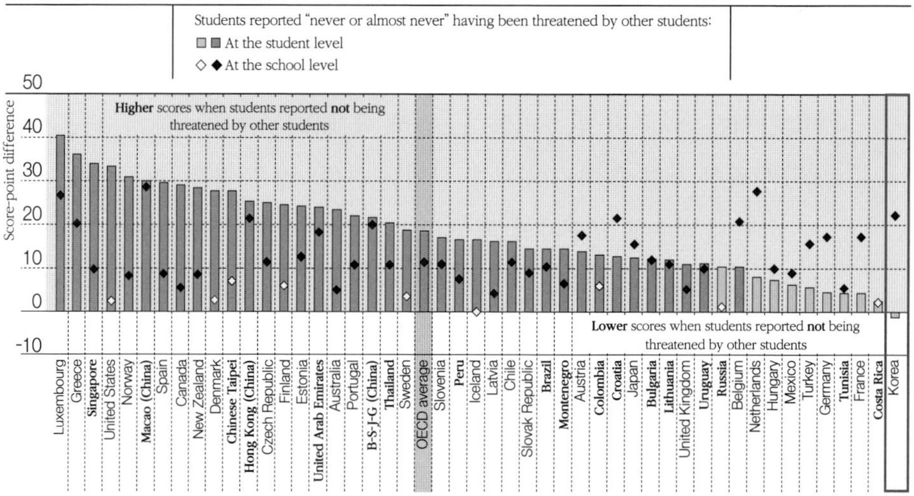

[그림 6-1] OECD 가입국 학생들의 협동학습 선호도

출처: OECD, PISA 2015 Database, Table V.7.3.

StatLink http://dx.doi.org/10.1787/888933616522

5. 개별화 교수학습방법

우리의 서당교육, 소크라테스 문답법, 서양의 가정교사제도 등 본래 교육활동은 개별화 교수법의 형태로 발달되어 왔다. 19세기 근대 공교육제도가 확립되고 학교교육이 보편화되면서부터 집단수업이 시작되었다. 모든 학습자는 동일한 교육목표, 커리큘럼, 교육방법, 교육내용을 가지고 수업을 하는 것이 일반화되었다. 이와 같은 집단수업은 효율적이지만, 학습자 개개인의 독특한 요구와 특성을 살리지 못하는 제한점이 있다.

이에 반하여 개별화수업은 다인수 학급에서도 학습자의 심리적인 개인차 혹은 개인적인 요구를 최대한 고려하는 교수학습방법을 가리킨다. 집단학습의 한계점을 극복하기 위하여 20세기 초부터 개별화수업에 대한 관심이 생겨났다. 1911년 Throndike는 『개별화(Individuality)』라는 저서에서 학교교육이 경직되고 획일화되어 가고 있다고 비판하였다. 1920년대를 전후로 개인차에 대한 다양한 교육심리학 연구들을 기반으로 프로젝트 방법(project method), 위네카 계획(Winnetka plan), 달튼 계획(Dalton plan) 등의 개별화 교수방법들이 제안되었다.

프로젝트 방법은 학습자의 개별적인 흥미와 목적을 집단학습 활동 속에 통합시키고자 노력한 교수학습방법이다.

위네카 계획은 미국 일리노이주 Winnetka 지역의 공립학교들이 실험적으로 시도했던 방법이다. 위네카 계획은 전체 학습량을 소단원으로 나누어서 각 단원마다 학습자가 스스로 자신의 학습속도대로 공부할 수 있도록 자료를 제공하였다. 학교에서 공부하는 시간의 반은 개별학습 자료를 가지고 각자 학습하고, 나머지 반의 시간은 집단학습을 하는 것으로 구성되었다. 이와 같은 개별화 교수학습방법을 통하여 학습자들은 완전성취를 추구하였다(이성호, 2003).

1920~1930년대 미국을 비롯하여 영국, 독일 호주, 네델란드, 소련, 인도, 뉴질랜드, 중국, 일본 등 전세계 수천 개의 학교로 확산된 달튼 계획은 Helen Parkhurst에 의하여 제안된 것이다. 그녀는 몬테소리 교수법과 John Dewey의 진보주의 교육사조의 영향을 받았다. 1922년 영국의 교육위원회는 달튼 계획에 대하여 공식적인 승인을 부여하였으며 수백 개의 영국 학교들이 달튼 계획을 채택하였다. 현재는 각 학교들이 자신의 요구에 따라서 달튼 계획을 해석하여 활용하는 수준이며, 원래의 달튼 계획 그대로의 특성을 유지하고 있는 학교는 소수이다. Parkhurst의 교육목표는 다음과 같았다. ① 개별 학생의 프로그램은 학생 개인의 요구, 흥미, 능력에 따라 다르다. ② 개별 학생의 독립성과 신뢰성을 향상시킨다. ③ 학생들의 사회적 기술을 증진시킨다.

개별화수업은 학습자에게 최적의 학습조건을 마련해 주기 위하여 교수학습방법의 목표, 절차, 형태, 매체, 평가방법 등을 학습자의 심리적 변인들과 발달 수준에 적절하도록 처방된 교수학습방법이다. 다시 말해서 전통적인 수업에서는 모든 학생에게 똑같은 교육목표를 가지고 동일한 과제를 똑같은 방법과 속도로 가르치는 반면, 개별화수업에서는 학습자 개개인의 독특한 교육목표, 사전 지식, 학습 속도, 학습 경향 등을 적극적으로 고려하는 방법이다.

개별화 교수학습방법을 기반으로 미국에서는 '개별화 학습계획(Individual Learning Plan: ILP)'도 활용되고 있다. ILP는 학습자 개개인의 강점과 제한점을 고려한 개인 학습자의 구체적인 학습 프로그램 또는 학습 전략을 가리킨다. ILP는 개별 학습자의 요구는 각각이 다르고 독특하다고 가정하면서, 학습자의 학습경험에서 학습자의 역할이 교육의 성과에 결정적인 역할을 한다고 강조한다(Armstrong, 2012). ILP의 교육목표는 다양하지만, 다음과 같은 사항들을 주로 포함한다.

- 6학년부터 다양한 커리어를 탐색하는 것
- 개인적인 교육목표를 세우고 학교 생활을 통하여 이와 같은 목표들을 유지/발전시키는 것
- 지역봉사, 직장경험, 진로계획활동, 과외활동 등을 포함하는 활동들을 저장하고 숙고하는 것
- 이미 수강한 과목명들을 모두 모아 놓는 것
- 자신의 경력을 창조해 내고 유지하고 변화시켜 가는 것
- 자신의 삶의 목표나 자신이 원하는 커리어와 통하는 대학 등의 고등교육 기회를 탐색하는 것

학생들과 교사들의 상호작용을 통하여 교수학습방법으로서 ILP가 도입되고 채택된다. ILP는 학생들의 전 생애에 걸친 장기적인 목표와 연결된다. 그러므로 ILP를 활용하면 자신의 교육의 경험, 교육의 틀을 더욱 넓힐 수 있다. ILP는 학생들의 학습동기를 더욱 향상시켜 주고, 자신의 성취에 대한 열망을 높일 수 있다. 미국의 수십 개의 주에서는 학생들이 ILP를 구성하여 제출하는 것이 졸업 요건이다.

The New Paradigm of Learning
and Instruction Research
with the Neuroscience-Based
Motivation Theory

제 3 부

사례를 통한 교수학습방법 이론의 실제 적용

지금까지 효과적인 교수학습방법의 새로운 패러다임을 모색하기 위하여 뇌과학과 동기이론들의 선행연구들을 살펴보고 교수학습방법 탐구의 패러다임과 관련 주요 학습이론들을 살펴보았다. 그러나 학습이론이나 과학적인 교수학습방법 탐구도 중요하지만, 교수학습방법의 이론을 실제 교육현장에 제대로 적용하기 위해서는 교수자의 역할이 가장 중요하다. 선행연구들에 따르면 '기관의 교육의 질은 교수자의 자질을 넘어서지 못한다.' 즉, 학생들이 아무리 좋은 교육기관에서 교육을 받아도 실제 자신을 가르치는 교수자가 잘 가르치지 못한다면, 해당 학생들의 교육의 효과는 높지 않다. 반면, 어떤 학생들이 평균 이하의 물적, 인적 자원을 가지고 있는 교육기관에서 교육을 받는다고 해도, 자신을 가르치는 교수자가 훌륭하다면, 해당 학생들의 교육 효과는 높다. 교수자는 성공적인 교수학습방법의 열쇠를 쥐고 있다. 이 장에서는 교수학습방법에서 핵심적인 역할을 교수자가 단지 효과적인 교수자를 넘어서서 위대한 교수자로 가는 길에 대하여 사례 중심으로 살펴본다. 그리고 지금까지 살펴본 학습이론들에 기반하여 해당 교사들의 훌륭한 점들을 분석하여 본다.

사례 1

원 케어링 어덜트로서의 교수자

하버드 대학교 교육대학원 교수인 조세핀 김은 초등학교 때 부모를 따라 미국으로 갔다. 영어를 못하는 이민자 자녀들을 방치하다시피 하는 학교에서 조세핀은 주눅이 든 채 지냈다. 스스로에 대해서 '나는 희망이 없는 아이'라고 자책하기 시작했다. 교실에서 낯선 아이들에게 이리저리 치이면서 멍하게 지내던 조세핀에게 '신기한' 선생님이 나타나셨다. 그 신기한 선생님은 쉬는 시간마다 조세핀에게 영어 단어 과외를 시켜 주었다. 어느 날 선생님이 영한 사전을 찾아가며 낱말 퀴즈를 내 주었다. 채점을 한 선생님이 조세핀에게 환하게 미소지으며 '**100**'이라고 크게 썼다. 바로 그 순간 조세핀에게 새로운 세상이 열렸다. "뭐라고 설명할 수 없는 여러 가지 감정이 순식간에 몰려왔습니다. 제 마음에 의욕이 솟구쳐 올랐습니다. 6개월 만에 영어를 마스터했습니다. 어느덧 저는 수업 시간에 적극적으로 대답하는 아이로 바뀌었습니다."

선생님의 적극적인 노력으로 조세핀의 인생은 바뀌었다. 이후로 조세핀은 '그 선생님과 같은 사람'이 되고 싶다는 꿈을 갖고 살아왔다. 결국 조세핀은 하버드 대학교 교육대학원에서 학생들을 가르치면서 많은 부모와 교사에게 방치된 아이를 발견하고 사랑하는 법을 가르치게 되었다. 하버드 대학교 연구실에 처음 출근한 날 조세핀은 어린 시절의 신기한 선생님이 떠올랐다. 옐로우페이지닷컴(www.yellowpages.com)을 통하여 제닛 캡스 선생님을 검색했다. 선생님과 통화가 이루어졌다. 처음에 선생님은 조세핀을 몰라보았다. 조세핀과 이야기를 나누던 선생님이 갑자기 조용해졌다. 그리고 잠시 후 울먹이는 목소리로 말하였다. "……너를 기억한단다(I remember you)."

나중에 조세핀 김 교수는 제닛 캡스 선생님을 만났다. 어떻게 갑자기 연락 드린 수십 년 전 학생을 기억해 냈는지 여쭈어보았더니, 제닛 캡스 선생님은 이렇게 대답하였다. "나는 지난 35년 동안 새벽마다 4시 30분에 일어나 집안 환경이 좋지 않은 아이, 공부를 어려워하는 아이, 부모가 없는 아이들을 위하여 한 명 한 명 이름을 불러 가며 기도했단다. 네가 우리 반일 때에는 너를 위해서 가장 많이 기도했었지."

제닛 캡스 선생님의 헌신적인 가르침에 힘입어 교실 한 구석에서 시들어 가고 있던 조세핀은 세계적인 명문대의 교수가 되었다. 이제는 그녀가 어려움을 겪는 아이들을 돕는다. 선생님 한 사람의 힘, '원 케어링 어덜트(one caring adult)'의 힘을 다시 한번 생각하게 해 주는 사례이다. 비록 시스템이 엉망이거나, 개인적으로 열악한 교육환경 속에 있더라도, 열의를 갖고 지속적으로 아이를 돌보아 주는 어른이 단 한 명이라도 있으면 아이는 제대로 설 수 있다는 것이다. 교사직은 그 소중한 원 어덜트가 될 수 있는 통로이다. 교사가 된다는 것은 엄청난 소명이자 축복이다.

• 위대한 교사, 제닛 캡스의 교수학습방법 분석[1)]

① 소명의식: 제닛 캡스 교사의 가장 위대한 점은 학생을 위하여 매일 새벽기도를 하는 교사로서의 열의, 아니 열의 이상의 소명의식이라고 할 수 있다. 세상의 교사들에게 영감을 주는 대목이다.

② 자기결정성 이론의 유능감 지각: 조세핀 김 교수에게 찾아온 '감동의 순간'은 자기결정성 이론의 유능성의 지각으로 설명할 수 있다. 특히

---

1) 사실 감동에 해석을 다는 것은 사족일 수 있다. 그렇지만 우리가 앞에서 살펴본 이론들을 기반으로 위대한 교사들의 훌륭한 점을 분석하는 것은 우리에게 시사하는 바가 있으므로 시도해 본다.

제닛 캡스 선생님이 100점이라고 '크게' 써 주는 순간이 미래 하버드 대학교 교수가 탄생하는 순간이다. 확실하게 '유능감'을 경험하게 해 주는 교사의 힘이 학생을 얼마나 크게 키울 수 있는지를 보여 주는 훌륭한 예이다.

③ 자기결정성 이론의 관계성 지각: 조세핀 김 교수는 미국으로 이민을 가서 영어를 못하는 자신이 미국 학교에서 '방치'되었었다고 기억한다. 아무도 관심을 갖지 않는 영어 못하는 전학생에게 쉬는 시간의 만남을 제안한 제닛 캡스 선생님, 그 만남 자체가 조세핀에게 얼마나 큰 힘이 되었을지는 쉽게 상상이 된다. 그 만남과 상호작용이 밑거름이 되어서 기적적인 자신감의 계기가 되었을 것이다.

사례 2

학생의 인성을 살려 주는 자상한 인격의 교수자

"나는 잘난 척하는 아이였다. 크면서도 내내 잘난 척을 달고 다녔다. 늘 다정한 친누나조차 어이없어 할 정도였다. 대학원에 다니면서도 나는 늘 잘난 척을 했다. 어느 날 랩 미팅에서 여느 때와 다름없이 동료들과 심한 논쟁을 한 다음, 지도교수가 나에게 잠깐 같이 걷자고 했다. 산책을 하면서 존경하는 지도교수가 나에게 해 준 한마디의 조언이 나의 인생을 바꾸어 놓았다."

지도교수는 산책을 하면서 나지막이 이야기했다. "나는 자네를 참 좋아해. 자네는 엄청난 재능이 있어. 하지만 자네가 동료들을 업신여기고 기분 나쁘게 하는 일을 멈추지 않으면 앞으로 자네에게 열리기로 되어 있는 많은 문이 열리지 않을 거야. 나는 그게 많이 걱정이 돼."

자상하고도 위엄 있는 훈계, 듣는 순간 번개를 맞는 듯한 깨달음이 생겼다. 저절로 깊은 뉘우침이 뒤따랐다. 아무도 고쳐 주지 못했던 그의 잘난 척하는 습관은 그날 이후 곧바로 사라졌다. 이는 어린아이 셋을 남기고 47세의 나이에 세상을 떠난 카네기멜론 대학교 랜디 포시 교수의 일화이다. 그는 죽음을 몇 달 앞두고 남긴 자신의 저서 『마지막 강의』에서, 자신의 고마운 지도교수를 떠올렸다. 죽기 직전, 가장 소중한 기억들 중 하나가 지도교수의 가르침이었던 것이다. 교수자의 자상한 조언 한마디가 학생들에게 얼마나 소중한 자산이 될 수 있는지를 보여 주는 이야기이다.

• 랜디 포시 지도교수의 교수학습방법 분석

① 공감의 소통: 랜디 포시의 지도교수는 강압적이지 않다. 그는 아이 메시지(I message)로 공감의 소통을 한다. "나는 자네를 좋아해……. 그러나 많은 문이 열리지 않을 거야. 나는 그게 많이 걱정이 돼." 학생과 한 편이 되는 친밀감을 나타낸다. 오랜 시간에 걸친 잘난 척하는 나쁜 습관을 한순간에 바꾸어 주는 강력한 교수의 힘은 공감에서 나왔다.

② 자기결정성 이론의 관계성: 함께 산책을 하자고 제안하는 선생님, 연구의 성취뿐 아니라 잘난 척하는 제자의 인성에 관심을 가져 주는 교수자와의 만남 그 자체가 학생에게는 큰 가르침이고 힘이 된다.

③ 열의의 교수자: 박사과정 대학원생은 제자이자, 일종의 연구 동료이다. 어린 학생도 아닌, 박사과정 학생이 다른 대학원생들과 제대로 관계를 맺지 못하는 것을 고쳐 주려고 노력하는 교수자, 학생에게 열의가 있는 교수자이다. 교수자의 열의는 학생의 마음을 움직인다.

사례 3

학생에게 아낌없이 주는 겸손한 교수자

하버드 대학교 법대의 석지영 교수는 그녀의 저서『내가 보고 싶었던 세계』에서 자신의 법대 스승, 빌 스턴츠 교수와의 일화를 다음과 같이 적고 있다.

"항암 치료를 받아야 했던 빌이 자신의 범죄판결 과목을 대신 가르쳐 달라고 부탁하셨다. 이제 교수님은 뼈만 남아 앙상해지셨다. 어느 날 연구실에 들어가니 작은 보따리가 놓여 있었다. 보따리를 열어 보고 나는 엉엉 울 수밖에 없었다. 교수님이 잠시 다녀가신 것이었다."

보따리에는 이렇게 적혀 있었다. "지영, 이제 나는 학교를 떠나야 할 것 같아. 병이 낫지를 않아. 나의 강의 노트를 지영에게 물려주고 싶어서 놓고 간다. 도움이 될지 모르지만, 만약을 위해서(I doubt these will be useful but just in case)."

석지영 교수는 이렇게 회상을 이어 간다. "만약을 위해서라니! 나는 세계 최고의 범죄판결 권위자의 평생의 업적을 고스란히 물려받은 것이었다." 빌 스턴츠 교수의 지성, 박학함, 학자로서의 천분, 그리고 무엇보다도 제자에 대한 그의 애정과 너그러움에 경의를 표한다.

- 아낌없이 주는 교수자인 석지영 지도교수의 교수학습방법 분석 : 석지영 교수도 언급했듯이 자신의 평생의 업적인 자신만의 강의노트를 제자 교수에게 고스란히 물려주는 스승, 아낌없이 주는 나무이다. 학생에게 자신의 강의록을 아낌없이 물려주는 것만으로도 훌륭한데, 강의록을 건

네주는 방식은 감동 그 자체이다. 조용히 학교에 들러서 제자의 연구실 방에 놓고 가는 겸손함, 제자에 대한 아낌없는 애정……. 위대한 교수의 여정이다.

사례 4

수년 후 제자에게 이메일을 보내는 열의의 교수자

미국 버지니아 시골의 한 교사는 초등학교 5학년 학생들에게 '자신의 꿈'에 대한 글을 제출하도록 한다. 학생들이 고2가 되면, 예전 선생님으로부터 한 통의 이메일을 받는다. "이제 대학입시 준비에 한창이겠구나. 어린 시절 너는 이러한 꿈을 가진 아이였단다. 너의 꿈을 기억하렴."

- 꿈을 일깨워 주는 교사의 교수학습방법 분석: 자신이 가르칠 때뿐 아니라, 졸업 후에도 제자를 성의껏 챙겨 주는 교사, 학생들은 이러한 교사의 노력을 통하여 자신의 어린 시절의 꿈을 다시 기억하게 된다. 더 나아가 몇 년 후에도 옛 제자들을 챙기는 교사의 모습을 통해서 '자신의 일을 열심히 하는 훌륭한 롤모델'을 접하게 된다. 고 2 때 다시 받는 이메일 한 통이 학생들에게는 평생에 남을 전인교육이 되는 것이다. 행동을 통하여 학생을 감화시키는 선생님, 진정 참스승이다.

사례 5

감동 어린 칭찬으로 학생의 인생을 바꾸는 교수자

정태기 어린이 이야기

어느 날 낙도의 작은 마을로 서울에서 새로운 선생님이 전근 오셨다. “한 달 동안 욕을 하지 않은 학생에게는 내가 서울에서 가져온 흰 종이의 노트를 선물로 줄 것이다.” 너무나 상을 타고 싶었던 정태기 어린이는 아예 말을 하지 않고 지내기로 결심하였다. 입만 벌리면 버릇처럼 욕이 나오기 때문이었다. 친구들의 놀림과 성화 속에도 정태기 어린이는 꿋꿋하게 하루 종일 입을 다물고 지냈다. 드디어 한 달이 지나서 정태기 전 교수는 선생님으로부터 노트를 상으로 받았다. “태기야, 너는 정말로 훌륭한 아이구나. 욕하는 버릇을 고치기가 정말 어려운데……. 나는 네가 큰 인물이 될 것이라고 믿는다.” 선생님의 이 말씀 한마디가 그의 인생을 바꾸었다.

그때까지 단 한 번도 칭찬을 들어 본 적이 없었던 아이는 선생님의 인정을 받은 뒤 완전히 달라졌다. 선생님의 지도에 따라서 정말 열심히 공부했다. 선생님은 시골 마을 아이들에게 더욱 큰 세상을 이야기해 주시며, 꿈을 키워 주셨다. 도시의 상급학교로 진학할 수 있도록 열심히 입시지도도 해 주셨다. 정태기 어린이는 선생님의 지도에 힘입어, 많은 어려움을 겪어 내고 한국신학대학교에 입학했다. 이후 그는 결국 고향 마을 최초로 미국 유학을 다녀온 뒤 모교의 교수가 됐다. 정태기 어린이뿐 아니라, 그의 친한 친구도 정태기 어린이와 같은 길을 걷고, 같은 한국신학대학교의 총장이 되었다. 별다른 꿈 없이, 욕을 입에 달고 살던 낙도 어린이들이 나란히 같은 대학의 교수가 된 것이다. 한 사람의 훌륭한 교사를 만난 것이 그들의 인생을 바꾸어 놓은 것이다.

- 교수학습방법 분석: 칭찬 한 번 들어 본 적 없이 자라 온 낙도의 어린이들에게 그들이 할 수 있는 가장 가까운 과제부터 주는 교사, 적절한 칭찬을 통해서 아이를 동기유발하는 교사, 학생들에게 정말 필요한 것이 무엇인지, 현실적으로 구체적으로 어디서부터 노력해야 하는지 아는 교사이다. 학생을 이해한다는 것은 그들을 관찰하고 경청하는 것이다. 학생들에게 정성을 쏟는 것이다. 그리고 비전까지 제시하는 교사, 그는 낙도 어린이들의 삶을 바꾸어 놓았다.

사례 6

열등생에게도 자신감을 불러일으키는 교수자

김요셉 목사는 김장환 목사가 아버지, 미국인 빌리 투루디 여사가 어머니이다. 한국에서 태어나서 초등학교 4학년에 처음으로 어머니의 고향 미시간에 가서 학교를 다니게 되었다. 어머니가 미국인이었지만, 영어 A, B, C도 모르는 채 4학년 교실에 배정된 김요셉은 걱정이 태산이었다. 마침 첫 시간은 어려운 단어들의 스펠링 복습 시간이었다. 선생님이 두툼한 단어카드를 손 안에 쥐고 "Spring"이라고 하면, 지적받은 아이가 일어나서 "S, P, R, I, N, G"라고 말하는 식이었다.

김요셉의 차례가 되었을 때에, 선생님은 요셉에게 칠판 앞으로 나와서 분필을 잡으라고 이야기하셨다. 어린 그는 생각하였다. '이 선생님 진짜 잔인하구나. 이제 나는 웃음거리가 되거나 바보가 되거나 둘 중 하나겠지…….' 그런데 선생님은 반 아이들에게 요셉에 대하여 설명하셨다. "요셉은 한국에서 온 선교사님 자녀야. 요셉은 한국이란 곳에서 태어나서 한국어를 아주 잘한단다. 요셉아, 선생님 이름을 한국말로 써 줄래? 선생님 이름은 '샤프'야." 요셉이 한국어를 칠판에 쓰자 친구들이 마치 이집트 문자라도 쓴 것처럼 탄성과 환호를 질렀다. 선생님의 한국 이름을 쓰자, 반 아이들이 앞다투어 자신의 이름도 한국말로 써 달라고 했다. 탐, 수잔, 제인……, 이름을 칠판에 쓸 때마다 아이들은 감탄하며 박수를 쳤다.

그 순간을 김요셉 목사는 다음과 같이 회상한다. "저는 한줄기 따뜻한 빛을 느꼈습니다. 환하고 고운 빛이 내 안 어딘가에 숨어 있던 어두움을 몰아냈습니다.” 샤프 선생님을 만나는 덕분에 ‘영어도 못하는 파란 눈의 아이’가 될 뻔하였던 요셉은 ‘한국어 잘하는 아이’가 되었다. 혼혈아라는 것 때문에 열등감을 갖고 있던 아이, 영어 때문에 자칫 엄마의 나라 미국에서 더욱 움츠러들 수도 있었던 요셉은 훌륭한 선생님을 만나서 ‘자신감’이 충만한 아이로 자랐다. 그는 자신이 그 이후 대학 내내 장학금을 탈 수 있었던 것도, 박사학위를 딸 수 있었던 것도 샤프 선생님을 만나서 얻은 자신감 때문이라고 회상한다.

- 교수학습방법 분석: 미국에서 영어를 못하는 것은 치명적인 제한점이다. 그러나 샤프 선생님은 요셉의 약점을 결코 들추어내지 않았다. 대신에 선생님은 요셉이 잘하는 것을 찾아내고, 부각시켜 주셨다. 샤프 선생님은 아이에게 ‘평생의 자신감’을 심어 주었다. 김요셉 목사는 ‘자신도 누군가에게 샤프 선생님이 되기를’ 꿈꾸며 산다고 인터뷰를 마무리한다. 훌륭한 교사로서 아이들의 생에 ‘영감(inspiration)’이 되어 주는 교사, 최고의 교사이다.

참고문헌

강광호(2000). 선행조직자 유형과 학습양식이 산문학습에 미치는 효과. 진주교육대학교 대학원 석사학위논문.

구재선, 이아롱, 서은국(2009). 행복의 사회적 기능: 행복한 사람이 인기가 있나? 한국심리학회지: 문화 및 사회문제, 15, 29-47.

김성일(2006). 뇌기반 학습과학: 뇌과학이 교육에 대해 말해 주는 것은 무엇인가? 인지과학, 17(4), 375-398.

김성일(2011). 동기에 대한 신경교육학적 접근: 동기과정의 재개념화. 교육심리연구, 25(1), 87-110.

김아영(2002). 자기결정성 이론에 따른 학습동기 유형 분류체계의 타당성. 교육심리연구, 16(4), 169-187.

김아영(2003). 교실에서의 동기. 교육심리연구, 17(1), 5-36.

김아영(2008). 한국 청소년의 학업동기 발달. 한국심리학회지: 문화 및 사회문제, 14(1), 111-134.

김언주(1970). 인지구조의 개인차에 따른 선행조직자의 효과. 서울대학교 대학원 석사학위논문.

김은주(2001). 동기적 선행조직자 활용 교수방법 실험연구. 연세대학교 대학원 박사학위논문.

김은주(2004). 협동학습에서 학습자의 사전성취도와 의사소통 성향의 개인차가 수업만족도에 미치는 효과. 교육학연구, 42, 123-151.

김은주(2005). 자아구성과 내· 외재 동기유형이 교수자의 자기제시에 대한 학습자의 평가에 미치는 영향. **교육심리연구**, **19**(4), 1065-1086.

김은주, 김민규(2014). 대학신입생의 자율성과 유능성 및 대학생활 만족도 간의 시간에 따른 변화와 상호 연관성에 대한 잠재성장모형의 검증. **청소년학연구**, **21**(5), 29-56.

김은주, 도승이(2009). 협동학습에서 학습자의 유능감 및 관계성 욕구와 내재동기 및 수업 참여의 관계분석. **교육심리연구**, **23**(1), 181-196.

김은주, 홍세희, 김주환(2006). 자기결정성이 내재동기를 매개로 학업성취도 및 협동학습 선호도와 경쟁 학습 선호도에 미치는 영향. **교육학연구**, **44**, 271-300.

김재진(2010). **뇌를 경청하라**. 서울: 21세기북스.

김주환, 김은주, 홍세희(2006). 한국 남녀 중학생 집단에서 자기결정성이 학업성취도에 주는 영향. **교육심리연구**, **20**(1), 243-264.

김주환, 신우열, 함정현(2009). 행복은 우리를 통(通)하게 한다: 긍정심리학 관점에서 커뮤니케이션 이론 다시 보기. **커뮤니케이션 이론**, **5**(1), 86-122.

문휘창(2013. 1.). 유태인보다 강한 한국인의 'Dedication'. 동아비즈니스리뷰. https://dbr.donga.com/article/view/1203/article_no/5477

오향님(1989). 선행조직자 및 사전질문의 학업성취도에 미치는 영향. 중앙대학교 대학원 석사학위논문.

이성호(1994). **교육신화**. 서울: 양서원.

이성호(2000). **교수방법의 탐구**. 서울: 양서원.

이성호(2003). **개정 교수방법의 탐구**. 서울: 양서원.

이수한(1992). 선행조직자 유형이 교재학습에 미치는 효과. 경상대학교 대학원 석사학위논문.

이신동(1996). 선행 조직자의 적성-처치상호작용효과 분석 (1): 인지적 적성을 중심으로. **교육심리연구**, **10**(3), 205-227.

이신동(1999). 자기 조절 학습능력의 효과범위 탐색. **교육심리연구**, **13**(4), 47-66.

임태섭(2004). **스피치 커뮤니케이션**. 서울: 커뮤니케이션북스.

장재윤, 구자숙(1998). 보상이 내재적 동기 및 창의성에 미치는 효과: 개관과 적용. **한국심리학회지: 사회 및 성격**, **12**(2), 39-77.

정옥분(1998). **청년발달의 이해**. 서울: 학지사.

조시화(1982). 지능과 선행조직자의 추상수준 및 그 상호작용이 국민학습의 학습과 파지에 미치는 영향. 서울대학교 대학원 석사학위논문.

최효미, 김나영, 김태우(2017). **영유아 교육 · 보육비용 추정 연구(V)**. 서울: 육아정책연구소.

홍경숙(1989). Ausubel의 선행조직자 구성을 위한 실험적 연구. 이화여자대학교 대학원 석사학위논문.

Abelson, R. P., Kinder, D. R., Peters, M. D., & Fiske, S. T. (1982). Affective and semantic components in political person perception. *Journal of Personality and Social Psychology, 42*(4), 619.

Adcock, R. A., Thangavel, A., Whitfield-Gabrieli, S., Knutson, B., & Gabrieli, J. D. (2006). Reward-motivated learning: Mesolimbic activation precedes memory formation. *Neuron, 50*(3), 507-517.

Ahn, S., & Phillips, A. G. (2007). Dopamine efflux in the nucleus accumbens during within-session extinction, outcome-dependent, and habit-based instrumental responding for food reward. *Psychopharmacology, 191*(3), 641-651.

Anderson, E. S., Wojcik, J. R., Winett, R. A., & Williams, D. M. (2006). Social-cognitive determinants of physical activity: The influence of social support, self-efficacy, outcome expectations, and self-regulation among participants in a church-based health promotion study. *Health Psychology, 25,* 510-520.

Amabile, T. M. (1983). The social psychology of creativity: A componential conceptualization. *Journal of Personality and Social Psychology, 45*(2), 357.

Amabile, T. M., DeJong, W., & Lepper, M. R. (1976). Effects of externally imposed deadlines on subsequent intrinsic motivation. *Journal of Personality and Social Psychology, 34*(1), 92-98.

Ames, C. (1992). Classrooms: Goals, structures, and student motivation. *Journal of Educational Psychology, 84*(3), 261.

Amorose, A. J., & Anderson-Butcher, D. (2007). Autonomy-supportive coaching and self-determined motivation in high school and college athletes: A test of self-determination theory. *Psychology of Sport and Exercise, 8*(5), 654-670.

Annis, L. F. (1983). The processes and effects of peer tutoring. *Human Learning: Journal of Practical Research & Applications, 2*(1), 39-47.

Ansari, D., & Coch, D. (2006). Bridges over troubled waters: Education and cognitive neuroscience. *Trends in Cognitive Sciences, 10*(4), 146-151.

Ansari, D., De Smedt, B., & Grabner, R. H. (2012). Neuroeducation-a critical overview of an emerging field. *Neuroethics, 5*(2), 105-117.

Ariely, D., Gneezy, U., Loewenstein, G., & Mazar, N. (2009). Large stakes and big mistakes. *The Review of Economic Studies, 76*(2), 451-469.

Armor, D. A., & Taylor, S. E. (2002). When predictions fail: The dilemma of unrealistic optimism. In T. Gilovich, D. Griffin, & D. Kahneman (Eds.), *Heuristics and biases: The psychology of intuitive judgment* (pp. 334-347). Cambridge, UK: Cambridge University Press.

Armstrong, J. S. (2012). Natural learning in higher education. *Encyclopedia of the Sciences of Learning*, 2426-2433.

Ashby, F. G., Isen, A. M., Turken, A. U. (1999). A neuropsychological theory of positive affect and its influence on cognition. *Psychological Review, 106*(3), 529-550.

Aspinwall, L. G. (1998). Rethinking the role of positive affect in self-regulation. *Motivation and Emotion, 22*(1), 1-32.

Assor, A., Kaplan, H., & Roth, G. (2002). Choice is good, but relevance is excellent: Autonomy-enhancing and suppressing teacher behaviours predicting students' engagement in schoolwork. *British Journal of Educational Psychology, 72*(2), 261-278.

Atkinson, R. C., & Shiffrin, R. M. (1968). Human memory: A proposed system and its control processes. *Psychology of Learning and Motivation, 2,* 89-195.

Ausubel, D. P. (1960). The use of advance organizers in the learning and retention of meaningful verbal material. *Journal of Educational Psychology,*

51(5), 267.

Ausubel, D. P. (1978). In defense of advance organizers: A reply to the critics. *Review of Educational Research, 48*(2), 251-257.

Ausubel, D. P., & Youssef, M. (1963). Role of discriminability in meaningful paralleled learning. *Journal of Educational Psychology, 54*(6), 331.

Azmitia, M. (1988). Peer interaction and problem solving: When are two heads better than one? *Child Development*, 87-96.

Bahrick, H. P., & Phelphs, E. (1987). Retention of Spanish vocabulary over 8 years. *Journal of Experimental Psychology: Learning, Memory, and Cognition, 13*(2), 344.

Bandura, A. (1977). Self-efficacy: Toward a unifying theory of behavioral change. *Psychological Review, 84*, 191-215.

Bandura, A. (1993). Perceived self-efficacy in cognitive development and functioning. *Educational Psychologist, 28*, 117-148.

Barbey, A. K., Koenigs, M., & Grafman, J. (2013). Dorsolateral prefrontal contributions to human working memory. *Cortex, 49*(5), 1195-1205.

Bargh, J. A., Gollwitzer, P. M., Lee-Chai, A., Barndollar, K., & Trötschel, R. (2001). The automated will: Nonconscious activation and pursuit of behavioral goals. *Journal of Personality and Social Psychology, 81*(6), 1014.

Bargh, J. A., & Schul, Y. (1980). On the cognitive benefits of teaching. *Journal of Educational Psychology, 72*(5), 593.

Barnes, B. R., & Clawson, E. U. (1975). Do advance organizers facilitate learning? Recommendations for further research based on an analysis of 32 studies. *Review of Educational Research, 45*(4), 637-659.

Baron, R. A. (1987). Mood interviewer and the evaluation of job candidates. *Journal of Applied Social Psychology, 17*, 911-926.

Baron, R. A. (1990) *Attributions and organizational conflict*. In S. Graham & V. Folkes (Eds.), *Attribution theory applications to achievement, mental health, and interpersonal conflict* (pp. 185-204). NJ: Erbaum.

Barsade, S. G. (2002). The ripple effect: Emotional contagion and its influence on group behavior. *Administrative Science Quarterly, 47*(4), 644-675.

Barto, A. G., Singh, S., & Chentanez, N. (2004, October). Intrinsically motivated learning of hierarchical collections of skills. In *Proceedings of the 3rd International Conference on Development and Learning* (pp. 112-119).

Batson, C. D. (2009). *These things called empathy.* In J. Decety & W. Ickes (Eds.), *The social neuroscience of empathy* (pp. 16-31). Cambridge, MA: MIT Press.

Batson, C. D., Coke, J. S., Chard, F., Smith, D., & Taliaferro, A. (1979). Generality of the 'glow of goodwill': Effects of mood on helping and information acquisition. *Social Psychology Quarterly*, 176-179.

Baumeister, R. F. (1982). A self-presentational view of social phenomena. *Psychological Bulletin, 91*(1), 3.

Baumeister, R. F., & Leary, M. R. (1995). The need to belong: Desire for interpersonal attachments as a fundamental human motivation. *Psychological Bulletin, 117*(3), 497.

Beers, G. W. (2005). The effect of teaching method on objective test scores: Problem-based learning versus lecture. *Journal of Nursing Education, 44*(7), 305.

Bem, D. J. (1972). *Self-perception theory*. In *Advances in experimental social psychology* (Vol. 6, pp. 1-62). New York: Academic Press.

Bernard, R. M., Petersen, C. H., & Ally, M. (1981). Can images provide contextual support for prose? *Educational Communication and Technology: A Journal of Theory, Research and Development, 29*(2), 101-108.

Berridge, K. C., & Kringelbach, M. L. (2008). Affective neuroscience of pleasure: Reward in humans and animals. *Psychopharmacology, 199*(3), 457-480.

Berridge, K. C., & Robinson, T. E. (1998). What is the role of dopamine in reward: Hedonic impact, reward learning, or incentive salience? *Brain Research Reviews, 28*(3), 309-369.

Berridge, K. C., & Robinson, T. E. (2003). Parsing reward. *Trends in Neurosciences, 26*(9), 507-513.

Berridge, K. C., & Robinson, T. E. (2016). Liking, wanting, and the incentive-sensitization theory of addiction. *American Psychologist, 71*(8), 670.

Beyerstein, B. L. (1999). *Whence cometh the myth that we only use ten percent of our brains.* Mind Myths: Exploring Popular Assumptions about the Mind and Brain. New York: John Wiley & Sons.

Blackmore, C. (2007). What kinds of knowledge, knowing and learning are required for addressing resource dilemmas? A theoretical overview. *Environmental Science & Policy, 10*(6), 512-525.

Blackmore, C., Ison, R., & Jiggins, J. (2007). Social learning: an alternative policy instrument for managing in the context of Europe's water. *Environmental Science & Policy, 10*(6), 493-498.

Blakemore, S. J., & Frith, U. (2005). *The learning brain: Lessons for education.* Oxford: Blackwell publishing.

Bloom, B. S. (1968). Learning for Mastery. Instruction and Curriculum. Regional Education Laboratory for the Carolinas and Virginia, Topical Papers and Reprints, Number 1. *Evaluation Comment, 1*(2), n2.

Boone, W. R., Dickey, J. F., & Keller, D. F. (1979). Contract learning: A technique for motivating dairy science students. *Journal of Dairy Science, 62*(11), 1848-1851.

Botvinick, M. M., Braver, T. S., Barch, D. M., Carter, C. S., & Cohen, J. D. (2001). Conflict monitoring and cognitive control. *Psychological Review, 108*(3), 624.

Bruer, J. T. (1997). Education and the brain: A bridge too far. *Educational Researcher, 26*(8), 4-16.

Buckner, R. L., & Carroll, D. C. (2007). Self-projection and the brain. *Trends in Cognitive Sciences, 11*(2), 49-57.

Bush, G., Luu, P., & Posner, M. I. (2000). Cognitive and emotional influences in anterior cingulate cortex. *Trends in Cognitive Sciences, 4*(6), 215-222.

Burger, J. M., & Caldwell, D. F. (2000). Personality, social activities, job-search behavior and interview success: Distinguishing between PANAS trait positive affect and NEO extraversion. *Motivation and Emotion, 24*(1), 51-62.

Byrnes, J. P. (2001). *Minds, brains, and learning: Understanding the psychological and educational relevance of neuroscientific research*. New York: Guilford Press.

Camerer, C. F., & Hogarth, R. M. (1999). The effects of financial incentives in experiments: A review and capital-labor-production framework. *Journal of Risk and Uncertainty, 19*(1-3), 7-42.

Cameron, J., & Pierce, W. D. (1994). Reinforcement, reward, and intrinsic motivation: A meta-analysis. *Review of Educational Research, 64*(3), 363-423.

Campbell, J. (1965). The children's crusader: Colonel Francis W. Parker. Unpublished doctoral dissertation. New York: Columbia University, Teachers College.

Cardy, R. L., & Dobbins, G. H. (1986). Affect and appraisal accuracy: Liking as an integral dimension in evaluating performance. *Journal of Applied Psychology, 71,* 672-678.

Carew, T. J., & Magsamen, S. H. (2010). Neuroscience and education: An ideal partnership for producing evidence-based solutions to guide 21st century learning. *Neuron, 67*(5), 685-688.

Carnevale, P. J. D., & Isen, A. M. (1986). The influence of positive affect and visual access on the discovery of integrative solutions in bilateral negotiation. *Organizational Behavior and Human Decision Processes, 37,* 1-13.

Carver, C. S., & Scheier, M. F. (2005). *Optimism*. In C. R. Snyder & S. J. Lopez (Eds.), *Handbook of positive psychology* (pp. 231-243). New York: Oxford University Press.

Casciaro, T., & Lobo, M. S. (2005). Competent jerks, lovable fools, and the formation of social networks. *Harvard Business Review, 83*(6), 92-99.

Casey, B. J., Getz, S., & Galvan, A. (2008). The adolescent brain. *Developmental Review, 28*(1), 62-77.

Cashin, W. E. (1985). *Improving lectures*. Manhattan, NY: Kansas State University.

Chabris, C. F., & Simons, D. J. (2010). *The invisible gorilla: And other ways our intuitions deceive us*. New York: Crown.

Cherry, C. (1953). Cocktail party problem. *Journal of the Acoustical Society of America, 25,* 975-979.

Chib, V. S., De Martino, B., Shimojo, S., & O'Doherty, J. P. (2012). Neural mechanisms underlying paradoxical performance for monetary incentives are driven by loss aversion. *Neuron, 74*(3), 582-594.

Chiew, K. S., & Braver, T. S. (2014). Dissociable influences of reward motivation and positive emotion on cognitive control. *Cognitive, Affective, & Behavioral Neuroscience, 14*(2), 509-529.

Chiew, K. S., Stanek, J. K., & Adcock, R. A. (2016). Reward anticipation dynamics during cognitive control and episodic encoding: Implications for dopamine. *Frontiers in Human Neuroscience, 10,* 555.

Chirkov, V. I., & Ryan, R. M. (2001). Parent and teacher autonomy-support in Russian and US adolescents: Common effects on well-being and academic motivation. *Journal of Cross-Cultural Psychology, 32*(5), 618-635.

Chua, A. (2011). *Battle hymn of the tiger mother.* UK: Bloomsbury Publishing.

Cohen, E. G. (1994). Restructuring the classroom: Conditions for productive small groups. *Review of Educational Research, 64*(1), 1-35.

Cohen, I., & Goldsmith, M. (2000). *Hands on: how to use Brain Gym® in the classroom*. South Africa: Hands On Books.

Compton, W. C. (2005). *Introduction to positive psychology*. CA: Thomson Wadsworth.

Conrad, R. (1964). Acoustic confusion in immediate memory. *British Journal of*

Psychology, 55, 75-84.

Covington, M. V. (1999). Caring about learning: The nature and nurturing of subject-matter appreciation. *Educational Psychologist, 34*(2), 127-136.

Cowan, N. (2008). What are the differences between long-term, short-term, and working memory? *Progress in Brain Research, 169*, 323-338.

Crain, W. (2015). *Theories of development: Concepts and applications: Concepts and applications*. New York: Routledge.

Csikszentmihalyi, M. (1975). *Beyond boredom and anxiety*. San Francisco, CA: Jossey-Bass Inc.

Csikszentmihalyi, M. (1988). Motivation and creativity: Toward a synthesis of structural and energistic approaches to cognition. *New Ideas in psychology, 6*(2), 159-176.

Csikszentmihalyi, M. (1990). Literacy and intrinsic motivation. *Daedalus*, 115-140.

Csikszentmihalyi, M., & Figurski, T. J. (1982). Self-awareness and aversive experience in everyday life. *Journal of Personality, 50*(1), 15-19.

Cummings, J. L., & Miller, B. L. (2007). Conceptual and clinical aspects of the frontal lobes. *The Human Frontal Lobes: Functions and Disorders*, 12-21.

Damasio, A. R. (1989). Time-locked multiregional retroactivation: A systems-level proposal for the neural substrates of recall and recognition. *Cognition, 33*(1-2), 25-62.

Danner, D. D., Snowdon, D. A., & Friesen, W. V. (2001). Positive emotions in early life and longevity: Findings from the nun study. *Journal of Personality and Social Psychology, 80*, 804-813.

Davidson, R. J. (2000). Affective style, psychopathology, and resilience: Brain mechanisms and plasticity. *American Psychologist, 55*(11), 1196.

Davis, B. G. (2009). *Tools for teaching*. San Francisco, CA: Jossey-Bass Inc.

Dayan, P., & Balleine, B. W. (2002). Reward, motivation, and reinforcement learning. *Neuron, 36*(2), 285-298.

De Smedt, B., & Verschaffel, L. (2010). Traveling down the road: From cognitive neuroscience to mathematics education··· and back. *ZDM, 42*(6), 649-654.

Decety, J. (2011). Dissecting the neural mechanisms mediating empathy. *Emotion Review, 3*(1), 92-108.

Decety, J., & Lamm, C. (2009). The biological basis of empathy. *Handbook of neuroscience for the behavioral sciences* (pp. 940-957). New York: John Wiley and Sons.

deCharms, R. (1968). *Personal causation: The internal affective determinants of behavior.* New York: Academic Press.

Deci, E. L. (1971). Effects of externally mediated rewards on intrinsic motivation. *Journal of Personality and Social Psychology, 18*(1), 105.

Deci, E. L. (1975). *Intrinsic motivation*. New York: Plenum Press.

Deci, E. L. (1980). *The psychology of self-determination.* New York: Free Press.

Deci, E. L., & Ryan, R. M. (1985). *Intrinsic motivation and self-determination in human behavior.* New York: Plenum Press.

Deci, E. L., & Ryan, R. M. (2000). The "what" and "why" of goal pursuits: Human needs and the self-determination of behavior. *Psychological Inquiry, 11*(4), 227-268.

Deci, E. L., & Ryan, R. M. (2010). Intrinsic motivation. *The Corsini Encyclopedia of Psychology*, 1-2.

Deci, E. L., Koestner, R., & Ryan, R. M. (1999). A meta-analytic review of experiments examining the effects of extrinsic rewards on intrinsic motivation. *Psychological Bulletin, 125*(6), 627.

Dehaene, S. (2014). *Consciousness and the brain: Deciphering how the brain codes our thoughts.* New York: Penguin.

Dekker, S., Lee, N. C., Howard-Jones, P., & Jolles, J. (2012). Neuromyths in education: Prevalence and predictors of misconceptions among teachers. *Frontiers in Psychology, 3,* 429.

Der-Avakian, A., & Markou, A. (2012). The neurobiology of anhedonia and other reward-related deficits. *Trends in Neurosciences, 35*(1), 68-77.

Detterman, D. K., & Sternberg, R. J. (1993). *Transfer on trial: Intelligence, cognition, and instruction.* Norwood, NJ: Ablex Publishing.

Dewey, J. (1963) *Freedom and culture.* New York: Capricorn.

Diederen, K. M., Spencer, T., Vestergaard, M. D., Fletcher, P. C., & Schultz, W. (2016). Adaptive prediction error coding in the human midbrain and striatum facilitates behavioral adaptation and learning efficiency. *Neuron, 90*(5), 1127-1138.

Diederen, K. M., Ziauddeen, H., Vestergaard, M. D., Spencer, T., Schultz, W., & Fletcher, P. C. (2017). Dopamine modulates adaptive prediction error coding in the human midbrain and striatum. *Journal of Neuroscience, 37*(7), 1708-1720.

Diener, C. I., & Dweck, C. S. (1980). An analysis of learned helplessness: II. The processing of success. *Journal of Personality and Social Psychology, 39*(5), 940.

Diener, E. (2000). Subjective well-being: The science of happiness and a proposal for a national index. *American Psychologist, 55*(1), 34.

Dobbins, I. G., Foley, H., Schacter, D. L., & Wagner, A. D. (2002). Executive control during episodic retrieval: Multiple prefrontal processes subserve source memory. *Neuron, 35*(5), 989-996.

Dobbins, I. G., Simons, J. S., & Schacter, D. L. (2004). fMRI evidence for separable and lateralized prefrontal memory monitoring processes. *Journal of Cognitive Neuroscience, 16*(6), 908-920.

Doctorow, M., Wittrock, M. C., & Marks, C. (1978). Generative processes in reading comprehension. *Journal of Educational Psychology, 70*(2), 109.

Duffy, T. M., & Jonassen, D. H. (1991). Constructivism: New implications for instructional technology? *Educational Technology, 31*(5), 7-12.

Dweck, C. S. (1975). The role of expectations and attributions in the alleviation of learned helplessness. *Journal of Personality and Social Psychology, 31*(4),

674.

Dweck, C. S. (1986). Motivational processes affecting learning. *American Psychologist, 41*(10), 1040.

Dweck, C. S. (2013). *Self-theories: Their role in motivation, personality, and development.* Philadelphia, PA: Psychology press.

Dweck, C. S., & Leggett, E. L. (1988). A social-cognitive approach to motivation and personality. *Psychological Review, 95*(2), 256.

Eden, G. F., Jones, K. M., Cappell, K., Gareau, L., Wood, F. B., Zeffiro, T. A., ... & Flowers, D. L. (2004). Neural changes following remediation in adult developmental dyslexia. *Neuron, 44*(3), 411-422.

Eisenberg, N., & Eggum, N. D. (2009). Empathic responding: Sympathy and personal distress. *The Social Neuroscience of Empathy, 6*, 71-83.

Eisenberg, N., Vidmar, M., Spinrad, T. L., Eggum, N. D., Edwards, A., Gaertner, B., & Kupfer, A. (2010). Mothers' teaching strategies and children's effortful control: A longitudinal study. *Developmental Psychology, 46*(5), 1294.

Eisenberger, R., & Cameron, J. (1996). Detrimental effects of reward: Reality or myth? *American Psychologist, 51*(11), 1153.

Elliot, A. J., & Thrash, T. M. (2002). Approach-avoidance motivation in personality: approach and avoidance temperaments and goals. *Journal of Personality and Social Psychology, 82*(5), 804.

Elliott, R., Bohart, A. C., Watson, J. C., & Greenberg, L. S. (2011). Empathy. *Psychotherapy, 48*(1), 43.

Engle, R. W., Tuholski, S. W., Laughlin, J. E., & Conway, A. R. (1999). Working memory, short-term memory, and general fluid intelligence: A latent-variable approach. *Journal of Experimental Psychology: General, 128*(3), 309.

Erez, A., & Isen, A. M. (2002). The influence of positive affect on the components of expectancy motivation. *Journal of Applied Psychology, 87*(6), 1055.

Ernst, M., & Fudge, J. L. (2009). A developmental neurobiological model of motivated behavior: Anatomy, connectivity and ontogeny of the triadic nodes. *Neuroscience & Biobehavioral Reviews, 33*(3), 367-382.

Ernst, M., Pine, D. S., & Hardin, M. (2006). Triadic model of the neurobiology of motivated behavior in adolescence. *Psychological Medicine, 36*(3), 299.

Esping-Andersen, G. (2009). *Incomplete revolution: Adapting welfare states to women's new roles.* Cambridge: Polity.

Estrada, C. A., Isen, A. M., & Young, M. J. (1994). Positive affect improves creative problem solving and influences reported source of practice satisfaction in physicians. *Motivation and Emotion, 18*(4), 285-299.

Estrada, C. A., Isen, A. M., & Young, M. J. (1997). Positive affect facilitates integration of information and decreases anchoring in reasoning among physicians. *Organizational Behavior and Human Decision Processes, 72,* 117-135.

Finn, P. R. (2002). Motivation, working memory, and decision making: A cognitive-motivational theory of personality vulnerability to alcoholism. *Behavioral and Cognitive Neuroscience Reviews, 1*(3), 183-205.

Fiske, S. T., Cuddy, A. J., & Glick, P. (2007). Universal dimensions of social cognition: Warmth and competence. *Trends in Cognitive Sciences, 11*(2), 77-83.

Fredrickson, B. L. (1998). What good are positive emotions? *Review of General Psychology, 2,* 300-319.

Fredrickson, B. L. (2001). The role of positive emotions in positive psychology. *American Scientist, 56*(3), 218-226.

Fredrickson, B. L. (2004). The broaden-and-build theory of positive emotions. *Philosophical Transactions of the Royal Society of London. Series B: Biological Sciences, 359*(1449), 1367-1377.

Fredrickson, B. L. (2005). *Positive emotions.* In C. R. Snyder & S. J. Lopez (Eds.), *Handbook of positive psychology* (pp. 120-134). New York: Oxford University Press.

Fredrickson, B. L. (2013). Positive emotions broaden and build. In *Advances in experimental social psychology* (Vol. 47, pp. 1-53). New York: Academic Press.

Fredrickson, B. L., & Branigan, C. (2005). Positive emotions broaden the scope of attention and thought–action repertoires. *Cognition & Emotion, 19*(3), 313-332.

Fredrickson, B. L., & Joiner, T. (2002). Positive emotions trigger upward spirals toward emotional well-being. *Psychological Science, 13,* 172-175.

Fredrickson, B. L., & Levenson, R. W. (1998). Positive emotions speed recovery from the cardiovascular sequelae of negative emotions. *Cognition and Emotion, 12,* 191-220.

Fredrickson, B. L., John, M. A., Coffey, K. A., Pek, J., & Finkel, S. M. (2008). Open hearts build lives: Positive emotions, induced through loving-kindness meditation, build consequential personal resources. *Journal of Personality and Social Psychology, 95*(5), 1045-1062.

Fredrickson, B. L., Mancuso, R. A., Branigan, C., & Tugade, M. M. (2000). The undoing effect of positive emotions. *Motivation and Emotion, 24*, 237-258.

Fredrickson, B. L., Tugade, M. M., Waugh, C. E., & Larkin, G. R. (2003). What good are positive emotions in crises? A prospective study of resilience and emtions following the terrorist attacks on the United States on September 11th, 2001. *Journal of Personality and Social Psychology, 84,* 365-376.

Freedman, J. L., Cunningham, J. A., & Krismer, K. (1992). Inferred values and the reverse-incentive effect in induced compliance. *Journal of Personality and Social Psychology, 62*(3), 357.

Friston, K. (2009). The free-energy principle: A rough guide to the brain? *Trends in Cognitive Sciences, 13*(7), 293-301.

Friston, K. J., Daunizeau, J., & Kiebel, S. J. (2009). Reinforcement learning or active inference? *PloS One, 4*(7), e6421.

Frith, C. D., & Frith, U. (2006). The neural basis of mentalizing. *Neuron, 50*(4),

531-534.

Furrer, C., & Skinner, E. (2003). Sense of relatedness as a factor in children's academic engagement and performance. *Journal of Educational Psychology, 95*(1), 148.

Gabrieli, J. D. (2009). Dyslexia: A new synergy between education and cognitive neuroscience. *Science, 325*(5938), 280-283.

Gagne, R. M. (1970). *The conditions of learning* (2nd ed.). New York: Rinehart and Winston Inc.

Gagne, R. M., Briggs, L. J., & Wager, W. W. (1988). *Instructional design.* New York: Rinehart and Winston Inc.

Galinsky, E. (2001). What Children Want from Parents-and How Teachers Can Help. *Educational Leadership, 58*(7), 24-28.

Gardner, M. P., Schoenbaum, G., & Gershman, S. J. (2018). Rethinking dopamine as generalized prediction error. *Proceedings of the Royal Society B, 285*(1891), 20181645.

Geak, J. & Cooper, P. (2003). Cognitive Neuroscience: Implications for education? *Westminster Studies in Education, 26,* 7-20.

Geddis, A. N. (1993). Transforming subject-matter knowledge: The role of pedagogical content knowledge in learning to reflect on teaching. *International Journal of Science Education, 15*(6), 673-683.

Gentili, P. (2000). The permanent crisis of the public university. *NACLA Report on the Americas, 33*(4), 12-18.

Gershman, S. J., & Uchida, N. (2019). Believing in dopamine. *Nature Reviews Neuroscience, 20*(11), 703-714.

Gilbert, S. J., & Horenstein, D. (1975). The communication of self-disclosure: Level versus valence. *Human Communication Research, 1*(4), 316-322.

Glenberg, A. M. (1979). Component-levels theory of the effects of spacing of repetitions on recall and recognition. *Memory & Cognition, 7*(2), 95-112.

Glover, J. A., Bullock, R. G., & Dietzer, M. L. (1990). Advance organizers: Delay hypotheses. *Journal of Educational Psychology, 82*(2), 291.

Goffman, E. (1956). *The presentation of self in everyday life.* Edinburgh: University of Edinburgh. Social Sciences Research Centre, 5.

Goswami, U. (2004). Neuroscience, education and special education. *British Journal of Special Education, 31*(4), 175-183.

Goswami, U. (2006). Neuroscience and education: From research to practice? *Nature Reviews Neuroscience, 7*(5), 406-413.

Gray, J. R., Braver, T. S., & Raichle, M. E. (2002). Integration of emotion and cognition in the lateral prefrontal cortex. *PNAS, 99*(6), 4115-4120.

Greenberg, L. S., Watson, J. C., Elliot, R., & Bohart, A. C. (2001). Empathy. *Psychotherapy: Theory, Research, Practice, Training, 38*(4), 380.

Greene, T. R., & Noice, H. (1988). Influence of positive affect upon creative thinking and problem solving in children. *Psychological Reports, 63*(3), 895-898.

Grolnick, W. S., & Ryan, R. M. (1987). Autonomy in children's learning: An experimental and individual difference investigation. *Journal of Personality and Social Psychology, 52*(5), 890.

Grotelueschen, A., & Sjogren, D. D. (1968). Effects of differentially structured introductory materials and learning tasks on learning and transfer. *American Educational Research Journal, 5*(2), 191-202.

Guay, F., Boggiano, A. K., & Vallerand, R. J. (2001). Autonomy support, intrinsic motivation, and perceived competence: Conceptual and empirical linkages. *Personality and Social Psychology Bulletin, 27*(6), 643-650.

Gusnard, D. A., Akbudak, E., Shulman, G. L., & Raichle, M. E. (2001). Medial prefrontal cortex and self-referential mental activity: Relation to a default mode of brain function. *PNAS, 98*(7), 4259-4264.

Gweon, H., & Saxe, R. (2013). Developmental cognitive neuroscience of theory of mind. *Neural Circuit Development and Function in the Brain*, 367-377.

Hammer, W. C., & Foster, L. W. (1975). Are intrinsic and extrinsic rewards additive: A test of Deci's cognitive evaluation theory of task motivation. *Organizational Behavior and Human Performance, 14,* 398-415.

Hardy, J. (2006). Speaking clearly: A critical review of the self-talk literature. *Psychology of Sport and Exercise, 7*(1), 81-97.

Hardy, J., Roberts, R., & Hardy, L. (2009). Awareness and motivation to change negative self-talk. *The Sport Psychologist, 23*(4), 435-450.

Hardy, L., Jones, J. G., & Gould, D. (1996). *Understanding psychological preparation for sport: Theory and practice of elite performers*. New York: John Wiley & Sons Inc.

Harker, L., & Keltner, D. (2001). Expressions of positive emotion in women's college yearbook pictures and their relationship to personality and life outcomes across adulthood. *Journal of Personality and Social Psychology, 80,* 112-124.

Hartley, J., & Davies, I. K. (1976). Preinstructional strategies: The role of pretests, behavioral objectives, overviews and advance organizers. *Review of Educational Research, 46*(2), 239-265.

Hartman, G. (1990). Peer learning and support via audio-teleconferencing in continuing education for nurses. *Distance Education, 11*(2), 308-319.

Heady, B., & Veenhoven, R. (1989). Does happiness induce a rosy outlook? In R. Veenhoven (Ed.), *How harmfull is happiness? Consequences of enjoying life or not* (pp. 106-127). The Netherlands: Universitaire Pers Rotterdam.

Heine, S. J., & Lehman, D. R. (1997). Culture, dissonance, and self-affirmation. *Personality and Social Psychology Bulletin, 23*(4), 389-400.

Hoeft, F., Meyler, A., Hernandez, A., Juel, C., Taylor-Hill, H., Martindale, J. L., ... & Deutsch, G. K. (2007). Functional and morphometric brain dissociation between dyslexia and reading ability. *PNAS, 104*(10), 4234-4239.

Hofer, J., & Busch, H. (2011). Satisfying one's needs for competence and relatedness: Consequent domain-specific well-being depends on strength of implicit motives. *Personality and Social Psychology Bulletin, 37*(9), 1147-

1158.

Hooker, C. I., Germine, L. T., Knight, R. T., & D'Esposito, M. (2006). Amygdala response to facial expressions reflects emotional learning. *Journal of Neuroscience, 26*(35), 8915-8922.

Howard-Jones, P. A. (2010). *Introducing neuroeducational research: Neuroscience, education and the brain from contexts to practice*. New York: Routledge.

Howard-Jones, P. A. (2014). Neuroscience and education: Myths and messages. *Nature Reviews Neuroscience, 15*(12), 817-824.

Hulleman, C. S., Schrager, S. M., Bodmann, S. M., & Harackiewicz, J. M. (2010). A meta-analytic review of achievement goal measures: Different labels for the same constructs or different constructs with similar labels? *Psychological Bulletin, 136*(3), 422.

Isen, A. M. (1970). Success, failure, attention, and reaction to others: The warm glow of success. *Journal of Personality and Social Psychology, 15*(4), 294.

Isen, A. M. (1987). Positive affect, cognitive processes, and social behavior. In *Advances in experimental social psychology* (Vol. 20, pp. 203-253). New York: Academic Press.

Isen, A. M. (1993). Positive affect and decision making. In M. Lewis & J. M. Haviland (Eds.), *Handbook of emotions* (pp. 261-277). New York: Guilford Press.

Isen, A. M. (2001). An influence of positive affect on decision making in complex situations: Theoretical issues with practical implications. *Journal of Consumer Psychology, 11*(2), 75-85.

Isen, A. M. (2004, April). Positive affect facilitates thinking and problem solving. *In Feelings and emotions: The Amsterdam symposium* (pp. 263-281). Cambridge, UK: Cambridge University Press.

Isen, A. M., & Baron, R. A. (1991). Positive affect as a factor in organizational behavior. *Research in Organizational Behavior, 13,* 1-53.

Isen, A. M., & Daubman, K. A. (1984). The influence of affect on categorization. *Journal of Personality and Social Psychology, 47*(6), 1206-1217.

Isen, A. M., & Levin, P. F. (1972). Effect of feeling good on helping: Cookies and kindness. *Journal of Personality and Social Psychology, 21*(3), 384.

Isen, A. M., & Means, B. (1983). The influence of positive affect on decision-making strategy. *Social Cognition, 2*, 18-31.

Isen, A. M., & Reeve, J. (2005). The influence of positive affect on intrinsic and extrinsic motivation: Facilitating enjoyment of play, responsible work behavior, and self-control. *Motivation and Emotion, 29*(4), 295-323.

Isen, A. M., Daubman, K. A., & Nowicki, G. P. (1987). Positive affect facilitates creative problem solving. *Journal of Personality and Social Psychology, 52*(6), 1122-1131.

Isen, A. M., Johnson, M. M. S., Mertz, E., & Robinson, G. F. (1985). The influence of positive affect on the unusualness of word associations. *Journal of Personality and Social Psychology, 48*, 1413-1426.

Isen, A. M., Rosenzweig, A. S., & Young, M. J. (1991). The influence of positive affect on clinical problem solving. *Medical Decision Making, 11*, 221-227.

Isoda, M., & Noritake, A. (2013). What makes the dorsomedial frontal cortex active during reading the mental states of others? *Frontiers in Neuroscience, 7*, 232.

Izard, C. E. (1991). *The psychology of emotions*. New York: Springer Science & Business Media.

Izuma, K., Saito, D. N., & Sadato, N. (2008). Processing of social and monetary rewards in the human striatum. *Neuron, 58*(2), 284-294.

Jackson, P. L., Meltzoff, A. N., & Decety, J. (2005). How do we perceive the pain of others? A window into the neural processes involved in empathy. *Neuroimage, 24*(3), 771-779.

Jang, H. (2008). Supporting students' motivation, engagement, and learning during an uninteresting activity. *Journal of Educational Psychology, 100*(4),

798.

Jang, H., Kim, E. J., & Reeve, J. (2012). Longitudinal test of self-determination theory's motivation mediation model in a naturally occurring classroom context. *Journal of Educational Psychology, 104*(4), 1175.

Jang, H., Reeve, J., Ryan, R. M., & Kim, A. (2009). Can self-determination theory explain what underlies the productive, satisfying learning experiences of collectivistically oriented Korean students? *Journal of Educational Psychology, 101*(3), 644.

Jarrett, C. (2014). *Great myths of the brain*. New York: John Wiley & Sons.

Jensen, R. (2000). Agricultural volatility and investments in children. *American Economic Review, 90*(2), 399-404.

Johnson, D. W., Johnson, R. T., & Maruyama, G. (1983). Interdependence and interpersonal attraction among heterogeneous and homogeneous individuals: A theoretical formulation and a meta-analysis of the research. *Review of Educational Research, 53*(1), 5-54.

Johnson, D. W., Johnson, R. T., & Stanne, M. B. (2000). Cooperative learning methods: A meta-analysis. *Methods Of Cooperative Learning: What Can We Prove Works,* 1-30.

Johnson, D. W., Johnson, R. T., Roy, P., & Zaidman, B. (1985). Oral interaction in cooperative learning groups: Speaking, listening, and the nature of statements made by high-, medium-, and low-achieving students. *The Journal of Psychology, 119*(4), 303-321.

Johnson, H., & Johnson, P. (1991). Task Knowledge Structures: Psychological basis and integration into system design. *Acta Psychologica, 78*(1-3), 3-26.

Jones, E. E., & Gordon, E. M. (1972). Timing of self-disclosure and its effects on personal attraction. *Journal of Personality and Social Psychology, 24*(3), 358.

Jones, E. E., & Wortman, C. B. (1973). *Ingratiation: An attributional approach.* Morristown, NJ: General Learning Press.

Joyce, B., & Weil, M. (1996). *Model of teaching* (5th ed.). Needham Heights, MA: Allyn & Bacon.

Joyce, B., Weil, M., & Calhoun, E. (2015). Role playing, studying values. *Models of Teaching, 9*, 257-277.

Judge, T. A., & Bono, J. E. (2001). Relationship of core self-evaluations traits: self-esteem, generalized self-efficacy, locus of control, and emotional stability-with job satisfaction and job performance: A meta-analysis. *Journal of Applied Psychology, 86*, 80-92.

Kagan, S. (1992). *Cooperative learning*. San Juan Capistrano, CA: Resources for Teachers.

Kahn, B. E., & Isen, A. M. (1993). The influence of positive affect on variety-seeking among safe, enjoyable products. *Journal of Consumer Research, 20*, 257-270.

Kahneman, D., & Tversky, A. (1979). On the interpretation of intuitive probability: A reply to Jonathan Cohen. *Cognition, 7*(4), 409-411.

Kakade, S., & Dayan, P. (2002). Dopamine: generalization and bonuses. *Neural Networks, 15*(4-6), 549-559.

Kaplan, F., & Oudeyer, P. Y. (2007). In search of the neural circuits of intrinsic motivation. *Frontiers in Neuroscience, 1*, 17.

Kaplan, H., & Assor, A. (2012). Enhancing autonomy-supportive I-Thou dialogue in schools: Conceptualization and socio-emotional effects of an intervention program. *Soc Psychol Educ, 15*, 251-269.

Kasser, V. G., & Ryan, R. M. (1999). The relation of psychological needs for autonomy and relatedness to vitality, well-being, and mortality in a nursing home 1. *Journal of Applied Social Psychology, 29*(5), 935-954.

Keller, J., & Bless, H. (2008). Flow and regulatory compatibility: An experimental approach to the flow model of intrinsic motivation. *Personality and Social Psychology Bulletin, 34*(2), 196-209.

Kim, E. J., Berger, C., Kim, J., & Kim, M. S. (2014). Which self-presentation style is more effective? A comparison of instructors' self-enhancing and self-effacing styles across the culture. *Teaching in Higher Education, 19*(5), 510-524.

Kim, E. J., Kyeong, S., Cho, S. W., Chun, J. W., Park, H. J., Kim, J., ... & Kim, J. J. (2016). Happier people show greater neural connectivity during negative self-referential processing. *PloS one*, 11(2), e0149554.

Koestner, R., & McClelland, D. C. (1990). Perspectives on competence motivation. In L. A. Pervin (Ed.), *Handbook of personality: Theory and research* (pp. 527-548). New York: Guilford Press.

Kolb, B., & Whishaw, I. Q. (2013). *An introduction to brain and behavior.* New York: Worth.

Kozlow, M. J. (1978). A meta-analysis of selected advance organizer research reports from 1960-1977 (Doctoral dissertation). United States of America: The Ohio State University.

Kraiger, K., Billings, R. S., & Isen, A. M. (1989). The influence of positive affective states on task perceptions and satisfaction. *Organizational Behavior and Human Decision Processes, 44*(1), 12-25.

Kringelbach, M. L., O'Doherty, J., Rolls, E. T., & Andrews, C. (2003). Activation of the human orbitofrontal cortex to a liquid food stimulus is correlated with its subjective pleasantness. *Cerebral Cortex, 13*(10), 1064-1071.

Kyeong, S., Kim, J., Kim, J., Kim, E. J., Kim, H. E., & Kim, J. J. (2020). Differences in the modulation of functional connectivity by self-talk tasks between people with low and high life satisfaction. *NeuroImage, 217,* 116929.

Lamm, C., Decety, J., & Singer, T. (2011). Meta-analytic evidence for common and distinct neural networks associated with directly experienced pain and empathy for pain. *Neuroimage, 54*(3), 2492-2502.

Lawton, J. T., & Wanska, S. K. (1977). Advance organizers as a teaching strategy: A reply to Barnes and Clawson. *Review of Educational Research,*

47(2), 233-244.

Lazear, E. (2000). Economic imperialism. *Quarterly Journal of Economics, 115*(1), 99-146.

Leary, M. R., & Kowalski, R. M. (1990). Impression management: A literature review and two-component model. *Psychological Bulletin, 107*(1), 34.

Leary, M. R., Tambor, E. S., Terdal, S. K., & Downs, D. L. (1995). Self-esteem as an interpersonal monitor: The sociometer hypothesis. *Journal of Personality and Social Psychology, 68*(3), 518.

LeDoux, J. (1996). Emotional networks and motor control: A fearful view. *Progress in Brain Research, 107,* 437-446.

Leicht, K. L., & Overton, R. (1987). Encoding variability and spacing repetitions. *The American Journal of Psychology*, 61-68.

Leon, M. I., & Shadlen, M. N. (1999). Effect of expected reward magnitude on the response of neurons in the dorsolateral prefrontal cortex of the macaque. *Neuron, 24*(2), 415-425.

Lepper, M. R. (1973). Dissonance, self-perception, and honesty in children. *Journal of Personality and Social Psychology, 25*(1), 65-74.

Lepper, M. R., Greene, D., & Nisbett, R. E. (1973). Undermining children's intrinsic interest with extrinsic reward: A test of the "overjustification" hypothesis. *Journal of Personality and Social Psychology, 28*(1), 129.

Levesque, C., Zuehlke, A. N., Stanek, L. R., & Ryan, R. M. (2004). Autonomy and competence in German and American university students: A comparative study based on self-determination theory. *Journal of Educational Psychology, 96*(1), 68.

Lewin, K. (1997). *Resolving social conflicts and field theory in social science.* Washington, DC: American Psychological Association.

Lieberman, M. D., & Eisenberger, N. I. (2009). Pains and pleasures of social life. *Science, 323*(5916), 890-891.

Lipstein, R. L., & Renninger, K. A. (2007). Interest for writing: How teachers can make a difference. *English Journal,* 79-85.

Locke, E. A., & Latham, G. P. (2002). Building a practically useful theory of goal setting and task motivation: A 35-year Odyssey. *American Psychologist, 57*(9), 705-717.

Lockheed, M. E., Harris, A. M., & Nemceff, W. P. (1983). Sex and social influence: Does sex function as a status characteristic in mixed-sex groups of children? *Journal of Educational Psychology, 75*(6), 877.

Luthar, S. S., & Barkin, S. H. (2012). Are affluent youth truly "at risk"? Vulnerability and resilience across three diverse samples. *Development and Psychopathology, 24*(2), 429-449.

Lyubomirsky, S., King, L., & Diener, E. (2005). The benefits of frequent positive affect: Does happiness lead to success? *Psychological Bulletin, 131,* 803-855.

Macdonald, K., Germine, L., Anderson, A., Christodoulou, J., & McGrath, L. M. (2017). Dispelling the myth: Training in education or neuroscience decreases but does not eliminate beliefs in neuromyths. *Frontiers in Psychology, 8,* 1314.

Maguire, E. A., Gadian, D. G., Johnsrude, I. S., Good, C. D., Ashburner, J., Frackowiak, R. S., & Frith, C. D. (2000). Navigation-related structural change in the hippocampi of taxi drivers. *PNAS, 97*(8), 4398-4403.

Marsden, K. E., Ma, W. J., Deci, E. L., Ryan, R. M., & Chiu, P. H. (2015). Diminished neural responses predict enhanced intrinsic motivation and sensitivity to external incentive. *Cognitive, Affective, & Behavioral Neuroscience, 15*(2), 276-286.

Matsumoto, K., Suzuki, W., & Tanaka, K. (2003). Neuronal correlates of goal-based motor selection in the prefrontal cortex. *Science, 301*(5630), 229-232.

Mayer, R. E. (1979). Can advance organizers influence meaningful learning? *Review of Educational Research, 49*(2), 371-383.

McDevitt, T. M., & Ormrod, J. E. (2002). *Child development and education: A custom edition*. NJ: Pearson Education.

Meyers, C., & Jones, T. B. (1993). *Promoting active learning: Strategies for the college classroom.* San Francisco, CA: Jossey-Bass Inc.

Miller, G. A. (1956). The magical number seven, plus or minus two: Some limits on our capacity for processing information. *Psychological Review, 63*(2), 81.

Miller, J., Riehle, A., & Requin, J. (1992). Effects of preliminary perceptual output on neuronal activity of the primary motor cortex. *Journal of Experimental Psychology: Human Perception and Performance, 18*(4), 1121.

Miller, N., & Harrington, H. J. (1990). A situational identity perspective on cultural diversity and teamwork in the classroom. *Cooperative Learning: Theory and Research*, 39-76.

Miller, W. R., & Rollnick, S. (2002). *Motivational interviewing: Preparing people for change* (2nd ed.). New York: The Guilford Press.

Miyake, A., & Shah, P. (Eds.). (1999). *Models of working memory: Mechanisms of active maintenance and executive control.* Cambridge, UK: Cambridge University Press.

Montague, P. R., Dayan, P., & Sejnowski, T. J. (1996). A framework for mesencephalic dopamine systems based on predictive Hebbian learning. *Journal of Neuroscience, 16*(5), 1936-1947.

Montague, P. R., King-Casas, B., & Cohen, J. D. (2006). Imaging valuation models in human choice. *Annual Review of Neuroscience, 29,* 417-448.

Morgan, M. (1984). Reward-induced decrements and increments in intrinsic motivation. *Review of Educational Research, 54*(1), 5-30.

Morrison, I., Peelen, M. V., & Downing, P. E. (2007). The sight of others' pain modulates motor processing in human cingulate cortex. *Cerebral Cortex, 17*(9), 2214-2222.

Mugny, G., & Doise, W. (1978). Socio-cognitive conflict and structure of individual and collective performances. *European Journal of Social Psychology, 8*(2), 181-192.

Muller, C., & Dweck, C. (1998). Praise for intelligence can undermine children's motivation and performance. *Journal of Personality and Social Psychology, 75*(1), 33-52.

Murayama, K., Matsumoto, M., Izuma, K., & Matsumoto, K. (2010). Neural basis of the undermining effect of monetary reward on intrinsic motivation. *PNAS, 107*(49), 20911-20916.

Niemiec, C. P., & Ryan, R. M. (2009). Autonomy, competence, and relatedness in the classroom: Applying self-determination theory to educational practice. *Theory and Research in Education*, *7*(2), 133-144.

Ntoumanis, N. (2005). A prospective study of participation in optional school physical education using a self-determination theory framework. *Journal of Educational Psychology, 97*(3), 444.

O'Donnell, A. M. (2006). The role of peers and group learning. In P. A. Alexander & P. H. Winne (Eds.), *Handbook of educational psychology* (pp. 781-802). New York: Routledge.

Organisation for Economic Co-operation and Development. (2002). *Understanding the brain: Towards a new learning science*. Paris: OECD Publishing.

Organisation for Economic Co-operation and Development. (2006). *Personalising Education* (Schooling for Tomorrow series). Paris: OECD Publishing.

Organisation for Economic Co-operation and Development. (2007). *Understanding the brain: The birth of a learning science*. Paris: OECD Publishing.

Pajares, F. (1996). Self-efficacy beliefs in academic settings. *Review of Educational Research, 66,* 543-578.

Pessiglione, M., Seymour, B., Flandin, G., Dolan, R. J., & Frith, C. D. (2006). Dopamine-dependent prediction errors underpin reward-seeking behaviour in humans. *Nature, 442*(7106), 1042-1045.

Pierce, G. R., Sarason, I. G., & Sarason, B. R. (1991). General and relationship-based perceptions of social support: Are two constructs better than one? *Journal of Personality and Social Psychology, 61*(6), 1028.

Pintrich, P. R., Marx, R. W., & Boyle, R. A. (1993). Beyond cold conceptual change: The role of motivational beliefs and classroom contextual factors in the process of conceptual change. *Review of Educational Research, 63*(2), 167-199.

Poldrack, R. A., Clark, J., Paré-Blagoev, E. A., Shohamy, D., Moyano, J. C., Myers, C., & Gluck, M. A. (2001). Interactive memory systems in the human brain. *Nature, 414*(6863), 546-550.

Posner, M. I. (1995). *Attention in cognitive neuroscience: An overview*. In M. S. Gazzaniga (Ed.), *The cognitive neurosciences* (pp. 615-624). Cambridge, MA: MIT Press.

Posner, M. I., Boies, S. J., Eichelman, W. H., & Taylor, R. L. (1969). Retention of visual and name codes of single letters. *Journal of Experimental Psychology, 79*(1, Pt.2), 1-16.

Posner, M. I., & Dehaene, S. (1994). Attentional networks. *Trends in Neurosciences, 17*(2), 75-79.

Posner, M. I., & Fernandez-Duque, D. (1999). Attention in the human brain. *The MIT Encyclopedia of the Cognitive Sciences*, 43-46.

Posner, M. I., & Rothbart, M. K. (1992). Attentional mechanisms and conscious experience. In *The neuropsychology of consciousness* (pp. 91-111). New York: Academic Press.

Posner, M. I., & Rothbart, M. K. (2005). Influencing brain networks: Implications for education. *Trends in cognitive Sciences, 9*(3), 99-103.

Premack, D., & Woodruff, G. (1978). Does the chimpanzee have a theory of mind? *Behavioral and Brain Sciences, 1*(4), 515-526.

Pyone, J. S., & Isen, A. M. (2011). Increasing consumers' willingness to wait. *Journal of Marketing Research, XLVIII,* 532-543.

Ramirez, G., & Beilock, S. L. (2011). Writing about testing worries boosts exam performance in the classroom. *Science, 331*(6014), 211-213.

Rangel, A., Camerer, C., & Montague, P. R. (2008). A framework for studying the neurobiology of value-based decision making. *Nature Reviews*

Neuroscience, 9(7), 545.

Rasch, B., & Born, J. (2013). About sleep's role in memory. *Physiological Reviews, 93*(2), 681-766.

Raz, A., & Shapiro, T. (2002). Hypnosis and neuroscience: a cross talk between clinical and cognitive research. *Archives of General Psychiatry, 59*(1), 85-90.

Reeve, J. (1989). The interest-enjoyment distinction in intrinsic motivation. *Motivation and Emotion, 13*(2), 83-103.

Reeve, J. (2005). *Understanding motivation and emotion* (4th ed.). New York: John Wiley & Sons.

Reeve, J. (2009). Why teachers adopt a controlling motivating style toward students and how they can become more autonomy supportive. *Educational Psychologist, 44,* 159-175.

Reeve, J., & Deci, E. L. (1996). Elements of the competitive situation that affect intrinsic motivation. *Personality and Social Psychology Bulletin, 22*(1), 24-33.

Reeve, J., & Tseng, C. M. (2011). Agency as a fourth aspect of students' engagement during learning activities. *Contemporary Educational Psychology, 36*(4), 257-267.

Reeve, J., & Jang, H. (2006). What teachers say and do to support students' autonomy during a learning activity. *Journal of Educational Psychology, 98*(1), 209.

Reeve, J., Jang, H., Carrell, D., Jeon, S., & Barch, J. (2004). Enhancing students' engagement by increasing teachers' autonomy support. *Motivation and Emotion, 28*(2), 147-169.

Reeve, J., Jang, H., Hardre, P., & Omura, M. (2002). Providing a rationale in an autonomy-supportive way as a strategy to motivate others during an uninteresting activity. *Motivation and Emotion, 26*(3), 183-207.

Reiss, S., & Sunshinsky, L. W. (1976). The competing response hypothesis of decreased play effects: A reply to Lepper and Greene. *Journal of Personality and Social Psychology, 33,* 233-244.

Renninger, K. A. (2000). Individual interest and its implications for understanding intrinsic motivation. In *Intrinsic and extrinsic motivation* (pp. 373-404). New York: Academic Press.

Rilling, J. K., Gutman, D. A., Zeh, T. R., Pagnoni, G., Berns, G. S., & Kilts, C. D. (2002). A neural basis for social cooperation. *Neuron, 35*(2), 395-405.

Rizzolatti, G. (2005). The mirror neuron system and its function in humans. *Anatomy and Embryology, 210*(5-6), 419-421.

Rizzolatti, G., & Craighero, L. (2004). The mirror-neuron system. *Annual Review of Neuroscience, 27,* 169-192.

Rizzolatti, G., Fadiga, L., Gallese, V., & Fogassi, L. (1996). Premotor cortex and the recognition of motor actions. *Cognitive Brain Research, 3*(2), 131-141.

Rowe, G., Hirsh, J. B., & Anderson, A. K. (2007). Positive affect increases the breadth of attentional selection. *PNAS, 104*(1), 383-388.

Royer, J. M., & Cable, G. W. (1975). Facilitated learning in connected discourse. *Journal of Educational Psychology, 67*(1), 116.

Rozin, P., Fischler, C., & Shields-Argelès, C. (2009). Additivity dominance: Additives are more potent and more often lexicalized across languages than are "subtractives". *Judgment and Decision Making, 4*(6), 475.

Ryan, R. M. (1982). Control and information in the intrapersonal sphere: An extension of cognitive evaluation theory. *Journal of Personality and Social Psychology, 43,* 450-461.

Ryan, R. M. (1993). Agency and organization: Intrinsic. *Developmental Perspectives on Motivation, 40*(1).

Ryan, R. M., & Connell, J. P. (1989). Perceived locus of causality and internalization: Examining reasons for acting in two domains. *Journal of Personality and Social Psychology, 57*(5), 749.

Ryan, R. M., & Deci, E. L. (2000). Self-determination theory and the facilitation of intrinsic motivation, social development, and well-being. *American Psychologist, 55*(1), 68.

Ryan, R. M., & Deci, E. L. (2008). A self-determination theory approach to psychotherapy: The motivational basis for effective change. *Canadian Psychology/Psychologie Canadienne, 49*(3), 186.

Ryan, R. M., & Deci, E. L. (2017). *Self-determination theory: Basic psychological needs in motivation, development, and wellness*. New York: Guilford Publications.

Ryan, R. M., & Grolnick, W. S. (1986). Origins and pawns in the classroom: Self-report and projective assessments of individual differences in children's perceptions. *Journal of Personality and Social Psychology, 50*(3), 550.

Ryan, R. M., & Lynch, J. H. (1989). Emotional autonomy versus detachment: Revisiting the vicissitudes of adolescence and young adulthood. *Child Development*, 340-356.

Ryan, R. M., Mims, V., & Koestner, R. (1983). Relation of reward contingency and interpersonal context to intrinsic motivation: A review and test using cognitive evaluation theory. *Journal of Personality and Social Psychology, 45*(4), 736.

Salamone, J. D., Correa, M., Farrar, A., & Mingote, S. M. (2007). Effort-related functions of nucleus accumbens dopamine and associated forebrain circuits. *Psychopharmacology, 191*(3), 461-482.

Salamone, J. D., Correa, M., Mingote, S. M., & Weber, S. M. (2005). Beyond the reward hypothesis: Alternative functions of nucleus accumbens dopamine. *Current Opinion in Pharmacology, 5*(1), 34-41.

Sarason, I. G., Potter, E. H., & Sarason, B. R. (1986). Recording and recall of personal events: Effects on cognitions and behavior. *Journal of Personality and Social Psychology, 51*(2), 347-356.

Scaggs, W. E., & McNaughton, B. L. (1996). Replay of neuronal firing sequences in rat hippocampus during sleep following spatial experience. *Science, 271*, 1870-1873.

Schacter, D. L. (2002). *The seven sins of memory: How the mind forgets and remembers*. New York: Houghton Mifflin Harcourt.

Schilbach, L., Wohlschlaeger, A. M., Kraemer, N. C., Newen, A., Shah, N. J., Fink, G. R., & Vogeley, K. (2006). Being with virtual others: Neural correlates of social interaction. *Neuropsychologia, 44*(5), 718-730.

Schlenker, B. R., & Leary, M. R. (1982). Social anxiety and self-presentation: A conceptualization model. *Psychological Bulletin, 92*(3), 641.

Schoenemann, P. T., Budinger, T. F., Sarich, V. M., & Wang, W. S. Y. (2000). Brain size does not predict general cognitive ability within families. *PNAS, 97*(9), 4932-4937.

Schultz, W. (1998). Predictive reward signal of dopamine neurons. *Journal of Neurophysiology*, *80*(1), 1-27.

Schultz, W. (2004). Neural coding of basic reward terms of animal learning theory, game theory, microeconomics and behavioural ecology. *Current Opinion in Neurobiology*, *14*(2), 139-147.

Schultz, W., Dayan, P., & Montague, P. R. (1997). A neural substrate of prediction and reward. *Science, 275*(5306), 1593-1599.

Schunk, D. H. (1991). Self-efficacy and academic motivation. *Educational Psychologist, 26*(3-4), 207-231.

Schunk, D. H., & Ertmer, P. A. (2000). Self-regulation and academic learning. In M. Boekaerts & P. R. Pintrich (Eds.), *Handbook of self-regulation* (pp. 631-649). San Diego, CA: Academic Press.

Seligman, M. E. P., & Schulman, P. (1986). Explanatory style as a predictor of productivity and quitting among life insurance sales agents. *Journal of Personality and Social Psychology, 50,* 832-838.

Shamay-Tsoory, S. G. (2011). The neural bases for empathy. *The Neuroscientist, 17*(1), 18-24.

Shaywitz, B. A., Shaywitz, S. E., Blachman, B. A., Pugh, K. R., Fulbright, R. K., Skudlarski, P., ... & Fletcher, J. M. (2004). Development of left occipitotemporal systems for skilled reading in children after a phonologically-based intervention. *Biological Psychiatry, 55*(9), 926-933.

Shaywitz, B. A., Shaywitz, S. E., Pugh, K. R., Mencl, W. E., Fulbright, R. K., Skudlarski, P., ... & Gore, J. C. (2002). Disruption of posterior brain systems for reading in children with developmental dyslexia. *Biological Psychiatry, 52*(2), 101-110.

Sheline, Y. I., Sanghavi, M., Mintun, M. A., & Gado, M. H. (1999). Depression duration but not age predicts hippocampal volume loss in medically healthy women with recurrent major depression. *Journal of Neuroscience, 19*(12), 5034-5043.

Shonkoff, J. P., & Levitt, P. (2010). Neuroscience and the future of early childhood policy: Moving from why to what and how. *Neuron, 67*(5), 689-691.

Shulman, L. (1987). Knowledge and teaching: Foundations of the new reform. *Harvard Educational Review, 57*(1), 1-23.

Skinner, B. F. (1938). *The behavior of organisms: An experimental analysis.* New York: Appleton-Century.

Skinner, B. F. (1998). The experimental analysis of operant behavior: A history. *Psychology: Theoretical-historical Perspectives, 2,* 289-298.

Skinner, E., Furrer, C., Marchand, G., & Kindermann, T. (2008). Engagement and disaffection in the classroom: Part of a larger motivational dynamic? *Journal of Educational Psychology, 100*(4), 765.

Skinner, E. A., Kindermann, T. A., Connell, J. P., & Wellborn, J. G. (2009). Engagement as an organizational construct in the dynamics of motivational development. In K. Wentzel & A. Wigfield (Eds.), *Handbook of motivation in school* (pp. 223-245). Mahwah, NJ: Erlbaum.

Slavin, R. E. (1980). Cooperative learning. *Review of Educational Research, 50*(2), 315-342.

Sowell, E. R., Thompson, P. M., Leonard, C. M., Welcome, S. E., Kan, E., & Toga, A. W. (2004). Longitudinal mapping of cortical thickness and brain growth in normal children. *Journal of Neuroscience, 24*(38), 8223-8231.

Spengler, S., von Cramon, D. Y., & Brass, M. (2009). Control of shared representations relies on key processes involved in mental state attribution. *Human Brain Mapping, 30*(11), 3704-3718.

Squire, L. R. (1986). Mechanisms of memory. *Science, 232*(4758), 1612-1619.

Staddon, J. E. (2016). *Adaptive behavior and learning.* Cambridge, UK: Cambridge University Press.

Standage, M., Duda, J. L., & Ntoumanis, N. (2003). A model of contextual motivation in physical education: Using constructs from self-determination and achievement goal theories to predict physical activity intentions. *Journal of Educational Psychology, 95*(1), 97.

Starkweather, C. K., Gershman, S. J., & Uchida, N. (2018). The medial prefrontal cortex shapes dopamine reward prediction errors under state uncertainty. *Neuron, 98*(3), 616-629.

Staw, B. M., & Barsade, S. G. (1993). Affect and managerial performance: A test of the sadder-but-wiser vs. happier-and smarter hypothesis. *Administrative Science Quarterly, 38,* 304-331.

Sternberg, R. J., & Sternberg, K. (2012). *Cognitive psychology* (pp. 310-1315). Belmont, CA: Wadsworth, Cengage Learning.

Stevens, C. K., & Kristof, A. L. (1995). Making the right impression: A field study of applicant impression management during job interviews. *Journal of Applied Psychology, 80*(5), 587.

Stone, C. L. (1983). A meta-analysis of advance organizer studies. *The Journal of Experimental Education, 51*(4), 194-199.

Sutton, R. S., & Barto, A. G. (1998). *Introduction to reinforcement learning* (Vol. 135). Cambridge, MA: MIT press.

Svickni, M., & McKeachie, W. (2014). *Teaching tips: Strategies, research and theory for college and university teachers.* Belmont, CA: Wadsworth, Cengage.

Takahashi, H., Matsuura, M., Koeda, M., Yahata, N., Suhara, T., Kato, M., et al. (2008). Brain activations during judgments of positive self-conscious emotion and positive basic emotion: Pride and joy. *Cerebral Cortex, 18,* 898-903.

Tallal, P. (2004). Improving language and literacy is a matter of time. *Nature Reviews Neuroscience, 5*(9), 721-728.

Tang, S. H., & Hall, V. C. (1995). The overjustification effect: A meta-analysis. *Applied Cognitive Psychology, 9*(5), 365-404.

Tegano, D. W., Morgan, J. D., & Sawyers, J. K. (1991). *Creativity in early childhood classrooms.* Washington, DC: National Education Association of the United States.

Temple, E., Deutsch, G. K., Poldrack, R. A., Miller, S. L., Tallal, P., Merzenich, M. M., & Gabrieli, J. D. (2003). Neural deficits in children with dyslexia ameliorated by behavioral remediation: evidence from functional MRI. *PNAS, 100*(5), 2860-2865.

Theodorakis, Y., Hatzigeorgiadis, A., & Zourbanos, N. (2012). 10 Cognitions: Self-Talk and Performance. *The Oxford Handbook of Sport and Performance Psychology, 191.*

Thorndike, E. L. (1911). *Individuality.* Boston, MA: Houghton Mifflin Harcourt.

Tice, D. M., Butler, J. L., Muraven, M. B., & Stillwell, A. M. (1995). When modesty prevails: Differential favorability of self-presentation to friends and strangers. *Journal of Personality and Social Psychology, 69*(6), 1120.

Todorov, A., Fiske, S., & Prentice, D. (Eds.). (2011). *Social neuroscience: Toward understanding the underpinnings of the social mind.* New York: Oxford University Press.

Tokuhama-Espinosa, T. (2018). *Neuromyths: Debunking false ideas about the brain.* New York: W. W. Norton & Company.

Tremblay, K. L., & Kraus, N. (2002). Auditory training induces asymmetrical changes in cortical neural activity. *Journal of Speech, Language, and Hearing Research, 45,* 564-572.

Tuholski, S. W., Engle, R. W., & Baylis, G. C. (2001). Individual differences in working memory capacity and enumeration. *Memory & Cognition, 29*(3), 484-492.

Tulving, E. (1972). Episodic and semantic memory. *Organization of Memory, 1,* 381-403.

Tulving, E. (1984). Precis of elements of episodic memory. *Behavioral and Brain Sciences, 7*(2), 223-238.

Tulving, E., Schacter, D. L., & Stark, H. A. (1982). Priming effects in word-fragment completion are independent of recognition memory. *Journal of Experimental Psychology: Learning, Memory, and Cognition, 8*(4), 336.

Vallerand, R. J., Fortier, M. S., & Guay, F. (1997). Self-determination and persistence in a real-life setting: toward a motivational model of high school dropout. *Journal of Personality and Social Psychology, 72*(5), 1161.

Vallerand, R. J., Pelletier, L. G., Blais, M. R., Briere, N. M., Senecal, C., & Vallieres, E. F. (1992). The Academic Motivation Scale: A measure of intrinsic, extrinsic, and amotivation in education. *Educational and Psychological Measurement, 52*(4), 1003-1017.

Van Dyke, E. D., Van Raalte, J. L., Mullin, E. M., & Brewer, B. W. (2018). Self-talk and competitive balance beam performance. *The Sport Psychologist, 32*(1), 33-41.

Van Raalte, J. L., Brewer, B. W., Rivera, P. M., & Petitpas, A. J. (1994). The relationship between observable self-talk and competitive junior tennis players' match performances. *Journal of Sport and Exercise Psychology, 16*(4), 400-415.

Van Raalte, J. L., Vincent, A., & Brewer, B. W. (2016). Self-talk: Review and sport-specific model. *Psychology of Sport and Exercise, 22,* 139-148.

Vansteenkiste, M., Simons, J., Lens, W., Soenens, B., & Matos, L. (2005). Examining the motivational impact of intrinsic versus extrinsic goal framing and autonomy-supportive versus internally controlling communication style on early adolescents' academic achievement. *Child Development, 76*(2), 483-501.

Vecsey, C. G., Baillie, G. S., Jaganath, D., Havekes, R., Daniels, A., Wimmer, M., ... & Kim, S. S. (2009). Sleep deprivation impairs cAMP signalling in the hippocampus. *Nature, 461*(7267), 1122.

Veenhoven, R. (1988). The utility of happiness. *Social Indicators Research, 20,* 333-354.

Veenhoven, R. (Eds.) (1989). *How harmful is happiness? consequences of enjoying life or not?* Rotterdam, The Netherlands: University Press Rotterdam.

Vygotsky, L. (1978). Interaction between learning and development. *Readings on the Development of Children, 23*(3), 34-41.

Wadlinger H. A., & Isaacowitz, D. M. (2006). Positive mood broadens visual attention to positive stimuli. *Motivation and Emotion, 30*(1), 89-101.

Wager, T. D., & Smith, E. E. (2003). Neuroimaging studies of working memory. *Cognitive, Affective, & Behavioral Neuroscience, 3*(4), 255-274.

Walter, H., Abler, B., Ciaramidaro, A., & Erk, S. (2005). Motivating forces of human actions: Neuroimaging reward and social interaction. *Brain Research Bulletin, 67*(5), 368-381.

Watson, D., Clark, L. A., McIntyre, C. W., & Hamaker, S. (1992). Affect, personality, and social activity. *Journal of Personality and Social Psychology, 63*(6), 1011.

Watson, J. C. (2001). Re-visioning empathy. In D. Cain & J. Seeman (Eds.), *Humanistic psychotherapies: Handbook of research and practice* (pp. 445-471). Washington, DC: APA Books.

Waugh, C. E., & Fredrickson, B. L. (2006). Nice to know you: Positive emotions, self-other overlap, and complex understanding in the formation of a new relationship. *The Journal of Positive Psychology, 1*(2), 93-106.

Webb, N. M. (1980). A process-outcome analysis of learning in group and individual settings. *Educational Psychologist, 15*(2), 69-83.

Webb, N. M. (1984). Sex differences in interaction and achievement in cooperative small groups. *Journal of Educational Psychology, 76*(1), 33.

Webb, N. M. (1991). Task-related verbal interaction and mathematics learning in small groups. *Journal for Research in Mathematics Education, 22*(5), 366-389.

Webb, N. M., & Palincsar, A. S. (1996). Group processes in the classroom. In D. C. Berliner & R. C. Calfee (Eds.), *Handbook of educational psychology* (pp. 841-873). Macmillan Library Reference USA: Prentice Hall International.

Weinberg, R., Grove, R., & Jackson, A. (1992). Strategies for building self-efficacy in tennis players: A comparative analysis of Australian and American coaches. *The Sport Psychologist, 6*(1), 3-13.

Whalen, P. J., Bush, G., McNally, R. J., Wilhelm, S., McInerney, S. C., Jenike, M. A., & Rauch, S. L. (1998). The emotional counting Stroop paradigm: A functional magnetic resonance imaging probe of the anterior cingulate affective division. *Biological Psychiatry, 44*(12), 1219-1228.

Williams, J. G., & Solano, C. H. (1983). The social reality of feeling lonely: Friendship and reciprocation. *Personality and Social Psychology Bulletin, 9*(2), 237-242.

Wilson, M. A., & McNaughton, B. L. (1994). Reactivation of hippocampal ensemble memories during sleep. *Science, 265*(5172), 676-679.

Windle, M. (1992). A longitudinal study of stress buffering for adolescent problem behaviors. *Developmental Psychology, 28*(3), 522.

Winston, A. S., & Baker, J. E. (1985). Behavior analytic studies of creativity: A critical review. *The Behavior Analyst, 8*(2), 191-205.

Wojciszke, B., & Klusek, B. (1996). Moral and competence-related traits in political perception. *Polish Psychological Bulletin, 27*(4), 319-324.

Yeager, D. S., Trzesniewski, K. H., & Dweck, C. S. (2013). An implicit theories of personality intervention reduces adolescent aggression in response to victimization and exclusion. *Child Development, 84*(3), 970-988.

Zaki, J., & Ochsner, K. N. (2012). The neuroscience of empathy: Progress, pitfalls and promise. *Nature Neuroscience, 15*(5), 675-680.

Zimmerman, B. J. (2000). Self-efficacy: An essential motive to learn. *Contemporary Educational Psychology, 25,* 82-91.

찾아보기

저자 소개

김은주(Kim, Eun Joo)

현재 연세대학교 교육대학원 교수로 재직 중이다. 주요 연구 분야는 뇌과학 기반의 동기부여와 교수학습(teaching & learning)방법이다. 학부와 대학원생들을 대상으로 '교육방법 및 교육공학', '학습동기', '말하기와 토론'을 가르치고 있다.

연세대학교 교육학과 학부와 석사, 박사학위를 만점으로 이수하여 최우등으로 졸업하였다. 2020년과 2006년 교육대학원 우수강의상, 2020년과 2012년 연세대학교 연구업적 우수교수상, 2006년 국제커뮤니케이션학회(ICA) Instructional Communication 우수논문상(Top Paper)을 수상하였다.

연세대학교를 비롯한 국내 대학들과 고등학교 및 사법연수원 등에서 교수들을 대상으로 '명강의 핵심전략', '학습동기 이론 고찰과 적용' 등의 특강을 수행해 왔다. 2005년 이래 연세대학교 교육대학원생들과 학부생들을 대상으로 '교육방법 및 교육공학', '말하기와 토론' 등의 과목을 통하여 스피치 시연 및 협업 분석을 실시해 왔다.

École Polytechnique Fédérale de Lausanne(EPFL), 영국 University College London의 뇌과학센터(Wellcome Centre for Human Neuroimaging), 미국 버지니아 공과대학 뇌과학센터(Center for Human Neuroscience Research) 등에서 방문교수로 신경과학연구를 진행하였다. 대표 저서로는 『명강의 핵심전략』(연세대학교출판부, 2003)이 있다.

뇌과학과 동기이론에 기반한

교수학습방법 연구와 적용의 새로운 패러다임

The New Paradigm of Learning and Instruction Research with the Neuroscience-Based Motivation Theory

2020년 8월 25일 1판 1쇄 인쇄
2020년 9월 1일 1판 1쇄 발행

지은이 • 김은주
펴낸이 • 김진환
펴낸곳 • (주) 학지사
04031 서울특별시 마포구 양화로 15길 20 마인드월드빌딩
대표전화 • 02)330-5114 팩스 • 02)324-2345
등록번호 • 제313-2006-000265호

홈페이지 • http://www.hakjisa.co.kr
페이스북 • https://www.facebook.com/hakjisa

ISBN 978-89-997-2012-3 93370

정가 17,000원

저자와의 협약으로 인지는 생략합니다.
파본은 구입처에서 교환해 드립니다.